수능 영어를 향한 가벼운 발걸음

2nd Edition

맨처음 수능 영어

유형독해
기본편

김한나
현) (주)이은재 어학원 강사
현) (주) 비상 교육 온라인 그래머 강사
이화여대졸, 모자이크 EBS 변형문제 출제위원
E 정표 수능특강 영어 / 영어독해(쎄듀), 내공 중학영어구문(다락원) 외 집필

김현우
현) 껌학원 원장
현) 영어 입시교재 집필진 B2Basics
서울대졸, EBS 영어지문 3초 써머리(쏠티북스)
내공 중학영어구문(다락원) 외 집필

이건희
현) 쥬기스(http://jugis.co.kr) 대표
맨처음 수능영어(영문법, 입문, 기본, 실력, 독해, 완성)
내공(중학영문법, 중학구문, 중학듣기, 중학단어) (다락원)
체크체크(천재교육) Grammar in(비상) 외 집필
instagram@gunee27

2nd Edition

맨처음 수능 영어

유형독해 기본편

지은이 김한나, 김현우, 이건희
펴낸이 정규도
펴낸곳 (주)다락원

제2판 1쇄 발행 2022년 10월 4일
제2판 5쇄 발행 2024년 7월 18일

편집 김민아
디자인 김나경, 김예지
영문 감수 Michael A. Putlack, Ted Gray

다락원 경기도 파주시 문발로 211
내용문의 (02)736-2031 내선 504
구입문의 (02)736-2031 내선 250~252
Fax (02)732-2037
출판등록 1977년 9월 16일 제 406-2008-000007호

ISBN 978-89-277-8040-3 54740
       978-89-277-8039-7 54740(set)

http://www.darakwon.co.kr
다락원 홈페이지를 방문하시면 상세한 출판정보와 함께
동영상강좌, MP3자료 등 다양한 어학 정보를 얻으실 수 있습니다.

수능 영어를 향한 가벼운 발걸음

2nd Edition

맨처음 수능영어

유형독해 기본편

김한나 김현우 이건희

DARAKWON

맨처음 수능 영어 시리즈만의 장점!

🐾 모의고사 및 수능 기출 문제를 쉽게 공부할 수 있어요!

🐾 생생한 유형풀이 전략으로 수능 대표 유형과 친해질 수 있어요!

🐾 유형 학습에서 실전 모의고사까지 체계적으로 문제를 풀어볼 수 있어요!

❶ 유형소개
해당 유형에 대한 소개와
유형별 학습 방향을 제시합니다.

❸ 함정탈출 유형풀이 전략!
각각의 유형에 해당하는 문제풀이 전략들입니다. 유형별 유의사
항은 물론 오답을 피하는 생생한 팁을 얻을 수 있습니다.

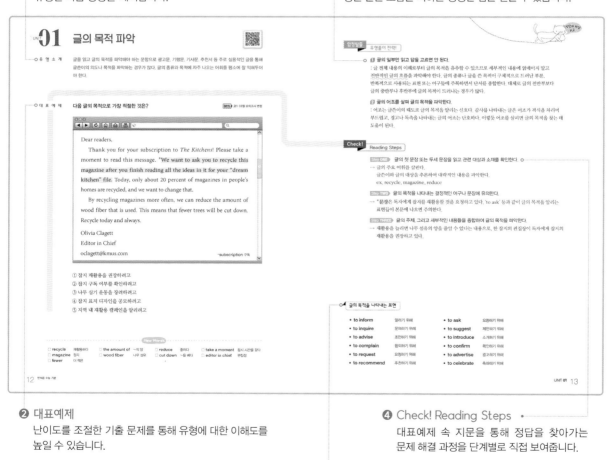

❷ 대표예제
난이도를 조절한 기출 문제를 통해 유형에 대한 이해도를
높일 수 있습니다.

❹ Check! Reading Steps
대표예제 속 지문을 통해 정답을 찾아가는
문제 해결 과정을 단계별로 직접 보여줍니다.

❺ 유형별 다양한 학습 코너
유형별 자주 등장하는 패턴, 정답을 알려주는
Signal Words, 시험에 자주 등장하는 어법 등 문
제를 풀 때 꼭 필요한 학습 내용을 제공합니다.

막강한 온라인 학습 자료
워크시트 HWP 8종을 비롯한 풍부한 온라인 부가자료 제공

   📋 문제출제프로그램
(voca.darakwon.co.kr)

❻ 유형 연습하기

이제 대표예제를 통해 살펴본 유형별 풀이 전략을 적용해봅니다. 난이도에 맞게 변형된 교육청 모의고사는 물론 수능 기출 문제까지 각 유형에서 집중적으로 연습합니다.

• 정답률 및 기출문제 변형 정보를 알려줍니다.

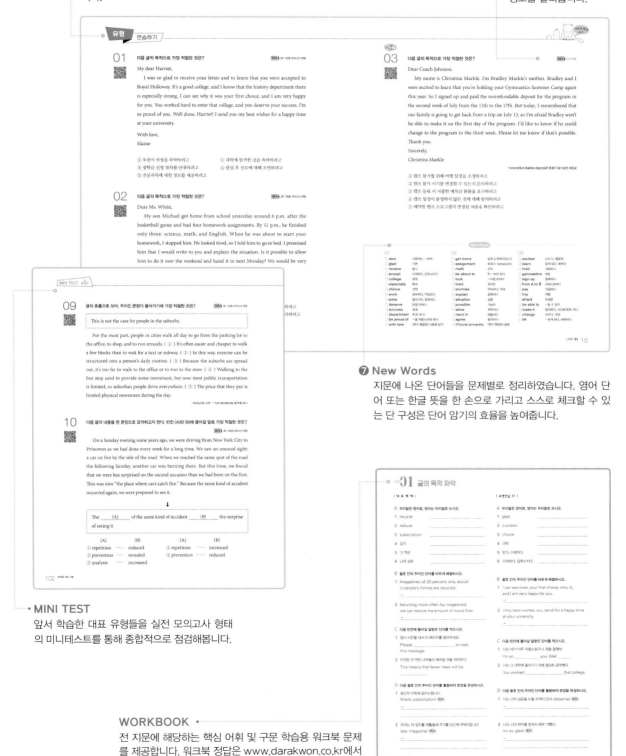

❼ New Words

지문에 나온 단어들을 문제별로 정리하였습니다. 영어 단어 또는 한글 뜻을 한 손으로 가리고 스스로 체크할 수 있는 단 구성은 단어 암기의 효율을 높여줍니다.

• MINI TEST

앞서 학습한 대표 유형들을 실전 모의고사 형태의 미니테스트를 통해 종합적으로 점검해봅니다.

WORKBOOK •

전 지문에 해당하는 핵심 어휘 및 구문 학습용 워크북 문제를 제공합니다. 워크북 정답은 www.darakwon.co.kr에서 무료로 다운로드 할 수 있습니다.

목차

책 속의 책 Workbook 제공

수능 영어 (절대평가)란 무엇인가요?

수능 영어 절대평가는 기존의 상대평가와 달리 다른 학생의 성적과 비교하여
등급을 결정하지 않고, 본인의 성취 수준에 따라 등급을 결정합니다.

1 수능 영어 문항과 시험 시간

수능 영어는 듣기와 읽기를 포함한 총 45문항으로
구성되어 있으며, 내용의 중요도나 난이도를 고려하여
문항별로 2점 또는 3점이 배정됩니다. 듣기 영역은 총
17문항으로서 듣기 12문항과 간접 말하기 5문항으로
구성되어 있습니다. 읽기 영역은 총 28문항으로서 읽기
21문항과 간접 쓰기 7문항으로 구성되어 있습니다. 시험
시간은 70분으로 듣기는 약 25분, 읽기는 약 45분이
배당되어 있습니다.

평가영역	문항수	시험시간
듣기	17문항	25분
읽기	28문항	45분
합계	45문항	70분

2 수능 영어 절대평가의 점수와 등급

수능 영어 절대평가는 원점수에 따른 등급만 제공합니다.
수능 영어 절대평가의 등급은 원점수 100점 만점을
기준으로 10점 간격의 9개 등급으로 구분됩니다. 예를
들어, 수험생이 90~100점 사이의 점수를 받으면 1등급,
80~89점 사이의 점수를 받으면 2등급을 받습니다.

성취등급	원점수
1등급	100~90점
2등급	89~80점
3등급	79~70점
4등급	69~60점
5등급	59~50점
6등급	49~40점
7등급	39~30점
8등급	29~20점
9등급	19~0점

3 수능 영어 평가 사항

수능 영어는 고등학교 영어 교육과정 성취기준의 달성
정도와 대학에서 수학하는 데 필요한 영어 능력을
평가하기 위한 시험입니다. 어법과 어휘, 글의 중심내용과
세부내용에 대한 문항, 논리적 관계 파악과 맥락 파악과
같은 글의 내용에 대한 이해력과 사고력 그리고 영어
표현을 상황에 맞게 사용하는 능력을 평가합니다.

4 수능 영어 읽기 학습

1 중심 내용 파악하기

중심 내용을 파악하기 위해서는 글을 읽고 전체적인 내용을 이해하고, 추론 하는 능력이 필요합니다.
중심 내용 파악하기에는 글의 주제, 요지, 제목 파악하기 등의 유형이 있습니다.

2 세부 내용 파악하기

세부 내용을 파악하기 위해서는 글에 제시된 특정 정보를 사실적이고 정확하게 이해하는 능력이 필요합니다. 세부 내용 파악하기에는 내용 일치·불일치, 실용문 및 도표 내용 일치·불일치 등 파악하기 유형이 있습니다.

3 논리적 관계 파악하기

논리적 관계를 파악하기 위해서는 글을 읽고 원인과 결과와 같은 내용의 논리적인 관계를 파악하는 능력이 필요합니다. 단어나 구, 절, 문장 또는 연결어가 들어갈 빈칸 내용 추론하기 등의 유형이 있습니다.

4 맥락 파악하기

맥락을 파악하기 위해서는 글을 읽고 말하는 이나 글쓴이의 의도나 목적을 파악하는 능력이 필요합니다. 맥락 파악하기에는 글쓴이의 목적, 주장, 글의 분위기나 심경 등 파악하기 등의 유형이 있습니다.

5 간접 쓰기

간접 쓰기를 위해서는 글의 전체적인 맥락과 문장 간의 논리적 흐름을 파악하여 가상의 글쓰기에 적용할 수 있는 능력이 필요합니다. 간접 쓰기에는 흐름에 무관한 문장, 주어진 문장의 적합한 위치, 글의 순서 파악하기, 문단 요약하기 등의 유형이 있습니다.

6 문법 및 어휘

문법 및 어휘를 위해서는 글의 전체적 의미나 문장 간의 의미적 관련성을 통하여 어법의 적합성이나 어휘의 적합성을 파악하는 능력이 필요합니다. 문법과 어휘에는 문맥에 따른 어법 또는 어휘 정확성 파악하기 등의 유형이 있습니다.

출처: 한국교육과정평가원

수능 지문의 6가지 대표 패턴

Pattern 1　주제문　예시 ①　예시 ②　예시 ③

- 가장 기초적인 영어식 글쓰기 구성으로 「주제문+예시」의 기본 패턴입니다. 주제, 요지, 빈칸완성, 글의 전후 관계추론, 무관한 문장, 문장의 삽입 등 다양한 유형의 문제에 쓰입니다. 주제문은 문장 앞(두괄식), 문장 뒤(미괄식), 중간(중괄식), 혹은 앞과 뒤에 동시에 나올 수 있습니다. 예시를 위해 for example, for instance 같은 연결 어구를 사용합니다.

Pattern 2　도입　주제문　예시　요약

- 수능에서 가장 많이 나오는 패턴으로 도입부에 일반적인 사실 또는 생각을 제시한 다음 but, however와 같이 역접을 유도하는 연결 어구를 사용하여 주제문을 제시합니다. 주제문을 보충 설명하기 위한 예를 2~3개 정도 쓰고 마지막에 전체 글을 요약합니다. 주로 주제, 요지, 주장, 빈칸 추론 등 유형에 활용합니다.

Pattern 3　일반론　반론　결론

- 논설문에서 가장 많이 쓰이는 형태입니다. 문장의 앞부분에 주제의 도입이나 일반적인 생각을 제시한 다음, 그와 반대되는 생각이나 문제점을 지적한 뒤 결론을 유도하는 방식입니다. 역접, 인과관계를 나타내는 연결 어구의 쓰임에 주의해야 합니다. 글의 순서 또는 문장의 삽입, 주제 등의 유형에서 많이 이용합니다.

Pattern 4　설명(사실 ① ② ③)　요약

- 설명문에서 많이 쓰이는 패턴으로, 주제를 정당화할 수 있는 사실, 속성, 사건들을 나열한 후 주제문을 제시합니다. 열거되는 사실은 서로 대등하며, first, second, finally, another, some, others 등을 사용합니다. 결론을 유도하는 therefore, in short 같은 접속부사의 표현을 글의 뒷부분에서 발견할 수 있습니다. 주로 실용문, 지칭추론, 빈칸 추론, 요지, 요약문 완성 등을 묻는 문제에 많이 응용됩니다.

Pattern 5　행동 ①　행동 ②　행동 ③

- 시간에 따른 어떤 대상의 움직임이나 장소를 구상하는 공간순서에 따른 행동에 대한 묘사로 어조, 분위기, 심경 또는 글의 순서 등을 파악하는 종합적인 이해력을 측정하는 문제에서 많이 활용합니다.

Pattern 6　상황 제시　사건(시간순)　마무리

- 주제를 암시하는 사건을 시간 순으로 간략하게 서술합니다. 상황, 일화 등 사건의 흐름을 간결하게 서술하거나 글 속에 대화로 등장할 수 있습니다. 속담, 함축 의미, 심경을 묻거나 특히 장문 독해 문제에서 자주 활용합니다.

수능 유형 학습

Unit 01 ~ Unit 19

유 형 소 개 글을 읽고 글의 목적을 파악해야 하는 문항으로 광고문, 기행문, 기사문, 추천서 등 주로 실용적인 글을 통해 글쓴이의 의도나 목적을 파악하는 경우가 많다. 글의 종류와 목적에 자주 나오는 어휘를 평소에 잘 익혀두어야 한다.

대 표 예 제 **다음 글의 목적으로 가장 적절한 것은?** 91% 고1 03월 모의고사 변형

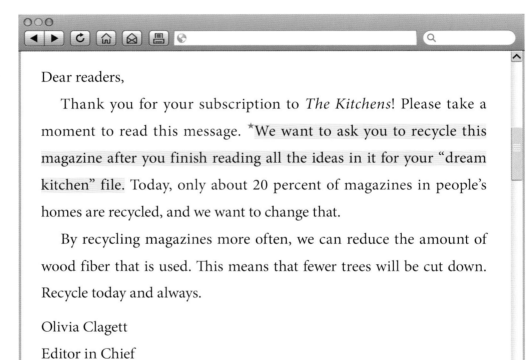

Dear readers,

Thank you for your subscription to *The Kitchens*! Please take a moment to read this message. *We want to ask you to recycle this magazine after you finish reading all the ideas in it for your "dream kitchen" file. Today, only about 20 percent of magazines in people's homes are recycled, and we want to change that.

By recycling magazines more often, we can reduce the amount of wood fiber that is used. This means that fewer trees will be cut down. Recycle today and always.

Olivia Clagett
Editor in Chief
oclagett@kmus.com

*subscription 구독

① 잡지 재활용을 권장하려고
② 잡지 구독 여부를 확인하려고
③ 나무 심기 운동을 장려하려고
④ 잡지 표지 디자인을 공모하려고
⑤ 지역 내 재활용 캠페인을 알리려고

· · · · · · · · · · · · · · · New Words · · · · · · · · · · · · · · ·

☐ **recycle** 재활용하다 ☐ **the amount of** ~의 양 ☐ **reduce** 줄이다 ☐ **take a moment** 잠시 시간을 갖다
☐ **magazine** 잡지 ☐ **wood fiber** 나무 섬유 ☐ **cut down** ~을 베다 ☐ **editor in chief** 편집장
☐ **fewer** 더 적은

함정탈출 유형풀이 전략!

1 글의 일부만 읽고 답을 고르면 안 된다.

: 글 전체 내용의 이해로부터 글의 목적을 유추할 수 있으므로 세부적인 내용에 얽매이지 말고 전반적인 글의 흐름을 파악해야 한다. 글의 종류나 글을 쓴 목적이 구체적으로 드러난 부분, 반복적으로 사용되는 표현 또는 어구들에 주목하면서 단서를 종합한다. 대체로 글의 전반부보다 글의 중반부나 후반부에 글의 목적이 드러나는 경우가 많다.

2 글의 어조를 살펴 글의 목적을 파악한다.

: 어조는 글쓴이의 태도로 글의 목적을 알리는 신호다. 감사를 나타내는 글은 어조가 격식을 차리며 부드럽고, 경고나 독촉을 나타내는 글의 어조는 단호하다. 이렇듯 어조를 살피면 글의 목적을 찾는 데 도움이 된다.

Check! Reading Steps

Step ONE 글의 첫 문장 또는 두세 문장을 읽고 관련 대상과 소재를 확인한다.

⋯ 글의 주요 어휘를 살핀다.

글쓴이와 글의 대상을 추론하여 대략적인 내용을 파악한다.

ex. recycle, magazine, reduce

Step TWO 글의 목적을 나타내는 결정적인 어구나 문장에 유의한다.

⋯ *문장은 독자에게 잡지를 재활용할 것을 요청하고 있다. 'to ask' 등과 같이 글의 목적을 알리는 표현들이 본문에 나오면 주의한다.

Step THREE 글의 주제, 그리고 세부적인 내용들을 종합하여 글의 목적을 파악한다.

⋯ 재활용을 늘리면 나무 섬유의 양을 줄일 수 있다는 내용으로, 한 잡지의 편집장이 독자에게 잡지의 재활용을 권장하고 있다.

글의 목적을 나타내는 표현

• **to inform**	알리기 위해	• **to ask**	요청하기 위해
• **to inquire**	문의하기 위해	• **to suggest**	제안하기 위해
• **to advise**	조언하기 위해	• **to introduce**	소개하기 위해
• **to complain**	항의하기 위해	• **to confirm**	확인하기 위해
• **to request**	요청하기 위해	• **to advertise**	광고하기 위해
• **to recommend**	추천하기 위해	• **to celebrate**	축하하기 위해

01 다음 글의 목적으로 가장 적절한 것은?

91% 고1 03월 모의고사 변형

My dear Harriet,

I was so glad to receive your letter and to learn that you were accepted to Royal Holloway. It's a good college, and I know that the history department there is especially strong. I can see why it was your first choice, and I am very happy for you. You worked hard to enter that college, and you deserve your success. I'm so proud of you. Well done, Harriet! I send you my best wishes for a happy time at your university.

With love,
Elaine

① 추천서 작성을 부탁하려고　　② 대학에 합격한 것을 축하하려고
③ 장학금 신청 절차를 안내하려고　　④ 졸업 후 진로에 대해 조언하려고
⑤ 전공과목에 대한 정보를 제공하려고

02 다음 글의 목적으로 가장 적절한 것은?

96% 고1 06월 모의고사 변형

Dear Ms. White,

My son Michael got home from school yesterday around 6 p.m. after the basketball game and had four homework assignments. By 11 p.m., he finished only three: science, math, and English. When he was about to start your homework, I stopped him. He looked tired, so I told him to go to bed. I promised him that I would write to you and explain the situation. Is it possible to allow him to do it over the weekend and hand it in next Monday? We would be very thankful if you would agree to this.

Yours sincerely,
Dorothy Williams

① 교사의 세심한 학생 지도에 감사하려고　　② 자녀의 방과 후 활동에 대해 문의하려고
③ 자녀의 과제 제출 기한 연장을 부탁하려고　　④ 방과 후 체육 활동의 활성화를 건의하려고
⑤ 자녀의 진로 선택에 대해 조언을 구하려고

03 다음 글의 목적으로 가장 적절한 것은?

Dear Coach Johnson,

My name is Christina Markle. I'm Bradley Markle's mother. Bradley and I were excited to learn that you're holding your Gymnastics Summer Camp again this year. So I signed up and paid the nonrefundable deposit for the program in the second week of July from the 13th to the 17th. But today, I remembered that our family is going to get back from a trip on July 13, so I'm afraid Bradley won't be able to make it on the first day of the program. I'd like to know if he could change to the program in the third week. Please let me know if that's possible. Thank you.

Sincerely,

Christina Markle

*nonrefundable deposit 환불이 불가능한 보증금

① 캠프 참가를 위해 여행 일정을 조정하려고
② 캠프 참가 시기를 변경할 수 있는지 문의하려고
③ 캠프 등록 시 지불한 예치금 환불을 요구하려고
④ 캠프 일정이 분명하지 않은 것에 대해 항의하려고
⑤ 예약한 캠프 프로그램의 변경된 내용을 확인하려고

· · · · · · · · · · · · · · · · New Words · · · · · · · · · · · · · · · ·

01

□ dear	사랑하는, ~에게
□ glad	기쁜
□ receive	받다
□ accept	수락하다, 입학시키다
□ college	대학
□ especially	특히
□ choice	선택
□ work	공부하다, 작업하다
□ enter	들어가다, 입학하다
□ deserve	받을 만하다
□ success	성공
□ department	학과, 부서
□ be proud of	~을 자랑스러워 하다
□ with love	(편지 맺음말) 사랑을 담아

02

□ get home	집에 도착하다[오다]
□ assignment	숙제 (= homework)
□ math	수학
□ be about to	막 ~하려 하다
□ look	~처럼 보이다
□ tired	피곤한
□ promise	약속하다; 약속
□ explain	설명하다
□ situation	상황
□ possible	가능한
□ allow	허락하다
□ hand in	제출하다
□ agree	동의하다
□ (Yours) sincerely	(편지 맺음말) 올림

03

□ excited	신이 난, 흥분한
□ learn	알게 되다, 배우다
□ hold	개최하다
□ gymnastics	체조
□ sign up	등록하다
□ from A to B	A에서 B까지
□ pay	지급하다
□ trip	여행
□ afraid	두려운
□ be able to	~할 수 있다
□ make it	참석하다, 시간에 맞춰 가다
□ change	바꾸다; 잔돈
□ let	~하게 하다, 허락하다

유 형 소 개   이 유형은 글의 분위기(글의 배경 또는 등장인물 사이에 흐르는 감정적 색채), 또는 등장인물의 심경을 파악하는 문제 유형이다. 글의 내용, 글의 배경, 사용된 언어의 색채 등을 종합적으로 이해해야 문제를 풀 수 있다. 보통 소설이나 일화를 지문으로 한다.

대 표 예 제   **다음 글에 드러난 'I'의 심경으로 가장 적절한 것은?**   91% 고1 03월 모의고사 변형

　　My twelve-year-old son and I were returning home after a trip. When we entered the side door of the kitchen, I knew that something was wrong right away. Before I could turn on the light, I realized the house was amazingly cold. When I turned on the switch, I found that everything was out of order. *The window above the sink was broken, and hundreds of pieces of glass made a mess on my kitchen floor. My legs were shaking so badly that I could hardly stand still. I held my son by the arm and whispered, "Someone broke in and might still be inside." We ran to a neighbor's house.

① guilty　　　　　② scared　　　　　③ thankful
④ bored　　　　　⑤ proud

New Words

- □ enter 들어가다
- □ turn on (불을) 켜다
- □ right away 즉시
- □ realize 깨닫다
- □ amazingly 놀랄 만큼
- □ out of order 무질서한, 고장 난
- □ hardly 거의 ~아니다
- □ make a mess 엉망으로 만들다
- □ break in 침입하다
- □ whisper 속삭이다

함정탈출 유형풀이 전략!

1 시간적·공간적 배경을 파악한다.

: 글의 도입부에 배경에 대한 설명이 있는 경우가 많다.

2 등장인물의 행동을 파악한다.

: 특정 사건을 계기로 등장인물의 행동이 바뀔 수 있으므로 주의한다.

3 상황이나 분위기 또는 인물에 대해 설명해주는 형용사와 부사에 주목한다.

: 상황 등을 묘사하는 어휘들을 통해 글의 어조를 느낄 수 있다. 하지만, 사건의 반전에 유의해야 한다.

Check! Reading Steps

Step ONE 시간적·공간적 배경과 관련된 묘사에 주목한다.

⋯ after a trip, kitchen

Step TWO 등장인물의 행동과 관련된 묘사에 주목한다.

⋯ My legs were shaking.

Step THREE 글의 전체적인 분위기 또는 글쓴이의 심경과 관련한 핵심 표현에 주목한다.

⋯ *문장으로 보아, 깨진 창문과 유리 조각들로 글쓴이가 무서움을 느끼고 있음을 알 수 있다.

심경·분위기 파악 유형에 자주 등장하는 어휘

긍정 (+)	부정 (−)
• 긍정적인 심경 excited (흥분한) / satisfied (만족한) / hopeful (희망에 찬) pleased, delighted, joyful (기뻐하는) / happy (행복한) proud (자랑스러운) / relaxed (편안한) / cheerful (명랑한) relieved (안심한) 등	• 부정적인 심경 angry (화난) / annoyed (짜증이 난) / bored (지루해하는) frustrated (좌절한) / worried (걱정하는) ashamed (부끄러운) / scared, frightened (겁먹은) disappointed (실망한) / terrified (무서워하는) 등
• 긍정적인 태도 & 성격 positive (긍정적인) / active (활발한) optimistic (낙관적인) / generous (너그러운) natural (꾸밈없는) / polite (공손한) / faithful (충실한) honest (정직한) 등	• 부정적인 태도 & 성격 critical (비판적인) / passive (소극적인) negative (부정적인) / dependent (의존하고 있는) cold (냉정한) / selfish (이기적인) / impatient (참지 못하는) greedy (탐욕스런) / arrogant (오만한) 등

01 다음 글에 드러난 'I'의 심경 변화로 가장 적절한 것은?

90% 고1 11월 모의고사 변형

One day, I was sitting at the bus stop. When the bus arrived, I just hopped on. I didn't realize that I had left my purse on the bench at the bus stop until I got home. My heart started to beat faster because all my cash was in my purse. I ran to catch a taxi and went back to the bus stop. When I arrived at the bus stop, I started madly searching for my purse. Right at that moment, something caught my eye from under the bench: something familiar. It was my purse, and luckily, all my money was still in it.

① anxious → relieved   ② jealous → ashamed
③ excited → disappointed   ④ lonely → excited
⑤ indifferent → curious

02 다음 글의 상황에 나타난 분위기로 가장 적절한 것은?

82% 고1 06월 모의고사 변형

An airplane started to run down the runway toward the ocean for takeoff. The airport was just a mile from the beautiful white sand beach. The plane was only in the air for a few seconds before there was a loud bang. Flames came out from one of the engines. The people in the control tower heard the pilot say, "I'm coming back around!" Then, there were two more explosions. The plane disappeared from the radar screen in the control tower. When the police arrived at the scene, more than half of the plane had already sunk into the ocean.

*flame 화염

① festive   ② peaceful   ③ urgent
④ humorous   ⑤ boring

03 다음 글에 드러난 Jess의 심경 변화로 가장 적절한 것은?

91% 수능 변형

Jess took another step forward. The water level seemed to jump from her knees to her waist. Her legs started to shake, and she felt her body stiffen. There could be reeds or other dangers she didn't know about. She was concerned that as a city girl, she had little experience of the countryside and none at all swimming in rivers. It didn't look safe enough, but she didn't want to turn back. She took a deep breath and pushed herself into the water. It felt nice and cool, not as freezing as when she first stepped into it. The water seemed to welcome and hug her.

*stiffen 굳어지다 **reed 갈대

① bored → amused   ② worried → pleased

③ joyous → terrified   ④ excited → sad

⑤ afraid → disappointed

New Words

01

☐ hop on	올라타다
☐ realize	깨닫다, 실현하다
☐ purse	지갑
☐ beat	(심장이) 뛰다
☐ cash	현금
☐ catch a taxi	택시를 잡다
☐ madly	미친 듯이
☐ search for	~을 찾다
☐ at that moment	그 순간에
☐ catch one's eye	눈을 사로잡다
☐ familiar	친숙한, 익숙한
☐ luckily	다행히도
☐ relieved	안도한
☐ jealous	질투하는
☐ ashamed	부끄러운
☐ disappointed	실망한
☐ lonely	외로운
☐ indifferent	무관심한
☐ curious	궁금한

02

☐ runway	활주로
☐ ocean	바다, 대양
☐ takeoff	이륙
☐ airport	공항
☐ loud	커다란
☐ bang	쾅하는 소리
☐ pilot	조종사
☐ control tower	관제탑
☐ explosion	폭발
☐ disappear	사라지다
☐ arrive at	~에 도착하다
☐ scene	현장, 장면
☐ festive	축제의
☐ peaceful	평화로운
☐ urgent	긴급한
☐ humorous	유머러스한
☐ boring	지루한
☐ sink	가라앉다 (sink-sank-sunk)

03

☐ take a step	발을 디디다
☐ forward	앞으로
☐ water level	수위, 수면
☐ shake	흔들리다, 떨다
☐ danger	위험요소, 위험
☐ concerned	걱정스러운
☐ experience	경험; 경험하다
☐ countryside	시골
☐ none	하나도[아무도] ~ (않다)
☐ turn back	돌아가다
☐ take a breath	숨을 쉬다, 호흡하다
☐ deep	깊은; 깊이
☐ freezing	몹시 차가운
☐ hug	포옹하다
☐ bored	지루한
☐ amused	즐거워 하는
☐ joyous	즐거운
☐ terrified	겁에 질린
☐ disappointed	실망한

함축적 의미 파악

유 형 소 개   글을 읽고 밑줄 친 부분이 나타내는 의미를 추론하는 유형으로, 밑줄 친 부분 자체를 해석하는 것이 아니라, 밑줄을 포함한 문장의 전후 문맥을 통해 의미하는 바를 글 전체의 내용과 함께 파악해야 한다.

대 표 예 제   **밑줄 친 have that same scenario가 다음 글에서 의미하는 바로 가장 적절한 것은?**

72% 고1 09월 모의고사 변형

There are more than 140 million cell phone users in the US who will throw away their current phone for a new phone every 14-18 months. *I'm not that kind of person. Actually, I use my cell phone until the battery runs out. At that point, it's time to buy a replacement battery. **But I'm told that the battery and the phone are no longer made because there's newer technology in the latest phones. That's a typical explanation. The phone wasn't even that old; maybe a little over one year? I'm just one example. Can you imagine how many countless other people have that same scenario? No wonder cell phones take the lead about "e-waste."

① have frequent trouble updating programs
② cannot buy new technology because of costs
③ spend a lot of money repairing their cell phones
④ are led to change their still usable cell phones
⑤ are disappointed with the latest phone models

New Words

- throw away 버리다
- current 현재의
- run out 다 쓰다
- replacement 교체
- technology 기술
- latest 최신의
- typical 전형적인
- explanation 설명
- countless 수많은, 셀 수 없는
- scenario 시나리오, 각본
- no wonder ~라는 것은 놀랍지 않다
- take the lead 선두에 있다
- frequent 잦은
- usable 이용할 수 있는

함정탈출 유형풀이 전략!

1 밑줄의 범위를 정확히 확인한다.

: 밑줄이 포함된 문장이 이해되었어도, 밑줄의 범위가 일부인 경우 not, no와 같은 부정어가 포함되어 반대되는 내용을 요구하는지 등 정확한 밑줄의 범위를 확인한 후, 밑줄의 앞뒤 부분을 통해 글의 흐름을 추론한다.

2 밑줄의 내용이 항상 주제와 일치하지 않을 수 있다.

: 밑줄이 주제와 일치하는 경우가 많지만, 세부 정보를 요구하거나, 글 전체 흐름과 반대되는 경우도 있으므로 밑줄의 대상이 되는 정보를 정확히 숙지하여야 한다.

Check! Reading Steps

Step ONE ▶ 글의 앞부분을 읽고 소재를 확인하며 주제를 파악한다.

글의 요지, 주제 찾기와 마찬가지로 글의 주요 어휘를 살핀 뒤, 글의 결론 또는 주제문을 통해 대략적인 내용을 파악한다.

⋯▸ throw away their current phone, new phone, newer technology, latest phones..

⋯▸ *문장은 소재에 대한 저자의 입장이다.

Step TWO ▶ 밑줄 앞, 뒤 문장을 주의 깊게 읽고 내용을 유추하며 밑줄 친 문장을 확인한다.

⋯▸ 밑줄 앞 문장에서 typical explanation (전형적인 설명)에 대한 내용을 다시 확인한다.

Step THREE ▶ 밑줄과 관련된 내용인 재진술 부분을 찾아 정답을 유추한다.

⋯▸ **문장의 이유를 통해, 「휴대전화의 배터리 문제 → 수리 불가 → 새 휴대전화 구입」으로 이어지는 시나리오를 알 수 있다.

◀ 시험에 자주 등장하는 어법

5형식 문장의 목적보어 형태로 (동사원형/to 동사원형/동사원형-ing) 중 알맞은 것은?

Q1 동사가 사역동사(make, have, let)라면?

⋯▸ 목적어(O)와 목적보어(O.C)의 관계가 능동이면 동사원형!

Q2 동사가 지각동사(watch, see, hear, feel⋯)라면?

⋯▸ 목적어(O)와 목적보어(O.C)의 관계가 능동이면 동사원형 또는 동사원형-ing!

Q3 동사가 준사역 동사(help)라면?

⋯▸ 목적어(O)와 목적보어(O.C)의 관계가 능동이면 동사원형 또는 to동사원형!

*단, 동사와 관계없이 목적어(O)와 목적보어(O.C)의 관계가 수동이면 과거분사(p.p.)!

Practice 다음 중 어법에 맞는 것을 하나 고르시오.

1 Jerry saw his brother (**play**/**to play**/**playing**) the drum.

2 Catherine helped Tom (**find**/ **to find**/ **finding**) his car key.

정답 **1** play 또는 playing **2** find 또는 to find

01

밑줄 친 "rise to the bait"가 다음 글에서 의미하는 바로 가장 적절한 것은? 66% 고1 04월 모의고사 변형

We know that tempers are one of the first things lost in many arguments. It's easy to say "keep cool", but how do you do it? Sometimes in arguments the other person is trying to get you to be angry. They may say things that are intentionally planned to annoy you. They know that if they get you to lose your temper you'll say something foolish; you'll simply get angry and probably not win the argument. So don't fall for it. They may say things that cause your anger, but responding with a cool answer is likely to be most effective. Indeed, any careful listener will admire the fact that you didn't "rise to the bait."

*fall for ~에 속아 넘어가다

① stay calm
② blame yourself
③ lose your temper
④ listen to the audience
⑤ apologize for your behavior

02

밑줄 친 "learn and live"가 다음 글에서 의미하는 바로 가장 적절한 것은? 62% 고1 11월 모의고사 변형

There is an important factor that determines whether your choice will influence that of others. Adélie penguins are often found walking in large groups toward the water's edge in search of food. However, danger awaits in the icy-cold water. There is the leopard seal which likes to have penguins for a meal. What is an Adélie to do? The penguins' solution is to play the waiting game. They wait and wait by the water's edge until one of them gives up and jumps in. When that occurs, the rest of the penguins watch to see what happens next. If the pioneer survives, everyone else will follow suit. If it dies, they'll turn away. One penguin's destiny changes the fate of all the others. Their strategy is "learn and live."

*follow suit 따라하다

① occupy a rival's area for safety
② discover who the enemy is and attack first
③ share survival skills with the next generation
④ support the leader's decisions for the best results
⑤ follow another's action only when it is proven safe

03

밑줄 친 journey edges가 다음 글에서 의미하는 바로 가장 적절한 것은? 66% 고3 06월 모의고사 변형

Many secondary businesses that today seem almost core at one time started out as journey edges. For example, retailers often encourage sales with accompanying support such as assembly or installation services. Think of an outdoor grill retailer selling a box of parts, unassembled, and leaving its customer's mission incomplete. When that retailer also sells assembly and delivery, it takes another step in the journey to the customer's true mission of cooking in the backyard. Another example is the business-to-business service contracts added on top of software sales. Maintenance, installation, delivery, anything that turns do-it-yourself into a do-it-for-me solution originally resulted from exploring the edge of where core products intersect with customer journeys.

*retailer 소매업자 **intersect 교차하다

① requiring customers to purchase unnecessary goods

② decreasing customers' dependence on business services

③ focusing more on selling end products than parts

④ adding a technological breakthrough to their core products

⑤ providing extra services beyond customers' basic purchase

New Words

01		02		03	
□ temper	화	□ factor	요인	□ secondary	부수적인, 2차적인
□ argument	논쟁	□ influence	영향을 끼치다	□ core	핵심의; 핵심
□ intentionally	의도적으로	□ edge	가장자리	□ encourage	북돋다, 격려하다
□ annoy	화나게 하다	□ in search of	~을 찾아	□ accompanying	동반하는
□ lose one's temper	화를 내다	□ await	기다리다	□ support	지원, 지지
□ respond	대응하다	□ leopard seal	표범물개	□ assembly	조립
□ effective	효과적인	□ give up	포기하다	□ installation	설치
□ indeed	정말로	□ occur	일어나다	□ incomplete	미완성의
□ careful	주의 깊은	□ rest	나머지	□ delivery	배달
□ admire	감탄하다	□ pioneer	선구자	□ contract	계약
□ blame	비난하다	□ survive	살아남다	□ on top of	~외에, ~위에
□ apologize	사과하다	□ destiny	운명 (= fate)	□ maintenance	유지
□ behavior	행동	□ strategy	전략	□ result from	~에서 생겨나다

유 형 소 개   글의 요지·주장 추론 유형은 주제 추론 문제와 대체로 비슷하나 글쓴이의 주장을 담고 있으므로 주제보다 서술적으로 더 뚜렷한 강조점을 보인다. 속담이나 교훈을 묻는 형태로 출제되기도 한다.

대 표 예 제   **다음 글의 요지로 가장 적절한 것은?**   `92%` 고1 06월 모의고사 변형

The more shocking a rumor, the faster it travels. I remember reading about a rumor that a girl spread. When she found the rumor to be false, she went to the boy in the rumor to ask how she could make up for telling it. The angry boy asked her to take a feather pillow, get on the highest building in town, scatter the feathers, and pick all of them up. Clearly, that was an impossible task. Many of us are guilty of passing on incorrect information. False statements damage people. *Consider the feathers before passing on a rumor.

*scatter 흩뿌리다

① 근거 없는 소문을 퍼뜨리지 말아야 한다.
② 제보자의 신상 정보를 보호해 주어야 한다.
③ 불가능해 보이는 일도 도전해 보아야 한다.
④ 자신의 잘못에 대해 사과할 줄 알아야 한다.
⑤ 자신에게 손해가 되더라도 약속을 지켜야 한다.

New Words

☐ shocking 충격적인   ☐ feather 깃털   ☐ impossible 불가능한   ☐ incorrect 정확하지 않은
☐ rumor 소문   ☐ pillow 베개   ☐ task 일, 과제   ☐ statement 진술, 성명
☐ spread 퍼뜨리다   ☐ pick up 줍다   ☐ guilty 유죄의   ☐ damage 피해를 주다
☐ false 틀린, 잘못된   ☐ make up for ~을 보상하다 ☐ pass on 전달하다   ☐ consider 고려하다

1 반복되는 핵심어를 통해 글의 중심 내용을 개괄적으로 파악한다.

: 글을 처음부터 정독하기보다는 핵심어 위주로 훑어본다. 반복 어휘를 통해 글의 소재 및 중심 내용을 유추하여 전체 글과의 관련성을 살펴 본다.

2 주제에 관한 글쓴이의 생각이 드러난 문장을 찾는다.

: 글쓴이의 생각이나 의견이 드러난 문장은 주로 주제문이 된다. 주제문은 보통 글의 맨 앞부분이나 마지막에 오는 경우가 많다. 글쓴이의 견해를 담고 있는 문장이 잘 드러나지 않을 경우, 글에서 반복되는 어구나 주어진 예시 등의 공통점을 통해 요지를 추론할 수 있다.

Check! Reading Steps

Step ONE 반복되는 핵심어나 어구 등을 통해 주제를 파악한다.

⋯ rumor, pass on, false, damage

Step TWO 주제에 관한 글쓴이의 생각이 드러나 있는 문장을 찾는다. 특히 첫 문장, 마지막 문장 그리고 명령문에 주의하며 읽는다.

⋯ *문장은 잘못된 소문을 퍼뜨리는 것은 타인에게 피해를 줄 수 있기 때문에 소문을 전할 때 그 피해(ex. 깃털)에 대해 생각하라는 명령 문장이다.

Step THREE 글의 요지·주장을 가장 잘 드러난 선택지를 찾는다.

⋯ 핵심어인 '잘못된 소문'과 '퍼뜨리지 말라'는 주장이 함께 있는 선택지가 이 글의 요지를 가장 잘 드러내고 있다.

요지·주장을 알려주는 Signal Words!

1 당위성을 나타내는 형용사가 있는 문장

ex. important, essential, vital (중요한) / necessary (필수적인)

2 당위성을 나타내는 조동사가 있는 문장

ex. must, have to, should, need to (~해야 한다) / had better (~하는 것이 좋다)

3 최상급 표현이 있는 문장

ex. the (most), -est (가장 ~한[하게]) 등

4 동사로 시작하는 명령문 문장

ex. Be kind to people. 사람들에게 친절하라.

5 전문적이고 객관적인 근거가 있는 문장

ex. research, study (연구) / experiment (실험) / statistics (통계) / theory (이론)
professor[expert] says ~ (전문가가 말하길 ~)

01 다음 글에서 글쓴이가 주장하는 바로 가장 적절한 것은? 92% 고1 06월 모의고사 변형

"Annie, what a great picture you made! What is it?" What's wrong with this reaction to a child's drawing? You're certainly interested, and it sounds cheerful to your ears. But this kind of praise can actually have the opposite effect. Generalized praise like "great picture" isn't as meaningful to children as finding something specific about their performance. "I like the bright colors you used in your picture" is more powerful than "great picture." If you say, "That's nice, dear," without looking at what your child is showing to you, it could affect her pride. Specific praise gives her confidence and lets her know you really care.

*praise 칭찬

① 아이가 하는 말에 귀를 기울이라.　　② 아이에게 행동으로 모범을 보이라.
③ 아이를 칭찬할 때는 구체적으로 하라.　　④ 아이의 눈높이에 맞는 언어를 사용하라.
⑤ 아이의 감추어진 재능을 조기에 발견하라.

02 다음 글의 요지로 가장 적절한 것은? 92% 고1 09월 모의고사 변형

You've probably looked around you and noticed that people are unique and different. Even people who seem really similar can also be very different. From different appearances to different personalities to different beliefs, it's a big world full of interesting and different people! Tolerance protects the variety which makes the world so exciting. Tolerance is the idea that all people should be equally accepted and equally treated. It's a lot like fairness. Having tolerance means giving all people the same care though they don't have the same opinions, background, or qualities as your own. Tolerance allows the world to develop successfully. That is why treating other people with tolerance is very important.

*tolerance 관용

① 긍정적인 사고방식은 삶의 가치를 높인다.
② 다양성을 수용하는 관용적인 태도가 필요하다.
③ 의사 결정 시 공과 사를 엄격히 구분해야 한다.
④ 타인의 실수에 대해 용서하는 마음을 가져야 한다.
⑤ 객관적 근거를 바탕으로 자신의 의견을 주장해야 한다.

03 다음 글의 요지로 가장 적절한 것은?

96% 수능 변형

To be a good child, an uncomplaining employee, or a cooperative patient, many of us try to please people by going along with the things that they want us to do. At times, we lose our own boundaries and needs, and the cost of this could be our lives. When we can't set healthy limits, it causes pain in our relationships. But when we learn to say no to what we don't feel like doing, our relationships with others improve. So don't be afraid to say no. Use your true voice to say what you really want to say.

*cooperative 협조적인

① 난관을 극복할 때 성취감이 생긴다.
② 항상 타인의 입장을 먼저 고려해야 한다.
③ 자신이 원하지 않는 일은 거절할 필요가 있다.
④ 자신의 의견을 고집하면 대인 관계가 악화된다.
⑤ 제안을 승낙하기 전에는 그 의도를 파악해야 한다.

⸻ New Words ⸻

01

☐ reaction	반응
☐ drawing	그림
☐ cheerful	격려하는
☐ actually	실제로
☐ opposite	정반대의; 정반대
☐ effect	효과, 영향
☐ generalized	일반화된
☐ meaningful	의미 있는
☐ specific	구체적인
☐ bright	밝은
☐ affect	영향을 미치다
☐ pride	자존심
☐ performance	성과, 공연
☐ confidence	확신
☐ care	관심을 가지다; 돌봄

02

☐ probably	아마
☐ notice	알아차리다; 공지
☐ unique	독특한
☐ seem	~처럼 보이다
☐ similar	비슷한
☐ appearance	외모, 모습
☐ personality	성격, 인격
☐ belief	신념, 믿음
☐ protect	보호하다
☐ variety	다양성
☐ equally	동등하게
☐ accept	인정하다, 받아들이다
☐ treat	대(우)하다, 치료하다
☐ fairness	공정함
☐ quality	특성, 질

03

☐ employee	직원
☐ patient	환자; 인내심 있는
☐ please	기쁘게 하다; 제발
☐ at times	때때로
☐ boundary	영역, 경계
☐ need	필요(성); 필요하다
☐ cost	대가, 비용; 비용이 들다
☐ healthy	건전한, 건강한
☐ limit	한계; 제한하다
☐ cause	야기하다; 원인
☐ pain	고통
☐ relationship	관계
☐ feel like -ing	~하고 싶다
☐ improve	향상하다, 개선하다
☐ voice	목소리

유 형 소 개   주제를 찾는 것은 독해의 기본적인 요소로 빠지지 않고 출제되고 있으며, 문제에 따라 한글 또는 영문으로 된 선택지가 제시된다. 글의 구성에 따라 첫 부분에 주제가 나온 후 구체적인 내용이 나열되는 글, 구체적인 내용이 먼저 나온 후 마지막 부분에 주제가 제시되는 글, 그리고 여러 사례를 통해 주제를 추론해야 하는 글 등으로 분류할 수 있다.

대 표 예 제   **다음 글의 주제로 가장 적절한 것은?**   92% 고1 03월 모의고사 변형

When you skip breakfast, you are like a car which tries to run without fuel. Experts say that a nutritious breakfast is the brain's fuel. A fully fueled brain focuses better and solves problems faster. Some students say that getting a few extra minutes of sleep is more important than eating a bowl of oatmeal, but they're wrong. Of course, sleeping is important, but going to bed a half hour earlier would be better than sleeping late and skipping breakfast. *For students who want to do well at school, breakfast is the most important meal of the day. Give your brain fuel. To think more clearly and faster, eat a good breakfast.

① 청소년에게 적당한 수면 시간
② 두뇌 활동에 도움이 되는 음식
③ 수면 부족이 학업에 미치는 영향
④ 학생에게 있어서 아침 식사의 중요성
⑤ 좋은 성적을 얻기 위한 바람직한 학습 태도

New Words

□ **skip** 거르다
□ **fuel** 연료; 연료를 공급하다
□ **nutritious** 영양가 많은
□ **expert** 전문가
□ **brain** (두)뇌
□ **focus** 집중하다
□ **solve** 해결하다
□ **a few** 조금
□ **extra** 추가의, 여분의
□ **oatmeal** 오트밀 죽
□ **clearly** 명료하게

함정탈출 유형풀이 전략!

1 글의 핵심 내용이 있는 위치를 파악한다.

: 글의 처음이나 끝, 반복되는 표현, 질문과 답, 결론을 나타내는 연결사 뒤에 이어지는 문장 등에서 주로 핵심 내용을 발견할 수 있다. 단, 주제문이 명확하게 드러나지 않는 글은 전체 글에서 중심 내용들을 추론하여 연관된 주제를 정답으로 선택한다.

2 지나치게 일반적·추상적이거나 구체적인 선택지는 피한다.

: 글에 언급된 내용 이외에 지나치게 광범위하거나 막연한 내용을 나타내는 선택지는 글의 주제로 적합하지 않다. 마찬가지로 글의 전체 내용을 포괄하지 못하고 일부만을 나타내는 선택지도 글의 주제로 적절하지 않다.

Check! Reading Steps

Step ONE 글의 초반부에서 화제 또는 중심 소재를 찾는다.

⋯ 화제가 없거나, 이를 찾기 힘들 때는 각 문장의 주어가 무엇인가 살펴본다.
ex. breakfast, brain's fuel

Step TWO 중심 문장에서 제기하는 주장이나 문제점이 무엇인지 파악한다.

⋯ 전문가들은 영양가 많은 아침 식사가 두뇌의 연료가 된다고 언급한다.

Step THREE 중심 문장 속 주장과 주제를 암시하는 반복적인 어구가 결론 부분에서 일치한다면 글의 주제일 가능성이 매우 크다.

⋯ *문장은 학생에게 아침 식사는 가장 중요한 뇌의 연료임을 말함으로써, 아침 식사의 중요성에 대해 다시 한번 강조하고 있다.

주제문 찾기 Signal Words!

1 **역접을 나타내는 말의 바로 뒤 문장에 주의하세요.**
ex. but, however, yet (그러나), while (반면에), although (그럼에도 불구하고) 등

2 **결론을 나타내는 말의 바로 뒤 문장에 주의하세요.**
ex. therefore, thus, hence (그러므로), so (그래서), as a result (그 결과), in short (요약하면) 등

3 **예시를 나타내는 말의 바로 앞 문장에 주의하세요.**
ex. for example, for instance (예를 들면), imagine, suppose (가정하다) 등

01 다음 글의 주제로 가장 적절한 것은?

88% 고1 11월 모의고사 변형

Storing medication correctly is very important. Many drugs will become useless if they are not stored well. The bathroom medicine cabinet is not a good place to keep medicine because the room's moisture and heat speed up the chemical breakdown of drugs. Storing medication in the refrigerator is also not a good idea because of the moisture inside it. Some kinds of drugs need refrigeration, but these should be labeled to keep them in the refrigerator. Light and air can also affect drugs, but dark bottles and airtight caps can keep these effects to a minimum. A closet is probably best for storing your medication, as long as you can keep it out of the reach of children.

*moisture 습기

① the different purposes of refrigeration
② proper ways to store medication
③ the importance of timely treatment
④ benefits of airtight storage of food
⑤ the difficulty of developing new medication

02 다음 글의 주제로 가장 적절한 것은?

88% 고1 03월 모의고사 변형

Several kinds of animals help other hurt animals to survive. Dolphins need to reach the surface of the water to breathe. If a dolphin is hurt so badly that it cannot swim to the surface by itself, other dolphins group themselves under it and push it up to the surface. If necessary, they will keep doing this for several hours. The same kind of thing happens with elephants. A fallen elephant is likely to have difficulty breathing because of its own weight, or it may overheat in the sun. Many elephant experts report that when an elephant falls down, other members of the group try to raise it to its feet.

① 멸종 위기에 처한 동물
② 야생동물 구조의 어려움
③ 동료를 돕는 동물의 습성
④ 지능에 따른 동물의 행동 유형
⑤ 집단생활을 하는 동물 간의 경쟁

03 다음 글의 주제로 가장 적절한 것은?

89% 수능 변형

Imagine that you are in a meeting. Your party and the other party are sitting across a table. You ask a question on some subject, and the answer is unsatisfactory. What would the best answer be? It is none at all. So if you are looking for more information or a different kind of information, ask for it by remaining silent. When there is a long pause in the conversation, people feel a need to fill it. If someone finishes speaking and you do not play along, that person will automatically start to explain in detail. In the end, the person may say what you want to hear.

*party 편 **play along 장단을 맞추다

① 의견 교환 시 대화 예절의 중요성
② 대화를 통한 창의적 사고 신장의 필요성
③ 바람직한 대화를 위한 적극적 태도의 필요성
④ 회의의 효율적 진행을 위한 사회자의 중요성
⑤ 만족스러운 답변을 얻기 위한 침묵의 효용성

········· New Words ·········

01

☐ store	저장[보관]하다; 가게
☐ medication	의약품, 약
☐ useless	쓸모 없는
☐ keep	보관하다, 유지하다
☐ room	공간, 방
☐ chemical	화학적인
☐ breakdown	손상
☐ label	라벨을 붙이다; 라벨
☐ affect	영향을 미치다
☐ airtight	밀폐의
☐ closet	벽장
☐ reach	미치는 범위; 도달하다
☐ proper	적절한
☐ benefit	이점, 이익; ~에 이익을 주다
☐ to a minimum	최소로

02

☐ survive	생존하다
☐ surface	표면
☐ breathe	숨을 쉬다
☐ badly	심하게, 나쁘게
☐ by oneself	혼자서
☐ group	무리를 짓다
☐ happen	일어나다, 발생하다
☐ be likely to	~하기 쉽다
☐ own	자신의; 소유하다
☐ weight	무게
☐ overheat	과열되다[하다]
☐ expert	전문가
☐ have difficulty -ing	~하는데 어려움을 겪다
☐ raise ~ to one's feet	~을 일으키다

03

☐ subject	주제
☐ none	아무[하나]도 (없다)
☐ information	정보
☐ unsatisfactory	만족스럽지 않은
☐ ask for	요청하다
☐ remain	계속 ~이다
☐ silent	침묵의
☐ pause	멈춤, 휴지
☐ conversation	대화
☐ fill	채우다
☐ automatically	자동으로
☐ explain	설명하다
☐ in detail	상세히
☐ in the end	결국

유 형 소 개　제목은 글의 핵심 내용을 압축적으로 표현하고 있다. 글의 핵심 내용을 담고 있는 주제문 찾기와 마찬가지로 제목 추론 역시 주제를 우선적으로 찾고 이를 가장 잘 반영한 선택지를 고른다. 글의 제목은 다소 포괄적이면서 비유나 암시적인 표현을 사용하며 보통 간결한 명사구의 형태로 표현한다.

대 표 예 제　**다음 글의 제목으로 가장 적절한 것은?**　`90%` 고1 09월 모의고사 변형

　　Are you a forgetful student? Do you often experience headaches? Then perhaps you just need to increase your water intake to revive your brain functions. It is known that 85% of our brain tissue is water. Therefore, water is an important factor for the smooth functioning of the brain. And according to research, if a person's body is short of water, the brain releases a hormone which decreases its memory power. Insufficient water in the brain is also the main reason for being forgetful, anxious, and slow. Headaches are also more common when the brain lacks water. *So never ever let yourself get thirsty because you are making your brain shrink and become anxious and forgetful.

*revive 되살리다

① No Water Before Meals
② Save Water, Save Yourself
③ What Makes Your Brain Bigger?
④ Does Your Brain Get Enough Water?
⑤ Headaches: The First Sign of Forgetfulness

New Words

□ forgetful	잘 잊는	□ function	기능	□ according to	~에 따르면	□ anxious	불안해하는
□ headache	두통	□ tissue	조직	□ release	배출하다	□ lack	결핍; 부족하다
□ perhaps	아마도	□ factor	요인	□ hormone	호르몬	□ thirsty	목마른
□ increase	증가하다	□ smooth	원활한	□ decrease	감소하다	□ shrink	수축하다
□ intake	섭취	□ therefore	그러므로	□ insufficient	불충분한		

함정탈출 유형풀이 전략!

1 글의 도입 부분을 정확하게 읽고 전체 내용을 파악하는 것이 중요하다.

: 주어진 글의 소재의 긍정·부정 여부를 인식하는 것이 중요하다. 대개 글의 처음 한두 문장에서 핵심 내용이 제시되기 때문에 도입 부분에 특히 신경을 쓸 필요가 있다.

2 글 속에서 반복되는 단어나 어구를 제목과 연계하여 생각한다.

: 자주 반복되는 어구는 주제와 관련이 있는 핵심어일 가능성이 높다. 그러나 같은 단어로 반복되기 보다는 유의어 혹은 동의어로 바뀌어 표현되므로 이에 유의해야 한다.

3 선택지는 함축적이고 간결한 영어 제목으로 제시된다.

Check! Reading Steps

Step ONE 글의 도입 부분에서 소재를 찾는다.

⋯▸ forgetful, headache, water

Step TWO 주제와 연관이 있는 단서 부분(signal words)에 유의한다.

⋯▸ therefore, according to ~

Step THREE 마지막 문장에 집중하여 결론을 내린 후, 제목으로 가장 적절한 포괄적인 선택지를 고른다.

⋯▸ *문장은 도입부에서 찾은 소재를 활용하여, 올바른 뇌기능을 위해서는 수분 섭취가 필요하다고 주장한다. 이러한 주장을 가장 포괄적으로 포함한 제목을 찾는다.

자주 등장하는 제목 패턴

1 문장 형태
ex. Practice Makes Perfect 훈련이 완벽을 만든다.

2 의문사로 시작하는 제목
ex. Why White Means Pure 흰색이 순수를 의미하는 이유 How to Read a Book 책을 읽는 방법

3 콜론(:) 또는 콤마(,)를 사용한 제목
ex. Stress: The Enemy of Health 스트레스: 건강의 적

4 명령문 형태
ex. Say Goodbye to Survival Mode 생존 방식에 작별을 구하라

5 그 외의 어구들
ex. The Ways of Life 삶의 방식
The Origin of Words 단어의 기원
The Role of Students 학생의 역할
The Connection Between Sleep and Music 수면과 음악 간의 관련성

01

다음 글의 제목으로 가장 적절한 것은?

86% 고1 03월 모의고사 변형

Dr. John Ross was famous for helping his patients. Many of his patients were poor farmers, and they could not always pay Dr. Ross's small fee. The good doctor would receive vegetables, eggs, or even a simple "thank you" in payment. One winter afternoon, he went to a house to see a child with a fever. The girl's family used up the firewood to keep their house warm. Dr. Ross brought a spare blanket from his car and told the father to bathe his daughter's forehead with cool water. Then, Dr. Ross left to take care of other patients. After setting a broken leg, delivering a baby, and cleaning a hurt finger, he returned to the sick child's house with some firewood. He built a fire for the little girl and her family.

*deliver 출산을 돕다

① A Warmhearted Doctor
② Folk Medicine Really Works
③ The Importance of Family Love
④ A Little Knowledge Is Dangerous
⑤ A Doctor Who Couldn't Cure Himself

02

다음 글의 제목으로 가장 적절한 것은?

84% 고1 03월 모의고사 변형

You would think all bicycles must have brakes. But the bicycles for track racing are built without brakes. A track racing bicycle has only necessary parts to keep its weight down. So how do you stop it? The answer is the gloves. The racer backpedals and then holds the front wheel tightly with his hands. This stops the wheel from spinning, and then the bicycle stops. No wonder track bicycle racers wear gloves! If they didn't, their hands would get terribly hurt every time they tried to stop.

*backpedal 페달을 뒤로 돌리다

① Gloves to Stop a Bicycle
② Track Racing: A Popular Sport
③ Hard Training for a Bicycle Racer
④ The Basic Structure of Bicycle Brakes
⑤ Bicycle Gloves: A Symbol of Wealth

03 다음 글의 제목으로 가장 적절한 것은?

Large animals are actually less dangerous to hikers than smaller ones. Common sense tells us that we should avoid tigers, bears, and other large threatening animals. But smaller animals are actually more threatening than bigger animals. To overcome the disadvantages of their size, small animals have developed useful weapons, such as poison to protect themselves in the wild. Each year, only a few people are attacked by tigers or bears, and most of these cases are caused by the people themselves. However, more people are killed by bites from small poisonous snakes than by these large animals. For these reasons, hikers should be careful about small dangerous creatures.

① How to Deal with Allergies
② Watch Out for Small Animals!
③ Animals: Humans' True Friends
④ Animals Attack Human Villages!
⑤ Why Are Wild Animals Endangered?

New Words

01

☐ fee	진료비, 요금
☐ famous	유명한
☐ fever	열
☐ firewood	장작
☐ spare	여분의, 예비의
☐ blanket	담요
☐ bathe	적시다, 씻다
☐ forehead	이마
☐ take care of	돌보다
☐ set a leg	다리를 맞추다[접합하다]
☐ broken	부러진, 고장 난
☐ return	돌아오다, 반납하다
☐ build a fire	불을 지피다
☐ warmhearted	인정 많은
☐ folk	민속의, 전통적인
☐ use up	다 써버리다
☐ cure	치료하다

02

☐ brake	브레이크, 제동장치
☐ racing	경주, 경마
☐ necessary	필요한, 필수적인
☐ part	부품, 부분
☐ glove	장갑
☐ hold	잡다
☐ front	앞의; 앞면
☐ wheel	바퀴
☐ tightly	꽉, 단단히
☐ spin	돌다, 회전하다
☐ no wonder	당연하다
☐ terribly	심하게
☐ every time	~할 때마다
☐ popular	인기 있는
☐ basic	기본적인
☐ structure	구조
☐ symbol	상징
☐ wealth	부, 재산

03

☐ dangerous	위험한
☐ hiker	도보 여행자
☐ avoid	피하다
☐ common sense	상식
☐ threatening	위협적인
☐ overcome	극복하다
☐ disadvantage	불리한 점, 약점
☐ develop	개발하다, 발달하다
☐ weapon	무기
☐ such as	~와 같은
☐ poisonous	독이 있는 (cf. poison 독)
☐ wild	야생; 야생의
☐ attack	공격하다; 공격
☐ bite	물림; 물다
☐ creature	생명체, 생물
☐ deal with	~을 다루다
☐ endangered	멸종 위기에 처한

유 형 소 개   다양한 그래프를 주고 그래프의 내용과 일치하지 않는 것을 찾는 문제이다. 막대 그래프, 파이 그래프가 대표적이며 연도별, 성별, 지역별, 국가별 차이를 보여주는 도표가 주로 제시된다.

대 표 예 제   **다음 도표의 내용과 일치하지 <u>않는</u> 것은?**   91% 고1 11월 모의고사 변형

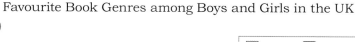

Favourite Book Genres among Boys and Girls in the UK

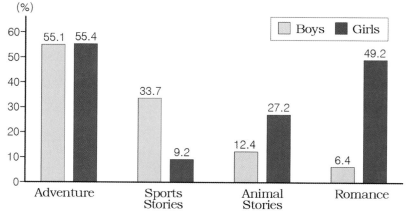

The graph above shows the book genres boys and girls liked reading in the United Kingdom in 2012. ① More than 50 percent of boys and girls showed a preference for reading adventure books. ② The smallest gender gap between boys and girls was in adventure books while the largest was in romance books. ③ The percentage of boys who liked reading sports stories was more than three times that of girls. ④ *The animal story genre was ranked the second most popular with girls. ⑤ The least popular genre with boys was romance while for girls it was sports stories.

*preference 선호

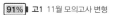 New Words

□ **genre**　(예술 작품의) 장르　　□ **gender**　성(별)　　□ **while**　반면에　　□ **least**　가장 적은
□ **adventure**　모험　　□ **gap**　차이　　□ **rank**　순위를 매기다

 유형풀이 전략!

1 도표가 무엇에 관한 내용인지를 파악한다.

: 보통 도표의 제목에 가장 핵심적인 정보를 담고 있으므로 지문을 읽기 전에 제목을 먼저 확인한다.

2 도표의 세부 내용과 선택지를 자세히 비교한다.

: 각 문장에 해당하는 부분을 도표에서 바로 비교하여 내용 일치 여부를 확인한다. 특히 수치의 증감에 유의한다.

Check! Reading Steps

Step ONE 제목을 통해 도표의 내용을 파악한다.

⋯▶ Favorite book genres among boys and girls in the UK

Step TWO 도표에 나온 정보와 선택지의 내용을 하나씩 확인한다.

⋯▶ 도표와 *문장으로 보아, 여자 아이들에게 동물 이야기 장르는 모험, 로맨스에 이어 세 번째로 높은 인기순위였다.

도표에 자주 등장하는 표현

1 증가 & 감소

증가하다		up, rise, grow, increase, add to, soar, go up, raise, multiply, improve
감소하다		down, reduce, decrease, diminish, lessen, decline, fall, drop, go down, shrink
증감의 정도	급격하게	sharply, rapidly, steeply, dramatically, drastically
	완만하게	slowly, steadily, slightly, gradually, moderately
	계속적으로	continuously, continually, constantly

2 기타 표현

- peak (↔ bottom)   최고점, 절정 (↔ 최하위, 바닥)
- compared to the previous year   전년도와 비교할 때
- with slight ups and downs   약간의 상승과 하락을 동반하며
- reach a peak (= record the highest)   최고점에 도달하다
- A, followed by B   A가 먼저, 그 뒤를 이어서 B

01 다음 도표의 내용과 일치하지 않는 것은?

80% 고1 03월 모의고사 변형

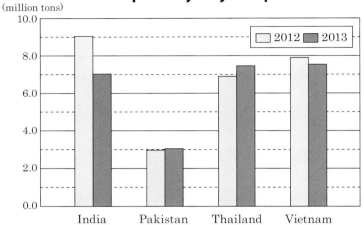

Rice Exports by Major Exporters

The graph above shows rice exports by four major exporters in 2012 and 2013. ① No other country exported more rice than India in 2012. ② In both years, Pakistan exported the smallest amount of rice of the four countries. ③ In 2012, the amount of rice exported by India was about three times larger than that exported by Pakistan. ④ The amount of rice exported by Thailand in 2013 decreased compared with the previous year. ⑤ In 2013, Thailand exported almost the same amount of rice as Vietnam.

*previous 이전의

New Words

☐ **above** 보다 위에 ☐ **export** 수출; 수출하다 ☐ **about** 약, 대략; ~에 관하여 ☐ **almost** 거의
☐ **rice** 쌀 ☐ **exporter** 수출국, 수출업자 ☐ **decrease** 감소하다; 감소 ☐ **million** 백만의; 백만
☐ **major** 주요한 ☐ **amount** (무엇의) 양 ☐ **compared with** ~와 비해

02 다음 도표의 내용과 일치하지 <u>않는</u> 것은?

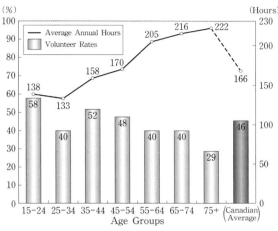

Canadian Volunteer Rates and Hours by Age

The graph above shows the Canadian volunteer rates and average annual hours of seven age groups in 2007. ① In these groups, the volunteer rates ranged from 29% to 58%, and the average rate was 46%. ② The average annual hours increased with age except for the group aged between 25 and 34. ③ The 15-24 age group showed the highest volunteer rate but the second fewest average annual hours. ④ The 35-44 age group had fewer average annual hours than the 45-54 age group, while the 55-64 and 65-74 age groups showed the same average annual hours. ⑤ Despite their lowest rate of volunteering, seniors aged 75 and older worked more hours on average than any other age group.

*annual 연간의, 매년의

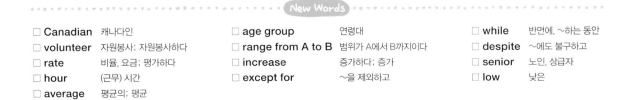

New Words

□ Canadian	캐나다인	□ age group	연령대	□ while	반면에, ~하는 동안
□ volunteer	자원봉사; 자원봉사하다	□ range from A to B	범위가 A에서 B까지이다	□ despite	~에도 불구하고
□ rate	비율, 요금; 평가하다	□ increase	증가하다; 증가	□ senior	노인, 상급자
□ hour	(근무) 시간	□ except for	~을 제외하고	□ low	낮은
□ average	평균의; 평균				

유 형 소 개 이 유형은 글의 세부적인 내용을 정확하게 파악했는지를 측정한다. 인물, 사물, 사건, 동식물 등에 관한 글이 대부분을 차지하며 각각의 문장을 읽고 정확하게 해석하는 능력이 요구된다. 특히 본문의 내용과 일치하는 것을 묻는지, 일치하지 않는 것을 묻는지 유의해야 한다.

대 표 예 제 **warthog에 관한 다음 글의 내용과 일치하지 <u>않는</u> 것은?** 92% 고1 03월 모의고사 변형

The warthog is a member of the pig family. This animal can be found only in Africa. Unlike most animals, warthogs can survive in dry areas without drinking water for several months. Warthogs can reach 4 to 6 feet in length and weigh between 110 and 260 pounds. Males are 20 to 50 pounds heavier than females. Warthogs keep their tails in the upright position when they are running. In that position, their tails look like flags in the wind. *Warthogs have poor eyesight but excellent senses of smell and hearing.

① 아프리카에서만 볼 수 있다.
② 물을 마시지 않고 몇 달 동안 버틸 수 있다.
③ 수컷이 암컷보다 무게가 더 많이 나간다.
④ 달릴 때 꼬리를 위로 세운다.
⑤ 시력은 좋지만 청력은 좋지 않다.

New Words

☐ **warthog** (아프리카산) 혹멧돼지
☐ **pig family** 돼지과
☐ **unlike** ~와 달리

☐ **survive** 살아남다
☐ **length** 길이
☐ **weigh** 무게가 나가다

☐ **female** 암컷
☐ **upright** (곧게) 선
☐ **flag** 깃발

☐ **eyesight** 시력
☐ **excellent** 훌륭한
☐ **sense** 감각

유형풀이 전략!

1 문제를 먼저 정확하게 숙지한다.

: 본문의 내용과 일치하는 것을 묻는지, 일치하지 않는 것을 묻는지에 유의한다.

2 선택지를 미리 보고, 확인할 사항을 파악한다.

: 선택지는 대체로 한글로 제시되어 있기 때문에 확인할 사항을 미리 파악한 상태에서 글을 읽으면
독해 시간을 절약할 수 있으며, 어려운 단어의 뜻도 쉽게 유추할 수 있다.

3 글을 읽으면서 선택지의 내용을 확인한다.

: 선택지의 내용은 주로 글의 순서에 따라 제시되므로, 선택지와 글의 내용을 비교하여 정답과 관련이
없다고 생각되는 것을 제외할 수 있다. 선택지는 본문과 다른 어휘나 표현이 사용될 수 있다.

4 글에 제시된 내용을 근거로 일치·불일치 여부를 파악한다.

: 자신이 알고 있는 소재의 글이라고 하더라도 글의 내용에 충실한 정답을 찾아야 한다.

Check! Reading Steps

Step ONE 내용 일치·불일치 여부를 먼저 파악한다.

⋯➤ 내용과 일치하지 <u>않는</u> 것은?

Step TWO 선택지를 통해 중심적으로 읽어야 할 세부 내용을 염두에 둔다.

⋯➤ 아프리카, 물을 잘 마시지 않는다, 수컷이 더 무겁다, 달릴 때 꼬리를 세운다, 청력이 좋지 않다.

Step THREE 선택지와 글의 순서가 거의 일치하므로, 글을 읽으면서 차례로 선택지와 대조한다.

⋯➤ *문장으로 보아 Warthogs는 시력은 좋지 않지만 후각과 청각 모두 훌륭하다는 것을 알 수 있다.

◀ 오답을 만드는 보기 패턴들

1 문장 속 일부 단어를 바꾼다.

ex. In my country there are and more than 800 dialects.

우리나라에는 800개가 넘는 언어가 있다. (×)
➜ 우리나라에는 800개가 넘는 방언(사투리)이 있다. (○)
*한 언어에서 분화된 것이 방언(사투리)이다.

2 정확하지 않은 해석으로 혼란을 준다.

ex. Greeks also spread honey on open wounds to quicken healing.

그리스인은 빠른 치유를 위해 꿀을 특효약으로 복용했다. (×)
➜ 그리스인은 빠른 치유를 위해 꿰매지 않은 상처에 꿀을 발랐다. (○)

3 긍정·부정의 내용을 반대로 표현한다.

ex. Micro-credit is one of such means. (중략) Loans to poor people without any financial security had
appeared to be an impossible idea.

금융 담보가 없는 사람에게는 돈을 빌려주지 <u>않는다</u>. (×)
➜ 금융 담보가 없는 사람에게도 돈을 빌려준다. (○)
*금융 담보가 없는 가난한 사람에게 대출하는 것은 불가능한 것처럼 보였지만, 지금은 소액 대출 수단이 있다고 했다.
security 담보, micro-credit 소액 자금 대출

01

leopard shark에 관한 다음 글의 내용과 일치하지 <u>않는</u> 것은?　　91%　고1 06월 모의고사 변형

The leopard shark got its name because of its dark brown markings like leopards. Their size is about 5 to 6 feet in length. These sharks live in the warm waters of the Eastern Pacific. Their favorite foods include shrimps and crabs. But they will also eat fish eggs. The leopard shark catches its prey by generating a suction force as it expands its mouth. One of the features of the leopard sharks is their three-pointed teeth. Like other sharks, female leopard sharks lay eggs and hatch them inside their bodies. They are among the sharks which are not considered as a threat to humans.

*suction force 흡입력 **hatch 부화시키다

① 표범과 유사한 흑갈색 무늬가 있다.　② 좋아하는 먹이에는 새우와 게가 있다.
③ 이빨에 세 개의 뾰족한 끝이 있다.　④ 알을 낳은 뒤 모래에서 부화시킨다.
⑤ 인간에게 위협적이지 않다고 여겨진다.

02

Olaudah Equiano에 관한 다음 글의 내용과 일치하는 것은?　　90%　고2 09월 모의고사 변형

Olaudah Equiano was born in southern Nigeria. He was kidnapped with his younger sister at the age of 11 and sold by slave traders. He was bought by a Royal Navy officer. Equiano traveled with the officer for eight years, and during the time, he learned to read and write. Later, Equiano was sold to a merchant. While working for him, Equiano made money by trading on the side. In three years, Equiano bought his freedom for the price of 40 pounds. Equiano then spent much of the next 20 years traveling the world. After coming to London, he participated in the movement to abolish slavery. In 1789, he published his autobiography. It became very popular and made Equiano rich.

*abolish 폐지하다

① 11세에 홀로 납치되어 노예상에 의해 팔렸다.
② 상인 밑에서 지내는 동안 글을 배웠다.
③ 주인으로부터 도망쳐 자유의 몸이 되었다.
④ 런던으로 온 후 노예제 폐지 운동에 참여했다.
⑤ 자서전이 인기를 끌었으나 생활은 궁핍했다.

03 Miloš Forman에 관한 다음 글의 내용과 일치하지 <u>않는</u> 것은?

93% 수능 변형

　　Miloš Forman grew up in a small town near Prague. His parents died during World War II, so he was raised by relatives. In the 1950s, Forman studied film at the film school at the University of Prague. Throughout the late 1950s and early 1960s, Forman acted as either a writer or assistant director on several films. Later, he moved to the U.S. and continued to make films. In 1975, he directed *One Flew over the Cuckoo's Nest*, and it became only the second film in history to win Oscars in all five major categories. Afterward, he also directed the movie *Amadeus* and won eight Oscars, including one for best director. In 1994, with Jan Novák, Forman wrote his autobiography, *Turnaround: A Memoir*.

① Prague 근교의 작은 마을에서 성장했다.
② Prague 대학교에서 영화를 공부했다.
③ 미국으로 이주한 후에도 계속 영화를 만들었다.
④ 영화 Amadeus로 오스카 최고 감독상을 수상했다.
⑤ *Turnaround: A Memoir*를 단독으로 집필했다.

New Words

01

☐ leopard	표범
☐ marking	무늬, 반점
☐ length	길이
☐ Eastern Pacific	동태평양
☐ include	포함하다
☐ shrimp	새우
☐ crab	게
☐ prey	먹이
☐ generate	일으키다, 발생시키다
☐ expand	팽창시키다
☐ feature	특징
☐ female	여성의; (동물의) 암컷
☐ lay	알을 낳다 (lay-laid-laid)
☐ consider	간주하다, ~라고 여기다
☐ threat	위협

02

☐ southern	남부의
☐ kidnap	납치하다
☐ slavery	노예제도 (cf. slave 노예)
☐ navy	해군
☐ officer	장교
☐ merchant	상인
☐ make money	돈을 벌다
☐ trade	무역하다; 무역 (cf. trader 무역상)
☐ on the side	부업으로
☐ freedom	자유
☐ price	대가, 가격
☐ participate in	~에 참여하다
☐ movement	운동, 움직임
☐ publish	출판하다

03

☐ relative	친척
☐ film	영화; 영화의
☐ act	연기하다, 행동하다
☐ either A or B	A 또는 B 둘 중 하나
☐ assistant director	조감독
☐ several	몇몇의
☐ continue	계속하다
☐ direct	감독하다
☐ cuckoo	뻐꾸기
☐ nest	둥지; 둥지를 틀다
☐ history	역사
☐ win	(상을) 타다, 이기다
☐ category	부문, 범주
☐ afterward	그 후에
☐ throughout	~동안 내내
☐ memoir	회고록

유 형 소 개   실용문을 읽고 세부 사항이 선택지의 내용과 일치하는지 파악하는 세부 내용 파악 유형이다. 실용문에는
안내문, 광고문 등이 있다.

대 표 예 제   **Shoes with Heart에 관한 다음 안내문의 내용과 일치하지 않는 것은?** 95% 고1 11월 모의고사 변형

Shoes with Heart

Donate your unwanted shoes!

We are collecting shoes for homeless children.

Our goal is to collect 500 pairs of shoes.

All you have to do is put your unwanted shoes in the shoe collection boxes
we provide. The boxes are placed in the lobby of Kew Center.

All shoes will be repaired and given to children.

Just remember,

- *Skates and Golf Shoes Are Not Accepted!
- Shoes Must Be in Pairs.

You can contact us at ☎ 455-212-7898.

Join Us Today!

① 집 없는 아이들을 위해 신발을 수집한다.
② 500켤레의 신발을 수집하는 것을 목표로 한다.
③ 신발 수집 상자는 Kew Center 로비에 비치되어 있다.
④ 모든 신발은 수선되어 아이들에게 전해질 것이다.
⑤ 스케이트와 골프화도 수집 대상에 포함된다.

New Words

□ donate	기부하다	□ homeless	집이 없는	□ place	(~에) 놓다	□ accept	받아들이다
□ unwanted	원치 않는, 불필요한	□ provide	제공하다	□ repair	수선하다	□ contact	연락하다
□ collect	모으다, 수집하다	□ goal	목표				

함정탈출 유형풀이 전략!

1 제목과 소제목을 읽고 글의 종류와 소재를 파악한다.

: 실용문의 경우, 내용은 다르더라도 비슷한 필수 항목(ex. 공지사항: 시간, 장소, 요금, 연락처 등)이 나오므로 다양한 지문들을 경험하는 것이 좋다.

2 선택지를 먼저 읽고 해당 부분을 정확히 읽는다.

: 선택지는 지문의 순서와 거의 일치하기 때문에 글을 읽으면서 내용의 일치·불일치 여부를 바로 확인해야 한다. 본문의 내용과 반대되는 표현을 쓰거나, 일부 단어를 바꿔서 만든 오답에 주의한다.

Check! Reading Steps

Step ONE 주어진 실용문이 무엇에 관한 내용인지 파악한다.

⋯▸ shoes, donate, children

Step TWO 선택지를 통해 글을 읽을 때 중심적으로 볼 내용을 염두에 둔다.

⋯▸ 집 없는 아이들, 신발 수집, 500켤레 목표, Kew center 로비, 수선, 스케이트와 골프화 포함

Step THREE 선택지의 순서와 글의 순서가 거의 일치하므로, 글을 읽으면서 차례로 선택지와 대조한다.

⋯▸ *문장으로 보아, 스케이트와 골프화는 기부 물품으로 받지 않는다.

안내문과 광고문에 주로 나오는 표현

application 지원(서), 신청(서)	**degree** 학위	**fee** 요금
enroll 등록하다, 입학시키다	**career** 경력	**account** 계산서, 거래, 계좌
register 기록하다, 등록하다	**résumé** 이력서	**deposit** 예금하다
refund 환불(금); 환불하다	**recruit** 직원을 모집[채용]하다	**withdraw** 인출하다
clearance 재고 정리 판매	**candidate** 후보자, 지원자	**figure** 수치, 숫자
secondhand 중고의, 중고품을 파는	**full-time** 전임의 ⋯ part-time	**valid** 타당한, 유효한
regulations 규제, 규범	**requirement** 자격 요건	**due** 지급 기일이 된, ~할 예정인
make a reservation 예약하다 (= book)	**compensation** 보상	

01 Slatford High School OPEN HOUSE에 관한 다음 안내문의 내용과 일치하는 것은?

 91% 고1 11월 모의고사 변형

Come and learn more about our school!

Slatford High School

OPEN HOUSE

Anyone interested in our school is welcome!

Monday, November 23, 2022, 4:00-6:00 p.m.

Advance reservations are required.

This is your chance to:

▪ Tour the campus with a guide, starting at 5 p.m. in the gym

▪ Sit in on our lessons

▪ Meet the staff and ask questions about school programs

A limited number of parking spaces are available.

Please use public transportation.

For more information, visit *www.slatford.org*.

① 오후에 4시간 동안 진행된다.
② 사전 예약 없이 참여할 수 있다.
③ 캠퍼스 순회는 방송실에서 시작한다.
④ 학교 프로그램에 대해 질문할 수 있다.
⑤ 이용 가능한 주차 공간이 충분하다.

New Words

☐ open house   (학교, 기관) 공개일
☐ advance reservation   사전 예약
☐ require   필요로 하다, 요구하다
☐ chance   기회, 가능성
☐ guide   안내인; 안내하다

☐ gym   체육관
☐ sit in on   ~을 청강하다
☐ staff   직원
☐ limited   제한된
☐ parking space   주차공간

☐ available   이용 가능한
☐ public   대중의; 대중
☐ transportation   교통, 수송
☐ information   정보

02

Fremont Art College's 7th Annual Art Exhibition에 관한 다음 안내문의 내용과 일치하지 않는 것은?

96% 수능 변형

Fremont Art College's 7th Annual
ART EXHIBITION
November 21-27

3rd Floor Gallery in the Student Union

Hours: 10:00 a.m. – 5:00 p.m. (Monday – Friday)

11:00 a.m. – 3:00 p.m. (Saturday & Sunday)

- Fremont Art College will be hosting its 7th Annual Art Exhibition for one week.
- Paintings, ceramic works, and photographs handed in by students will be displayed.
- All exhibits are for sale and all money raised will be given to charity.
- The exhibition is free to all.
- Taking photos is allowed inside the exhibition hall.
- Free snacks will be available at the cafeteria.

For more information, please visit our website at *www.fremontart.edu.*

*annual 연례의 **ceramic 도자기

---

① 개장 시간은 주중과 주말이 다르다.
② 학생들이 출품한 사진이 전시될 예정이다.
③ 모든 전시품은 판매되지 않는다.
④ 전시회장 내에서 사진 촬영이 허용된다.
⑤ 카페테리아에서 간식이 무료로 제공될 것이다.

New Words

□ exhibition	전시회	□ work	작품	□ free	무료의, 자유의
□ floor	층, 바닥	□ photograph	사진	□ allow	허락하다
□ gallery	미술관, 갤러리	□ hand in	제출하다, 건네다	□ inside	~의 내에서
□ student union	학생회관, 학생회	□ display	전시하다, 진열하다	□ hall	회관, 집회장
□ college	대학	□ exhibit	전시품; 전시하다	□ cafeteria	구내식당, 카페테리아
□ host	개최하다; 주인	□ raise	(자금 등을) 모으다	□ visit	방문하다
□ painting	그림	□ charity	자선단체, 자선		

어법 정확성 파악

유 형 소 개　이 유형은 글에서 주어진 표현 가운데 문법적 오류 또는 문맥상 자연스럽지 못한 표현을 찾는 문제 유형이다.

대 표 예 제　**다음 글의 밑줄 친 부분 중, 어법상 틀린 것은?**　`65%` 고1 03월 모의고사 변형

It's important to remember that good decisions can still lead to bad outcomes. Here is an example. Soon after I got out of school, I ① was offered a job. I wasn't sure it was a great fit for me. After carefully considering the chance, I decided to ② turn it down. I thought that I would be able to find another job ③ what was a better match. Unfortunately, the economy soon grew worse quickly, and I spent months ④ looking for another job. I kicked myself for ⑤ not taking that position. I made a good decision at the time, but in the short run, it didn't lead to a great outcome.

New Words

☐ decision 　결정　　　　☐ offer 　제공하다　　☐ turn ~ down 　~을 거절하다　☐ look for 　~을 찾다
☐ outcome 　결과, 성과　☐ carefully 　조심스럽게　☐ unfortunately 　불행하게도　☐ kick oneself 　자책하다
☐ soon after 　곧　　　　☐ decide 　결심하다　　☐ economy 　경제　　　　☐ in the short run 　단기적으로

정답과 해설 P.14

함정탈출 유형풀이 전략!

1 밑줄 친 부분이 어떤 문법 사항과 관련 있는지 파악한다.

2 문법적인 요소뿐만 아니라, 의미도 함께 점검한다.
문장 구조 분석을 통해 형식적인 측면뿐만 아니라 문맥의 자연스러움까지 확인할 필요가 있다.

3 '어법 오답 노트'를 만들어, 취약한 부분은 반복적으로 학습한다.

Check! **Reading Steps**

Step ONE 밑줄 친 단어가 문법의 어떤 항목과 관련이 있는지 파악한다.

⋯▶ ① 수동태: 직업을 제안한 것이 아니라 제안을 받은 것이다.

② 동사구의 어순: 동사구란 동사 뒤에 부사나 전치사가 오는 경우를 말한다. 명사가 목적어로 올 때 명사는 동사구 사이 또는 뒤에 올 수 있지만, 대명사는 두 단어 사이에 꼭 위치하여야 한다.

③ 관계사: 관계사 앞에 사물 선행사가 있고 뒤 문장은 주어가 없는 불완전한 문장일 때, 주격 관계대명사인 that 또는 which를 써야 한다.

④ 구문: 「spend + 시간/돈 + 동사원형-ing」는 '~하는데 시간/돈을 사용하다'라는 뜻이다.

⑤ 동명사의 부정: 동명사의 부정형은 「not[never] + 동사원형-ing」이며, 전치사 뒤에 동사가 오면 동명사(동사원형-ing)로 쓴다.

Step TWO 밑줄 친 부분 중 문법적으로 혹은 의미적으로 틀린 부분을 고른다.

◀ 시험에 자주 등장하는 어법

들어는 봤나, 병렬구조(Parallel Structure)?

A language is best learned by **making** mistakes and **correcting** them.
위의 예문에서 making과 correcting은 접속사 and를 사이에 두고 같은 형태(동사원형-ing)를 이루고 있습니다.
이것이 바로 '병렬구조'입니다. 접속사 등에 의해서 연결된 항목은 문법적 형태가 같아야 합니다.

등위 접속사(and, or, but 등)뿐 아니라, 상관접속사(either A or B, neither A nor B, not only A but also B, B as well as A, both A and B 등)와 같은 구조, 또는 동사의 시제 등의 병렬구조도 시험에서 많이 출제되므로 문장의 구조 파악은 매우 중요합니다.

ex This book must be read and (be) kept.
　　She made me drive a car and ate the cookies next to me.

01

다음 글의 밑줄 친 부분 중, 어법상 틀린 것은?

 65% 고1 11월 모의고사 변형

　　Reality TV programs are products, and consumers can't seem to turn them off. But why do consumers keep ① watching them? Researchers say ② that reality TV programs give several benefits to consumers. "We all like to watch people in situations ③ in which we ourselves might be pressured. We can feel what they are feeling but from a safe distance," says Professor Kip Williams of Macquaric University. We also role-play with ④ us in the context of the show as we imagine how we might react in a similar situation. This can teach us ⑤ to be self-improving.

*self-improving 스스로 발전하는

02

다음 글의 밑줄 친 부분 중, 어법상 틀린 것은?

 66% 고1 03월 모의고사 변형

　　Three important inventions came out of Mesopotamia: the wheel, the plow, and the sailboat. The wheel and the plow were possible ① because of the availability of animal labor. Wheeled carts ② pulled by horses could move more goods to market more quickly. Animals that pulled plows to turn the earth over ③ was far more efficient than humans. The sail was used ④ to trade with countries that could be reached only by sea. All three inventions made the cities of Mesopotamia powerful trading centers with as ⑤ many as 30,000 people each.

*plow 쟁기 **availability 이용 가능성

03

다음 글의 밑줄 친 부분 중, 어법상 틀린 것은?

While manned space missions are more expensive than unmanned ① <u>ones</u>, they are more successful. Robots and astronauts use ② <u>much</u> of the same equipment in space. But a human is much more able to operate the equipment correctly and ③ <u>placing</u> it in suitable and useful positions. A computer is rarely more sensitive and exact ④ <u>than</u> a human in managing the same environmental factors. Robots are also not equipped with abilities like humans to solve problems ⑤ <u>as</u> they arise, and they often collect data that are unhelpful or unimportant.

····················· **New Words** ·····················

01

☐ reality	현실, 실제 상황
☐ product	생산품
☐ consumer	소비자
☐ turn ~ off	~을 끄다
☐ researcher	연구자
☐ several	몇몇의
☐ benefit	이익, 이점; ~에 이롭다
☐ situation	상황
☐ pressure	압력을 가하다, 압박하다
☐ distance	거리
☐ professor	교수
☐ role-play	역할극을 하다; 역할극
☐ imagine	상상하다, 가정하다
☐ context	상황, 맥락
☐ react	반응하다

02

☐ invention	발명품, 발명
☐ wheel	바퀴; 바퀴를 달다
☐ plow	쟁기
☐ sailboat	범선, 돛단배
☐ labor	노동
☐ pull	끌다
☐ cart	수레
☐ goods	상품
☐ market	시장; 팔다
☐ turn over	(흙을) 갈다, 뒤집다
☐ earth	흙, 지구
☐ far	(비교급 수식) 훨씬
☐ efficient	효율적인
☐ sail	돛; 항해하다
☐ trade	무역하다; 거래, 무역
☐ center	중심, 중심지

03

☐ space	우주, 공간
☐ mission	임무
☐ expensive	비싼
☐ unmanned	무인의 (↔ manned 유인의)
☐ astronaut	우주 비행사
☐ equipment	장비
☐ operate	조작하다, 작동하다
☐ place	놓다; 장소
☐ suitable	적절한
☐ position	위치
☐ sensitive	민감한
☐ exact	정확한
☐ manage	관리하다
☐ environmental	환경적인
☐ factor	요소
☐ arise	발생하다, 일어나다

유형소개 이 유형은 문맥에 알맞지 않은 어휘를 고르는 문제로 풍부한 어휘력과 문장 해석 능력을 요구한다. 글 전체의 내용을 이해하여 밑줄 친 단어의 쓰임이 적절한지 아닌지를 판단해야 한다.

대표예제 **다음 글의 밑줄 친 부분 중, 문맥상 낱말의 쓰임이 적절하지 않은 것은?** `73%` 고1 03월 모의고사 변형

I finished writing a TV script and was rushing to print it when my computer ① <u>froze</u>. No cursor. No script. No nothing. In a ② <u>panic</u>, I called my friend Neil, a computer consultant. It turned out that I had some bad spyware, and that's what was ③ <u>causing</u> my computer to break down. He asked if my machine was slow and if a new toolbar suddenly appeared—signs of spyware. I'm not exactly sure how I got it, but Neil ④ <u>removed</u> it. We take our cars to the mechanic for regular checkups. Why do we expect our computers to run ⑤ <u>abnormally</u> without the same care?

*regular checkup 정기 점검

New Words

□ **freeze**	(컴퓨터 화면이) 멈추다 얼다, 얼어붙다	□ **turn out**	판명되다, 밝혀지다	□ **suddenly**	갑자기	□ **mechanic**	정비사
□ **script**	대본	□ **consultant**	전문가, 상담가	□ **appear**	나타나다	□ **expect**	기대하다
		□ **cause**	~을 초래하다	□ **exactly**	정확히	□ **abnormally**	비정상적으로
□ **rush**	돌진하다	□ **break down**	고장 나다	□ **remove**	제거하다		

함정탈출 | 유형풀이 전략!

1 유사 어휘/혼동하기 쉬운 어휘를 정확하게 암기한다.

: 철자는 비슷하지만 뜻이 다른 단어, 발음은 같으나 철자가 다른 단어는 철저히 암기한다.

2 반의어, 파생어도 함께 학습한다.

: 밑줄 친 부분은 주로 반대의 뜻을 가진 어휘들로 출제하고 있으므로, 단어를 외울 때 반의어를 함께 외우면 도움이 된다. 또한 접두사나 접미사를 통한 파생어 학습도 필요하다.

3 다의어의 뜻에 유의하면서 글의 내용을 정확히 이해한다.

: 여러 가지 뜻으로 해석할 수 있는 다의어의 경우, 단어의 뜻만 안다고 해서 문제를 풀 수 있는 것이 아니기 때문에 문맥에 따라 올바른 뜻을 유추하여 글 전체의 내용을 정확하게 이해해야 한다.

Check! | Reading Steps

Step ONE 글의 소재를 파악한 후, 지문의 상황을 이해한다.

⋯ computer. No cursor. No script. No nothing.

Step TWO 글 전체의 내용을 생각하면서 문맥에 어울리는 적절한 어휘를 선택한다.

⋯ 차를 정기점검하듯, 컴퓨터도 점검이 필요하다는 내용으로 정기점검 없이 컴퓨터가 정상적으로 작동하기를 기대해서는 안 된다는 내용이 적합하다.

◀ 꼭 알아두어야 할 반의어 표현

- **borrow** 빌려오다 ↔ **lend** 빌려주다
- **demand** 수요 ↔ **supply** 공급
- **complex** 복잡한 ↔ **simple** 단순한
- **destroy** 파괴하다 ↔ **construct** 건설하다
- **guilty** 유죄의 ↔ **innocent** 무죄의
- **forbid** 금지하다 ↔ **allow** 허락하다
- **deficient** 결핍된 ↔ **sufficient** 충분한
- **conservative** 보수적인 ↔ **progressive** 진보적인

- **domestic** 국내의 ↔ **foreign** 외국의
- **abstract** 추상적인 ↔ **concrete** 구체적인
- **admit** 인정하다 ↔ **deny** 부정하다
- **conquer** 정복하다 ↔ **surrender** 굴복하다
- **accept** 받아들이다 ↔ **reject, refuse** 거절하다
- **emigrate** 이민 가다 ↔ **immigrate** 이주해 오다
- **defense** 방어 ↔ **offense** 공격

01

다음 글의 밑줄 친 부분 중, 문맥상 낱말의 쓰임이 적절하지 <u>않은</u> 것은? 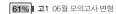 `61%` 고1 06월 모의고사 변형

In most situations, social proof is very useful. The restaurant with the fullest parking lot usually has the best food. You will make ① <u>fewer</u> mistakes by paying attention to what others are doing than by neglecting them. For example, if all the cars in front of you start changing lanes, those drivers probably know something you don't know, and you should ② <u>change</u> lanes, too. If you ③ <u>follow</u> the drivers, you may hit something in the road. But sometimes people create social proof for a ④ <u>bad</u> purpose. You should be careful about this kind of social proof because it is used to ⑤ <u>mislead</u> you.

02

다음 글의 밑줄 친 부분 중, 문맥상 낱말의 쓰임이 적절하지 <u>않은</u> 것은? 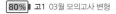 `80%` 고1 03월 모의고사 변형

It's a small world, and business brings people from all cultures together. You may attend a meeting with a ① <u>foreign</u> visitor, or you may be sent off to a country with a language that you don't understand. A language ② <u>gap</u> is a great chance for good manners to shine. The best plan is a little ③ <u>preparation</u>. You can get a phrase book and learn a few ④ <u>basic</u> expressions: "Good morning," "Please," "Thank you," "I'm pleased to meet you," and "Goodbye." Making an effort to communicate in another person's language shows your ⑤ <u>disrespect</u> for that person.

*phrase book (여행객을 위한) 상용 회화집

03

다음 글의 밑줄 친 부분 중, 문맥상 낱말의 쓰임이 적절하지 <u>않은</u> 것은? `64%` 수능 변형

It is not always easy to do work at the office. There is ① <u>rarely</u> quiet time during business hours to sit and concentrate. Office workers are regularly ② <u>interrupted</u> by ringing phones, unplanned meetings, and chattering coworkers. However, working at home can free you from these ③ <u>distractions</u>, and give you time to focus on your work. Although your home may have its own problems, there are ways to handle them. Your productivity will certainly ④ <u>decrease</u> and so will the quality of your work product. At the same time, you will get to ⑤ <u>enjoy</u> the personal satisfaction of focusing on your work and doing it.

New Words

01

☐ situation	상황
☐ social	사회적인
☐ proof	증거
☐ useful	유용한
☐ parking lot	주차장
☐ usually	대개
☐ mistake	실수; 실수하다
☐ neglect	등한시 하다, 무시하다
☐ in front of	~ 앞에
☐ lane	차선, 좁은 길
☐ follow	따르다
☐ create	만들다, 창조하다
☐ purpose	목적
☐ careful	조심하는
☐ pay attention to	~에 주의를 기울이다
☐ mislead	잘못 인도하다
☐ ignore	무시하다

02

☐ bring ~ together	~을 모으다
☐ attend	참석하다
☐ foreign	외국의; 외국인
☐ send off	파견하다
☐ language	언어
☐ gap	차이, 틈
☐ chance	기회, 가능성
☐ manners	예절, 관습 (cf. manner 방법)
☐ basic	기본의
☐ preparation	준비
☐ expression	표현
☐ pleased	기쁜, 만족한
☐ make an effort	노력하다
☐ communicate	의사소통하다
☐ person	사람, 개인
☐ disrespect	무례함
☐ respect	존중, 존경

03

☐ rarely	거의 ~않는, 드물게
☐ business hour	업무 시간
☐ concentrate	집중하다
☐ regularly	규칙[정기]적으로
☐ interrupt	방해하다, 가로막다
☐ unplanned	미리 계획하지 않은
☐ chatter	수다 떨다
☐ coworker	동료
☐ free A from B	A를 B로부터 없애다
☐ distraction	방해 요소, 주의산만
☐ focus on	~에 집중하다
☐ handle	처리하다, 다루다
☐ productivity	생산성
☐ certainly	분명히
☐ at the same time	동시에
☐ personal	개인적인
☐ satisfaction	만족(감)

유 형 소 개   글을 읽고 빈칸에 들어갈 단어를 추론하는 문제 유형으로, 빈칸에 들어갈 단어는 글 전체의 핵심어나 주제어
는 물론 반의어 또는 동의어가 될 수 있다.

대 표 예 제   **다음 글의 빈칸에 들어갈 말로 가장 적절한 것은?**   88% 고1 03월 모의고사 변형

Everyone knows that dogs become wonderful pets. But many dogs also have different _____. Some dogs, for example, are used by the police. Often, these dogs help people in trouble or find people who are lost. Other dogs work at airports. They sniff out plants, food, and other things that people must not bring in from other countries. With their help, these things are found and never enter the country. Some other dogs help people to keep their homes safe from harmful insects. Once the dogs find insect nests with their sharp nose, people can remove the insects and their nests.

*sniff out 냄새로 ~을 찾아내다

① jobs
② enemies
③ histories
④ habits
⑤ memories

New Words

□ often   자주, 보통
□ for example   예를 들어
□ in trouble   곤경에 빠진

□ be lost   길을 잃다
□ harmful   해로운
□ nest   (곤충 등의) 서식지

□ sharp   (감각이) 예민한
□ remove   제거하다, 없애다

□ enemy   적
□ habit   습관

함정탈출 유형풀이 전략!

1 빈칸이 있는 문장과 선택지를 먼저 읽는다.

: 문제를 풀기 앞서 빈칸의 의도를 파악하는 것이 중요하다. 선택지를 읽고 글의 흐름을 추측해본다.

2 빈칸의 위치에 따라 문제 접근 방식을 달리한다.

: 대개 빈칸의 위치는 글의 처음, 중간, 마지막 부분으로 나눌 수 있다. 글의 앞 부분에 위치한 빈칸은 글의 전체 내용을 포괄하는 핵심 소재를 다루는 경우가 많으며, 글의 중간 부분에 위치한 빈칸은 핵심어에 대한 세부 사항 또는 반의어에 해당하는 것을 주로 다룬다. 글의 마지막 부분에 위치한 빈칸은 주제어 또는 동의어에 대해 진술한다. 빈칸 앞뒤로 언급된 내용은 추론에 매우 중요하므로 반드시 주목하자.

3 자주 반복되는 단어나 어구에 유의한다.

: 빈칸은 대부분 글의 중심 소재나 주제에 해당하는 부분이므로, 자주 반복되는 단어나 어구를 통해 빈칸에 들어갈 내용을 추론할 수 있다. 그러나 대부분 다른 단어로 바꿔서 표현하는 의역(paraphrasing)이 이루어지기 때문에 주의해야 한다.

Check! Reading Steps

Step ONE 빈칸이 있는 문장과 선택지를 먼저 읽는다.

⋯ '많은 개는 또한 여러 다른 _____를 가지고 있다.'라는 빈칸을 포함한 문장을 읽는다. 빈칸에 선택지를 모두 대입해 본 후, 지문으로 들어간다.

Step TWO 빈칸 앞뒤로 언급한 내용에 유의한다.

⋯ 빈칸 바로 뒤에 개가 경찰에 의해 사용되고 공항에서 활용되며 벌레로부터 집을 지켜주는 예들이 언급되고 있다. 이를 포괄할 수 있는 어휘에 주목한다.

Step THREE 글의 주제·요지를 파악한 후, 해당 선택지를 빈칸에 넣어 연결이 자연스러운지를 확인한다.

⋯ 많은 개들은 전문적으로 할 수 있는 다양한 임무가 있다는 내용이다.

◢ 꼭 알아두어야 할 반의어 표현

- **urban** 도시의 ↔ **rural** 시골의
- **natural** 천연의 ↔ **artificial** 인공의
- **permit** 허락하다 ↔ **ban** 금지하다
- **repair** 수리하다 ↔ **damage** 손상시키다
- **punishment** 처벌 ↔ **reward** 보상
- **optimistic** 낙천적인 ↔ **pessimistic** 비관적인

- **quality** 질 ↔ **quantity** 양
- **obvious** 명백한 ↔ **obscure** 모호한
- **horizontal** 수평의 ↔ **vertical** 수직의
- **mental** 정신적인 ↔ **physical** 물질적인
- **interrupt** 중단시키다 ↔ **continue** 계속하다
- **permanent** 영구적인 ↔ **temporary** 일시적인

01 다음 빈칸에 들어갈 말로 가장 적절한 것은?

 88% 고1 06월 모의고사 변형

Imagine you want to write a book. You can usually type 1,000 words in an hour. This goes well for the first 2 hours, and you type 1,000 words per hour. However, in the third hour, you feel tired, so you only type 500 words. That's 500 words fewer than your usual output! Output decreases over time when there are no breaks. _____ is important. Taking time off recharges your batteries so you can step forward when you return to work. Refresh and renew your body, mind and spirit. Then, get back to work.

① Rest　　　　　② Focus　　　　　③ Practice
④ Patience　　　⑤ Cooperation

02 다음 글의 빈칸에 들어갈 말로 가장 적절한 것은?

84% 고1 09월 모의고사 변형

Modern men spend a lot of time and money on their _____. Today, global sales of male grooming products bring in billions of dollars a year, and the industry is not expected to slow down. However, modern man's interest in grooming and beauty products is not new. Men in Egypt had their own makeup boxes containing special jars of colored makeup. They put it on their eyes, lips, cheeks, and nails. Greek men also put flower-based oils on their skin. The eye creams, facial masks, and moisturizers that men are buying today are simply different versions of the same idea that began 12,000 years ago.

*grooming 몸단장

① appearances　　② homes　　　③ relationships
④ healthcare　　　⑤ hobbies

03 다음 글의 빈칸에 들어갈 말로 가장 적절한 것은?

85% 수능 변형

In this modern world, people are not used to living with discomfort. We expect fast results and satisfaction. There are twenty-four-hour repair services and round-the-clock shopping. If we are hungry, there is always food available, from microwave dinners to all-night grocery stores and restaurants. People no longer know how to wait or even what waiting means. It is nice to have what you want when you want it, but the ability to delay satisfaction is important. _____ is clearly an important virtue.

*virtue 덕목

① Ambition　　　　② Patience　　　　③ Honesty
④ Modesty　　　　⑤ Diligence

New Words

01		02		03	
☐ imagine	상상하다	☐ global	세계적인	☐ modern	현대의
☐ usually	보통, 대개	☐ sale	판매(량)	☐ discomfort	불편
☐ per	~당, ~마다	☐ male	남성	☐ expect	기대하다, 예상하다
☐ usual	보통의	☐ billions of	수십억의	☐ satisfaction	만족
☐ output	산출량, 결과물	☐ industry	산업	☐ repair	수리; 수리하다
☐ break	휴식; 부수다, 고장 나다	☐ expect	예상하다, 기대하다	☐ round-the-clock	24시간의
☐ take time off	일을 하지 않고 잠시 쉬다	☐ slow down	둔화되다, 늦추다	☐ all-night	밤새 계속되는
☐ recharge	충전하다	☐ cheek	볼, 뺨	☐ microwave	전자레인지
☐ step forward	앞으로 나아가다	☐ beauty product	미용 제품	☐ grocery	식료품
☐ refresh	생기를 되찾게 하다	☐ appearance	외모, 외관	☐ no longer	더 이상 ~않는
☐ renew	새롭게 하다	☐ makeup	화장품	☐ ability	능력
☐ mind	마음, 생각; 꺼리다	☐ contain	들어 있다, 포함하다	☐ delay	지연하다, 미루다
☐ spirit	정신, 영혼	☐ colored	색조의, 색이 있는	☐ clearly	명백히
☐ rest	휴식, 나머지; 쉬다	☐ put on	바르다, 착용하다	☐ ambition	야망
☐ focus	집중, 초점; 집중하다	☐ jar	병, 단지	☐ honesty	정직
☐ patience	인내	☐ skin	피부, 가죽	☐ modesty	겸손
☐ cooperation	협력	☐ facial	얼굴의	☐ diligence	근면

빈칸 내용 추론 ② – 어구

유 형 소 개   글 전체의 흐름을 통해 빈칸에 들어갈 알맞은 어구나 절을 추론하는 유형이다. 빈칸이 포함된 문장이 글의 주제문인 경우가 많으므로, 글의 주제와 요지를 먼저 파악하고 이를 근거로 빈칸의 내용을 추론하는 것이 좋다. 난이도가 어렵고 배점이 높기 때문에 더욱 집중하여 문제에 접근하여야 한다.

대 표 예 제   **다음 빈칸에 들어갈 말로 가장 적절한 것은?**   84% 고1 03월 모의고사 변형

The Olympics provide a good chance to _____. It can be found on the streets of many cities in the host countries. People who speak many different languages visit these cities. Each person brings his or her own culture with them and changes the entire area into one big melting pot. Some people are changed through their experiences at the global sporting event. This great cultural exchange helps to improve our understanding of the world around us all through sporting events.

*melting pot 문화의 도가니

① create jobs   ② share cultures   ③ promote tourism
④ encourage sports   ⑤ invite investment

New Words

☐ provide   제공하다   ☐ entire   전체의   ☐ improve   향상하다   ☐ invite   초대하다, 유치하다
☐ host country   주최국   ☐ cultural   문화의   ☐ share   공유하다   ☐ encourage   격려하다
☐ language   언어   ☐ exchange   교환   ☐ promote   촉진하다, 장려하다   ☐ investment   투자
☐ tourism   관광 사업[여행]

함정탈출 유형풀이 전략!

1 빈칸이 있는 문장과 선택지를 먼저 읽는다.

: 글을 읽기에 앞서 빈칸의 의도를 파악하는 것은 중요하다. 빈칸이 있는 문장과 선택지를 읽고 글의 흐름과 관련하여 빈칸에 들어갈 말을 추측한다.

2 글의 구성을 파악한 후, 빈칸 앞뒤의 문장을 주의해서 읽는다.

: 빈칸의 위치에 따라 빈칸에 들어갈 문장이 주제문 또는 세부 사항에 해당하는 문장일 수 있다. 그러므로 먼저 글의 구성을 파악하고, 빈칸을 전후한 문장들이 어떤 흐름으로 전개되는지 주의한다.

3 글의 주제를 인지하고, 전체 흐름 속에서 문장 연결이 자연스러운지 확인한다.

: 한 단락 내에서 모든 문장은 주제를 향해 일관성을 가져야 하므로, 빈칸에 들어갈 말이 전체 흐름에 자연스러운지 살핀다.

Check! **Reading Steps**

Step ONE 먼저 빈칸이 있는 문장과 선택지를 읽는다.

···› '올림픽은 _____의 좋은 기회를 제공한다.' 라는 빈칸이 포함된 문장에 선택지를 모두 대입해 본 후, 지문을 읽는다.

Step TWO 빈칸의 앞뒤 문장을 꼼꼼히 살핀다.

···› 빈칸의 위치가 지문의 앞에 있으며 이후 문장들이 이를 뒷받침해주고 있으므로 글의 구성에서 빈칸이 포함된 문장은 주제문이다.

Step THREE 주제와 관련성을 고려하여 문장 연결이 자연스러운지 확인한다.

···› 글의 요지와 빈칸을 포함한 문장과의 관련성을 생각한 후, 선택지를 빈칸에 넣어 연결이 자연스러운지를 확인한다. 올림픽을 통해 많은 세계 사람들이 자신의 문화를 한 국가로 가져와 공유하는 문화의 도가니를 이룬다는 내용이다.

시험에 자주 등장하는 어법

수 일치 (단수동사/복수동사) 문제는 어떻게 풀까요?

Q1 주어가 동명사(동사원형-ing) 또는 to부정사(to 동사원형)라면, 동사는?
　···› 단수 동사가 와야 합니다.

Q2 주어가 상관접속사(either A or B, neither A nor B, not only A but also B)와 연결된다면, 동사는?
　···› B에 수 일치를 시킵니다. 단, Both A and B는 항상 복수 취급합니다.

Q3 「부분 표현+of+명사」의 경우 동사는?
　···› 명사의 수에 일치시킵니다.

Practice 다음 중 어법에 맞는 것을 하나 고르시오.

1 Showing the soles of one's feet to other people (**is** / **are**) unacceptable.

2 Either you or she (**has** / **have**) to give up.

3 1/4 of apples in the basket (**is** / **are**) mine.

정답 **1** is **2** has **3** are

01

다음 글의 빈칸에 들어갈 말로 가장 적절한 것은? [82%] 고1 03월 모의고사 변형

Pick up a water bottle, remove the label, and fill it with water that is not too cloudy from a river or rainwater. Put the bottle on a building's metal roof in full sunlight. In six hours, the sun will kill viruses and bacteria in the water, and make it safe to drink. This method is now used all over the world to provide ＿＿＿＿＿＿＿＿ for some four million people. "It's simple, free, effective," says a principal in Tanzania. In 2006, her school started using the method to clean its dirty tap water. The result? The rate of diseases by water dropped greatly.

*tap water 수돗물

① drinking water ② sun block
③ recycled cans ④ safe housing
⑤ vaccine programs

02

다음 빈칸에 들어갈 말로 가장 적절한 것은? [79%] 고1 11월 모의고사 변형

People may or may not remember what you said or did, but they will always remember ＿＿＿＿＿＿＿＿＿＿＿＿＿＿. Have you ever noticed when people enter a room, they bring a type of energy with them? For example, you're talking with someone when another person approaches you, and you get a feeling of, "Oh, great, I'm so glad he's coming." Or maybe it's a feeling of, "Oh, man, he's coming over here. Let me get out of here before he comes, because he's going to say something I don't like or try to make me feel inferior." What energy do you carry when you enter a room? Are you a person who brightens up the room? Or are you bringing in storm clouds?

① who you got along with ② how you made them feel
③ what you were engaged in ④ why you approached them
⑤ what you were arguing about

03

다음 글의 빈칸에 들어갈 말로 가장 적절한 것은?　　　　74% 수능 변형

The goal of medicine is to develop drugs that work equally well on all patients. It originates in the belief that all of us are similar biomechanical units — a most imperfect idea of human beings that limits conventional medicine's effectiveness. The doctor of the future, however, needs to practice medicine in basically different ways. One of the most important changes will be an increased recognition of _____, an idea now mostly ignored. Instead of treating different patients that show similar symptoms with the same drugs, doctors should identify the root causes of disease to come up with a personalized treatment.

*biomechanical 생화학적인 **recognition 인식

① group therapy
② patient individuality
③ medical technology
④ doctors' qualifications
⑤ wonder drugs

.... New Words ....

01		02		03	
☐ remove	제거하다	☐ remember	기억하다	☐ medicine	의학
☐ cloudy	탁한, 구름이 낀	☐ notice	알아차리다; 통지	☐ originate	유래하다, 비롯되다
☐ rainwater	빗물	☐ enter	~에 들어가다	☐ human being	인간
☐ metal	금속	☐ bring	가져오다	☐ conventional	전통적인
☐ roof	지붕	☐ person	사람	☐ effectiveness	효과(성)
☐ method	방법	☐ approach	다가오다	☐ practice	실천하다, 연습하다
☐ provide	제공하다	☐ glad	기쁜	☐ mostly	주로
☐ effective	효과적인	☐ carry	가져가다, 운반하다	☐ instead of	~ 대신에
☐ principal	교장; 주요한	☐ inferior	열등한	☐ symptom	증상
☐ result	결과; (결과로) 생기다	☐ enter	들어가다	☐ identify	확인하다, 알아보다
☐ rate	비율, 요금; 평가하다	☐ argue	논쟁하다	☐ root cause	근본 원인
☐ drop	떨어지다; 하락	☐ brighten up	환하게 하다	☐ come up with	~를 제시하다, 생각해내다
☐ disease	질병	☐ get along with	~와 어울리다	☐ therapy	치료법
☐ drinking water	식수	☐ be engaged in	~에 종사하다	☐ individuality	개인적 특성, 개성
☐ sun block	자외선 차단(제)	☐ storm cloud	먹구름	☐ qualification	자격

유 형 소 개 이 유형은 글의 통일성을 파악하는 능력을 요구한다. 일반적으로 하나의 단일한 소재나 주제에 대해 언급하는 글의 첫 문장이 주어지며, 그 소재나 주제를 뒷받침하는 주요 세부사항 내용 중 주제와 동떨어진 뒷받침 문장을 찾아내면 된다.

대 표 예 제 **다음 글에서 전체 흐름과 관계 없는 문장은?** 79% 고1 06월 모의고사 변형

Africans hold some of the same beliefs and practices about feet and footwear that are found in other cultures. ① For example, a lot of Africans think both feet and shoes have polluting qualities. ② It is customary in many parts of Africa to remove one's shoes before entering a home. ③ Some traditions in African dress relate to traditions of handwork in cloth production. ④ In addition, showing the soles of one's feet to other people is unacceptable even though many people go barefoot. ⑤ West Africans believe that one must leave a pair of shoes at the door to prevent a ghost from entering the house.

*sole 발바닥

New Words

□ belief	믿음	□ quality	속성, 질	□ barefoot	맨발	□ relate to	~와 관련이 있다
□ practice	관습, 실천	□ tradition	전통	□ handwork	수작업	□ unacceptable	받아들일 수 없는
□ pollute	오염시키다	□ customary	관습적인	□ production	생산	□ prevent A from B	A가 B하는 것을 막다

함정탈출 유형풀이 전략!

1 글의 주제와 핵심 소재를 파악한다.

: 이 유형의 글은 두괄식으로 구성된 것이 많으므로, 첫 문장에 유의하여 핵심소재를 파악하고 주제를 예측한다.

2 글을 읽을 때 글의 주제를 염두에 두며 각 문장의 통일성을 생각한다.

: 글의 주제나 소재를 기억하면서 각각의 문장이 이를 벗어나지 않고 자연스럽게 이어지는지 확인한다. 특히 문장 간의 관계를 긴밀하게 해주는 지시어나 연결어에 유의한다.

3 전체 흐름에서 벗어난 문장을 찾는다.

: 같은 소재를 언급했을지라도 다른 주제를 지니고 있으면 통일성에 어긋나므로 흐름에 맞지 않는다.

Check! Reading Steps

Step ONE 문단의 첫 문장에서 제시되는 소재를 정확하게 파악한다.

⋯ Africans, beliefs and practices about feet and footwear

Step TWO 글의 전개 방향을 몇 개의 선택지를 통해 파악한다.

⋯ 선택지 ①에서 글의 전개 방향을 파악한다.
  For example (예를 들어)로 보아 예시를 열거할 가능성이 높다.

Step THREE 추측한 주제를 통해 나머지 선택지의 내용도 비교한다.

⋯ 관련 소재와 선택지 ①을 통해 추측한 주제로 나머지 선택지 ②~⑤의 내용을 비교한다.
  아프리카 사람들은 두 발과 신발에 오염시키는 속성이 있다고 믿는다는 것이 이 글의 주제이다.
  글의 중간 부분에 아프리카 전통 의상에 관련된 내용은 글의 흐름과 관련이 없다.

혼동 어휘 알아두기

adapt (동) 적응시키다, 맞추다	
adopt (동) 입양하다, 채택하다	
advice (명) 충고, 조언	
advise (동) 충고하다, 조언하다	
affect (동) 영향을 주다	
effect (명) 결과, 효과	
attention (명) 주의, 유의	
attendance (명) 출석, 참석	
breath (명) 호흡	
breathe (동) 숨쉬다	

custom (명) 1 관습, 풍습 2 단골, 고객
customs (명) 세관, 관세

considerable (형) 중요한, 상당한
considerate (형) 사려 깊은, 배려하는

daily (형) 매일의
dairy (명) 낙농장
diary (명) 일기

desert (명) 사막 (동) 버리다
dessert (명) 식후의 다과

employer (명) 고용주
employee (명) 종업원, 고용인

expand (동) 확대하다
expend (동) 소비하다

except (전) ~을 제외하고
accept (동) 받아들이다

experience (명) 경험, 체험
experiment (명) 실험

formally (부) 정식으로
formerly (부) 이전에(는)

01

다음 글에서 전체 흐름과 관계 없는 문장은?

74% 고1 03월 모의고사 변형

When you take a step, cross your legs, or bend to tie your shoe, your knees are working hard. ① Your knees take a lot of stress every day, and you need to take good care of them. ② To increase your knee strength, you should improve the surrounding muscles. ③ You can strengthen these muscles by doing exercises such as knee extensions. ④ The next time you go out walking or jogging, remember how hard your heart and lungs are working for you. ⑤ Wearing suitable footwear while walking or jogging will also help you to maintain healthy knees.

*extension 펴기, 확장

02

다음 글에서 전체 흐름과 관계 없는 문장은?

71% 고1 06월 모의고사 변형

Black ice is a thin coating of ice on a surface. While not truly black, it is nearly transparent, allowing black asphalt roadways or the surface below to be seen through it, hence the term "black ice." ① Black ice is often invisible to drivers or people stepping on it. ② There is, thus, a risk of sudden sliding and following accidents. ③ To ensure safe driving, it is best to examine your car before starting. ④ On December 1, 2013, heavy weekend traffic met black ice on Interstate 290 expressway. ⑤ A pileup involving more than 60 vehicles resulted from the black ice.

*transparent 투명한 **pileup 연쇄충돌

03 다음 글에서 전체 흐름과 관계 <u>없는</u> 문장은?

 수능 변형

Food intake is necessary for the survival of every living thing. Therefore, it is not surprising that humans use all five senses to analyze food quality. ① A first judgment about the value of a food source is made on its appearance and smell. ② Food that looks and smells attractive is taken into the mouth. ③ The value of a food is a guess of how good it is based on its level of vitamins, minerals, or calories. ④ Here, based on a complex sensory analysis that includes smell, touch, hearing, and taste, a final decision on whether to eat food is made. ⑤ This complex interaction between different senses should be called flavor perception, not 'taste,' because it uses multiple senses.

**flavor perception 향미지각(香味知覺)

- **New Words** -

01
- [ ] take a step — 발을 내딛다
- [ ] bend — 구부리다
- [ ] tie — 묶다; 끈, 유대
- [ ] knee — 무릎
- [ ] take care of — 돌보다
- [ ] increase — 증가시키다; 증가
- [ ] strength — 힘
- [ ] improve — 향상하다, 개선하다
- [ ] surrounding — 주변의
- [ ] muscle — 근육
- [ ] strengthen — 강화시키다
- [ ] by -ing — ~함으로써
- [ ] exercise — 운동, 연습
- [ ] remember — 기억하다
- [ ] lung — 폐
- [ ] wear — 입고[신고] 있다
- [ ] suitable — 적합한
- [ ] footwear — 신발(류)
- [ ] maintain — 유지하다

02
- [ ] black ice — (도로 위에 생긴) 얇은 빙판
- [ ] nearly — 거의
- [ ] roadway — 도로
- [ ] below — ~보다 아래의
- [ ] hence — 따라서, 이런 이유로
- [ ] term — 용어, 기간 (cf. terms 조건)
- [ ] invisible — 눈에 보이지 않는
- [ ] risk — 위험; 무릅쓰다
- [ ] sudden — 갑작스러운
- [ ] sliding — 미끄러짐
- [ ] accident — 사건
- [ ] ensure — 보증하다, 확실하게 하다
- [ ] examine — 점검하다
- [ ] traffic — 교통, 통행
- [ ] interstate — 주간(州間) 고속도로
- [ ] expressway — 고속도로
- [ ] involve — 수반[포함]하다
- [ ] vehicle — 차량
- [ ] result from — ~에서 비롯되다

03
- [ ] intake — 섭취
- [ ] survival — 생존
- [ ] living thing — 생물
- [ ] surprising — 놀라운
- [ ] analyze — 분석하다
- [ ] judgment — 판단
- [ ] value — 가치; 소중히 여기다
- [ ] source — 재료, 소스
- [ ] attractive — 매력적인
- [ ] based on — ~에 근거하여
- [ ] level — 수준
- [ ] mineral — 미네랄, 무기물
- [ ] complex — 복잡한
- [ ] sensory — 감각의
- [ ] analysis — 분석
- [ ] include — 포함하다
- [ ] make a decision — 결정을 하다[내리다]
- [ ] interaction — 상호작용
- [ ] multiple — 다수의

UNIT 15 문단 내 글의 순서 파악하기

유 형 소 개   이 유형은 글의 일관성을 파악하는 능력을 요구한다. 주어진 문장에 이어질 문장들의 순서를 정해야 하며, 주로 지문의 요지와 이를 뒷받침하는 주요 세부사항이 제시된다. 특히 연결어와 지시적인 표현들에 주목하여 단서를 잡도록 한다.

대 표 예 제   **주어진 글 다음에 이어질 글의 순서로 가장 적절한 것은?**   89% 고1 06월 모의고사 변형

> Cushions make the sofa more comfortable. Creating a cushion from your old T-shirts or sweaters is a fun project.

(A) On the fabric of your choice, draw the shape of the cushion you want to make. Square shapes may be the easier route to go for beginners. Cut out the two squares along the line.

(B) Pick your fabric. Sweaters are soft and comfortable. T-shirts are a fun idea as well because you can draw pictures on them.

(C) After that, turn them so that they are facing away from each other. Sew three sides together. Turn it inside out and fill it with cotton. Finish sewing the open side. Now, you have a cushion which is made out of your clothes.

*fabric 천, 직물

① (A) – (C) – (B)   ② (B) – (A) – (C)   ③ (B) – (C) – (A)
④ (C) – (A) – (B)   ⑤ (C) – (B) – (A)

New Words

- □ **comfortable** 편안한
- □ **project** 과제, 작업
- □ **shape** 모양
- □ **square** 정사각형
- □ **route** 방법, 길
- □ **sew** 꿰매다
- □ **face** 마주하다
- □ **beginner** 초보자
- □ **cotton** 솜, 면직물

정답과 해설 P.22

함정탈출 유형풀이 전략!

1 문단의 연결 고리가 되는 연결어, 대명사, 한정어 등을 잘 살핀다.

: 문단의 내용을 연결시켜 주는 지시대명사, 인칭대명사 그리고 연결사에 유의한다.
대표적인 연결사로 첨가 (also, in addition, furthermore, moreover), 재진술 (that is,
in other words, namely), 원인과 결과 (therefore, accordingly, as a result), 역접과 대조
(however, nevertheless, conversely), 예시 (for example, for instance) 등이 있다.

2 부분적으로 문단의 짝을 지어 순서를 정해본다.

: 문단의 순서를 한 번에 다 정하려 하지 말고, 시간의 흐름이나 공간의 변화, 인과 관계를 나타내는
말을 단서로 하여 논리적으로 이어지는 문단 또는 논리적으로 이어지지 않는 문단 등 두 개씩
부분적으로 순서를 정해본다.

3 전체 글의 예상 순서를 정한 후 재검토한다.

: 글의 순서를 정한 뒤 그 순서대로 글을 다시 한번 빠르게 읽어 흐름이 자연스러운지 확인한다.

Check! **Reading Steps**

Step ONE 주어진 글을 먼저 읽고 글의 전체 내용을 개략적으로 파악한다.

⋯ 문단의 연결 고리가 되는 연결어나 대명사, 한정어를 잘 살핀다.
ex. creating a cushion, on the fabric of your choice, pick your fabric,
after that, turn them

Step TWO 제시된 글을 이어줄 단서에 유의하면서 글의 내용을 연결한다.

⋯ 쿠션을 만들기 위해 티셔츠나 스웨터를 이용하는 작업을 주어진 글은 소개하고 있다. 쿠션을
만들기 위해서는 먼저 작업에 필요한 천을 골라야 한다. 천을 고른 뒤, 그 천 위에 모양을
그리고 모양대로 천을 잘라야 한다. 그 후에 모양대로 자른 그 천들을 맞대어 꿰맨 후 솜을 채워
완성한다는 문단의 내용이 이어지는 것이 글의 순서로 가장 적절하다.

Step THREE 답을 정한 후에 순서대로 글을 다시 읽어 본다.

글의 순서 정하기 Signal Words!

① **시간의 흐름**
문단이 시간의 순서로 구성되었을 때, 시간을 나타내는 부사 (at first, finally, then, last 등)와 연결사 (before, after, at the end 등)에
유의해야 한다. 물론 먼저 일어난 사건이 앞에 언급되고, 결과가 뒤에 나오는 것이 일반적이다.

② **공간의 이동**
주로 어떤 사건이나 행동을 기술할 때 공간의 이동 순서로 글을 구성하게 된다. 주로 넓은 공간에서 좁은 공간으로 옮겨지는 (from general to
specific) 것이 보통이지만, 반대의 경우도 있다.

③ **논리적 순서**
글쓴이가 자신의 주장을 전개하는 글은 논리적 구성이 많다. 주로 원인과 결과, 비교와 대조, 또는 묘사를 위한 나열의 형태를 취하는 경우가
많다. 따라서 however (대조), therefore (원인과 결과), for example (예시) 외 다른 연결사에도 유의해야 한다.

01

주어진 글 다음에 이어질 글의 순서로 가장 적절한 것은?

81% 고1 03월 모의고사 변형

> Maybe you have watched the sunset. Sometimes it looks as though it is on fire, especially when it is shining through the clouds.

(A) But what may surprise you even more is there are many stars that are thousands of times hotter than the sun.

(B) The reason it looks that way is that the sun is on fire. Can you guess how hot the fire at the center of the sun is?

(C) It is more than 25 million degrees Fahrenheit! That's 250,000 times hotter than the hottest summer day.

① (A) – (C) – (B)　　　② (B) – (A) – (C)　　　③ (B) – (C) – (A)
④ (C) – (A) – (B)　　　⑤ (C) – (B) – (A)

02

주어진 글 다음에 이어질 글의 순서로 가장 적절한 것은?

67% 고2 03월 모의고사 변형

> The Greek historian Herodotus wrote about cinnamon which he had learned about from the Phoenicians.

(A) This story is perhaps unlikely. For those who traded this spice to people from far-off lands, however, such a tale of hardship increased a product's value to the consumer.

(B) When the birds picked up the food and returned to their nest, the weight of the meat broke the nest, and the cinnamon fell down the mountain. Then, the Arabians ran to pick it up. The spice was then exported to other countries.

(C) The Phoenicians said that large birds brought cinnamon sticks to their nests on cliffs in Arabia. To get the cinnamon, Arabs cut up the bodies of large animals and put them on the ground near the nests.

*spice 향신료 **hardship 고난

① (A) – (C) – (B)　　　② (B) – (A) – (C)　　　③ (B) – (C) – (A)
④ (C) – (A) – (B)　　　⑤ (C) – (B) – (A)

03

주어진 글 다음에 이어질 글의 순서로 가장 적절한 것은? 83% 수능 변형

> We see the door of a classroom as rectangular. Actually, the rectangular door of a classroom projects a rectangular image on our retina only when it is viewed directly from the front.

(A) Slowly the trapezoid becomes thinner and thinner, and all that is seen on the retina is a vertical line, and it is the thickness of the door. We can see and tell these changes, but we do not accept them.

(B) Similarly, a round coin is seen as round even when it is viewed from an angle other than directly from the front.

(C) At other angles, the image will be seen as a trapezoid. The edge of the door toward us looks wider than that of the door frame.

*project 투영하다 **retina 망막 ***trapezoid 사다리꼴

① (A) – (C) – (B)　　② (B) – (A) – (C)　　③ (B) – (C) – (A)

④ (C) – (A) – (B)　　⑤ (C) – (B) – (A)

·· New Words ·····································

01		02		03	
☐ sunset	일몰	☐ Greek	그리스인, 그리스어	☐ rectangular	직사각형의
☐ as though	마치 ~인 것처럼	☐ historian	역사가	☐ view	보다; 관점
☐ on fire	불타는	☐ cinnamon	계피	☐ directly	똑바로, 직접적으로
☐ especially	특히	☐ far-off	먼	☐ front	앞면; 앞(쪽)의
☐ shine	빛나다	☐ perhaps	아마도	☐ thin	얇은, 가는
☐ surprise	놀라게 하다; 놀람	☐ unlikely	있을 것 같지 않은	☐ vertical	수직의
☐ thousands of	수천의	☐ consumer	소비자	☐ thickness	두께
☐ reason	이유	☐ tale	이야기	☐ round	둥근, 동그란
☐ guess	짐작하다; 추측	☐ nest	둥지; 둥지를 틀다	☐ angle	각도
☐ center	중심(지)	☐ weight	무게, 몸무게	☐ other than	~외에, ~와 다른
☐ degree	(온도의) 도, 정도, 학위	☐ meat	고기	☐ edge	모서리, 가장자리
☐ Fahrenheit	화씨	☐ export	수출하다	☐ toward	~향하여
☐ times	…배(倍); 곱하기	☐ cliff	절벽	☐ wide	넓은, 너른

주어진 문장의 적합한 위치 찾기

유형소개 글쓰기 능력을 간접적으로 측정하는 유형이다. 주어진 문장을 적절한 곳에 넣어 지문을 완성하도록 하며, 문장들 간의 논리적 연결성 파악 능력과 문단 구성 능력을 측정한다.

대표예제 **글의 흐름으로 보아, 주어진 문장이 들어가기에 가장 적절한 곳은?** 82% 고1 11월 모의고사 변형

> The translated text helped to introduce to Europeans a radical new way to count and do math by using Arabic numerals: 1, 2, 3, 4, 5, 6, 7, 8, 9, and 0.

Al-Khwarizmi was a mathematician, astronomer, and geographer. (①) Born in Persia, he eventually entered the famous House of Wisdom in Baghdad, the greatest center of learning in Islam's golden age. (②) While there, Al-Khwarizmi wrote a book explaining Hindu ideas in mathematics, including the symbols used in India for counting. (③) The book was translated from Arabic into Latin three hundred years after his death. (④) These were much easier to use than Roman numerals, especially for division and multiplication. (⑤) Eventually, they were used throughout the world.

*numeral 숫자

New Words

□ Roman	로마의	□ mathematician	수학자	□ golden age	황금기	□ multiplication	곱셈
□ translate	번역하다	□ astronomer	천문학자	□ explain	설명하다	□ especially	특히
□ introduce	소개하다	□ geographer	지리학자	□ include	포함하다	□ symbol	기호
□ radical	획기적인	□ eventually	마침내	□ division	나눗셈	□ count	세다

정답과 해설 p.23

함정탈출 유형풀이 전략!

1 주어진 문장을 읽고 중요한 단서들을 확인한다.

: 주어진 문장 안의 지시어나 한정어 또는 연결사는 글의 전후 흐름을 알 수 있는 중요한 단서가 된다.

2 순차적인 독해를 통해 글의 전체적인 구성을 파악한다.

: 이 유형에 등장하는 지문들은 사건의 전개가 논리적인 흐름을 가진 경우가 많다. 글의 핵심 소재와 글의 전개 방식을 파악하면 쉽게 문제가 풀린다.

3 글의 흐름이 자연스럽지 않은 부분을 찾아라.

: 예시 또는 역접의 연결사, 지시 대명사 등은 글의 흐름을 보여주는 중요한 단서가 된다. 단서들을 중심으로 흐름이 어색한 곳을 점검해 보면 의외로 쉽게 문제가 풀릴 수 있다. 예를 들어, 글을 읽는 도중에 갑자기 대명사 또는 지시어가 나타나서 논리적 연결이 어려워진다면 이를 지칭하는 어구를 앞부분에서 반드시 찾아야 한다.

Check! Reading Steps

Step ONE 주어진 문장 안에서 지시어, 한정어 또는 연결사 등 단서를 찾는다.

⋯▸ The translated text

Step TWO 전체 글을 빠르게 훑어보면서 중심 소재를 파악한다.

⋯▸ Al-Khwarizmi라는 사람에 대한 내용으로 그의 업적에 대해 시간 순으로 진술하고 있다.

Step THREE 지문을 읽으면서 문맥이 매끄럽지 않은 곳을 찾는다.

⋯▸ 주어진 문장은 번역된 글이 아라비아 숫자로 계산하는 법을 유럽인들에게 소개하는 데 도움을 주었다는 내용이다. 아랍어에서 라틴어로 번역되었다는 문장 다음에 이러한 아라비아 숫자가 로마 숫자보다 사용하기 쉬웠다는 내용이 바로 이어지는 것은 흐름상 어색하다.

▶ 시험에 자주 등장하는 어법

분사의 능동/수동 (동사원형-ing/p.p.) 문제는 어떻게 풀까요?

Q1. 감정을 나타내는 감정 분사라면?

⋯▸ 주어가 사람이면 '~한 감정이 된'으로 수동관계이기 때문에 '과거분사(p.p.)'가 오고,

⋯▸ 주어가 사물이면 '~한 감정을 일으킨'으로 능동관계이기 때문에 '동사원형-ing'를 쓴다.

Q2. 명사를 수식하는 일반 분사라면?

⋯▸ 수식을 받는 명사가 스스로 하는 능동관계라면 '동사원형-ing', 당하는 수동관계라면 '과거분사(p.p.)'를 쓴다.

Practice 다음 중 어법에 맞는 것을 모두 고르시오.

1 I was (**tiring** / **tired**) because my job was (**boring** / **bored**).

2 There is a (**sleeping** / **slept**) baby over there.

정답 **1** tired, boring **2** sleeping

01

글의 흐름으로 보아, 주어진 문장이 들어가기에 가장 적절한 곳은?   80% 고1 06월 모의고사 변형

> You should refill it because you emptied the paper in the machine.

Accepting a job means that you accept the responsibility that goes with it. (①) Your job description may not list chores, but you are sometimes expected to do them. (②) You should always leave things as you found them and always do anything that needs to be done. (③) For example, if you use the last paper in the tray of a copy machine, what should you do? (④) This way you can help the next person to use the machine. (⑤) Having paper in the tray made your work easier, so why not refill it for someone else?

*job description 직무 내용 설명서

02

다음 글의 흐름으로 보아, 주어진 문장이 들어가기에 가장 적절한 곳은?   73% 고1 03월 모의고사 변형

> But there will be times in your life when there is no one around to stand up and cheer you on.

It's great to have people in your life who believe in you and cheer you on. (①) They are truly interested in what you are trying to achieve and support you in all of your goals. (②) Each of us needs people in our lives who encourage us so that we can feel confident in our abilities. (③) When this happens, don't get discouraged. (④) Instead, become your own cheerleader. (⑤) Give yourself a pep talk because nobody knows your strengths and talents better than you.

*pep talk 격려의 말

03 글의 흐름으로 보아, 주어진 문장이 들어가기에 가장 적절한 곳은?

`75%` 수능 변형

> Surprised by the vision of an unfamiliar silhouette, these dogs were using their eyes instead of their noses.

　Remember when you were little and you imagined that adults had endless power? Surely someone who could drive the car and open the juice container could make it stop raining. (①) I think that's the same expectation that we have about our dogs and their ability to smell. (②) Because they are so good at using their noses, we believe that they can smell anything, anytime. (③) But dogs use other senses, too, and the brains of both humans and dogs intensify one sense at a time. (④) Many owners have almost been bitten by their dogs when they returned home with a new hairstyle or a new coat. (⑤) Their noses may be unusual, but they're not always switched on.

*intensify 강화하다

유 형 소 개   이 유형은 글 전체의 내용을 한 문장으로 요약할 수 있는 능력을 요구한다. 가장 핵심적인 부분에 해당하는 단어나 어구들이 빈칸으로 출제된다.

대 표 예 제   **다음 글의 내용을 한 문장으로 요약하고자 한다. 빈칸 (A)와 (B)에 들어갈 말로 가장 적절한 것은?**

89% 고1 11월 모의고사 변형

People and animals eat basically the same food. The only difference is the way we prepare meals. But what makes us special? Harvard professor Richard Wrangham thinks he knows the answer. He argues that heated foods made brains grow bigger and let us evolve into the wise creatures we are today. This means cooking was important to human evolution because it made digestion much more efficient and increased the amount of energy people got from eating. He believes that humans became better able to think, sing, paint on walls, and invent new tools. Basically, humans heating food were more likely to pass on cooking techniques to their children, along with the physical evolutionary changes: bigger brains.

*evolve 진화하다

↓

There is a theory that _____(A)_____ food helped humans to evolve by improving human _____(B)_____ .

　　　　(A)　　　　　　(B)
① frozen　　 ⋯⋯　security
② instant　　 ⋯⋯　intelligence
③ cooked　　 ⋯⋯　intelligence
④ organic　　 ⋯⋯　security
⑤ chopped　 ⋯⋯　habitat

New Words

☐ basically　기본적으로　　☐ digestion　소화　　☐ intelligence　지능　　☐ instant　즉각적인
☐ prepare　준비하다　　☐ efficient　효율적인　　☐ evolution　진화　　☐ organic　유기농의
☐ argue　주장하다　　☐ invent　발명하다　　☐ theory　이론　　☐ chopped　잘게 썬
☐ heated　익힌　　☐ tool　도구　　☐ security　보안　　☐ habitat　서식지
☐ technique　기술

함정탈출 유형풀이 전략!

1 주어진 요약문과 선택지를 먼저 읽고 글의 내용을 추측한다.

: 요약문은 글의 주제와 관련된 다소 긴 문장이다. 생략을 하더라도 해석에 영향을 주지 않는 독립 전치사구가 있거나 문장에 주어, 목적어, 보어 등이 복잡하게 섞여 있을 수 있으므로 구문을 잘 파악하여 해석한다.

2 글에서 중요한 역할을 하는 문장 또는 어구는 특별히 표시를 해 둔다.

: 글의 핵심어는 다른 말로 변형될 가능성이 크다. 중복되거나 주제와 관련 없는 내용, 예시들은 제외시킨다.

3 자신이 고른 정답이 글의 요약문이 되는지 반드시 확인한다.

: 서두르지 말고 선택지 (A)와 (B)가 모두 정답이 되는지 확인해야 한다.

Check! **Reading Steps**

Step ONE 주어진 요약문을 먼저 읽는다.

⋯▸ '_____ 음식이 인간의 _____을 향상시킴으로써 인간이 진화하도록 도왔다는 이론이다.' 라는 빈칸이 포함된 문장에 선택지를 하나씩 대입해 본 후, 지문으로 들어간다.

Step TWO 전문가(특정인)가 실험을 했거나 주장한 내용의 결론에 초점을 두어야 한다.

⋯▸ Harvard professor Richard Wrangham thinks he knows the answer. He argues that heated foods made brains grow bigger and let us evolve into the wise creatures we are today.

Step THREE 선택지를 빈칸에 넣었을 때, 본문 전체를 대변할 수 있는지 확인해 본다.

⋯▸ 익힌 음식이 인간의 뇌를 더 커지게 하여 인간을 지적인 생명체로 진화하도록 했다는 것이 글의 요지이므로 이를 포괄할 수 있는 선택지가 빈칸에 들어가는 것이 가장 적절하다.

▲ 혼동 어휘 알아두기

find 동 발견하다
　　*find-found-found
found 동 설립하다
　　*found-founded-founded

hospital 형 병원
hospitable 형 환대하는

industrial 형 산업의, 공업의
industrious 형 근면한, 부지런한

inhibit 동 금하다, 억제하다
inhabit 동 살다, 거주하다

quit 동 그만두다
quiet 형 조용한
quite 부 꽤

principal 형 주요한 명 교장
principle 명 주의, 원칙

mean 명 뜻, 의미
means 명 수단, 방법

prosper 동 번영하다, 성공하다
proper 형 적절한, 적당한

quality 명 질
quantity 명 양

revolution 명 혁명
evolution 명 진화

successful 형 성공적인
successive 형 연속적인

saw 동 톱질하다
sow 동 씨뿌리다
sew 동 꿰매다

vacation 명 휴가
vocation 명 직업

wonder 동 ～에 놀라다
wander 동 방황하다

formally 부 정식으로
formerly 부 이전에(는)

01

다음 글의 내용을 한 문장으로 요약하고자 한다. 빈칸 (A)와 (B)에 들어갈 말로 가장 적절한 것은?

Sarah Pressman and Sheldon Cohen studied autobiographies which were written by participants, including psychologists, poets, and novelists. They counted the number of relational words that people used in their autobiographies — words like *father*, *brother*, or *sister* as well as pronouns like *we*. Pressman and Cohen then proved the connection between how often people used relational words and how long they lived. They found that the writers who heavily mentioned social roles in their life stories lived, on average, five years longer than those who did not.

*relational 관계를 나타내는

↓

One study showed that the frequency of using words about _____(A)_____ influenced the _____(B)_____ of people's lives.

74% 고1 03월 모의고사 변형

	(A)		(B)			(A)		(B)
①	relationships	·····	length		②	relationships	·····	quality
③	manners	·····	length		④	personalities	·····	quality
⑤	personalities	·····	standard					

02

다음 글의 내용을 한 문장으로 요약하고자 한다. 빈칸 (A)와 (B)에 들어갈 말로 가장 적절한 것은?

Natural boundaries between countries are found along rivers, lakes, deserts, and mountain ranges. Among them, river boundaries would seem to be ideal: they provide clear physical features. In reality, however, river boundaries can change as rivers change course. After a flood, a river's course may change the boundary between countries. For example, the Rio Grande, which separates the United States and Mexico, has often changed its course, causing problems in determining the exact location of the international boundary.

*boundary 경계

↓

A river seems to be ideal in _____(A)_____ boundaries, but, in fact, it isn't, because its course is _____(B)_____.

73% 고1 03월 모의고사 변형

	(A)		(B)			(A)		(B)
①	establishing	·····	invisible		②	establishing	·····	changeable
③	removing	·····	fixed		④	linking	·····	fixed
⑤	linking	·····	changeable					

03 다음 글의 내용을 한 문장으로 요약하고자 한다. 빈칸 (A)와 (B)에 들어갈 말로 가장 적절한 것은?

Children in primitive society learned the culture by watching and copying adults in such activities as hunts, festivals, farming, and harvesting. There was no need to create schools to educate children. As a result, there was little or no alienation between young and old. A reason for this alienation in modern societies is that modern adults depend less on their direct experiences and more on the experiences of their culture than primitive men. So modern children must travel much further than primitive children to learn the world view of their elders. They are, therefore, that much more removed from the adults of their society.

*primitive 원시의 **alienation 소외감

↓

Unlike primitive children, who learn from their _____(A)_____ surroundings, modern children learn at educational institutions, and that results in _____(B)_____ from their elders. 71% 수능 변형

	(A)		(B)		(A)		(B)
①	foreign	⋯⋯	indifference	②	immediate	⋯⋯	sympathy
③	foreign	⋯⋯	sympathy	④	imaginary	⋯⋯	alienation
⑤	immediate	⋯⋯	alienation				

· New Words ·

01

☐ autobiography 자서전
☐ participant 참가자
☐ psychologist 심리학자
☐ novelist 소설가
☐ poet 시인
☐ pronoun 대명사
☐ prove 증명하다, 입증하다
☐ connection 연관성, 관련성
☐ heavily 아주 많이, 심하게
☐ mention 언급하다
☐ on average 평균적으로
☐ frequency 빈도
☐ influence 영향을 주다
☐ standard 기준, 표준

02

☐ natural 자연적인
☐ mountain range 산맥
☐ ideal 이상적인
☐ in reality 실제로
☐ course 경로, 과정
☐ flood 홍수; 범람하다
☐ separate 구분 짓다; 분리된
☐ determine 결정하다
☐ location 위치
☐ international 국가 간의
☐ in fact 사실은
☐ establish 확립하다
☐ changeable 변할 수 있는
☐ fixed 고정된

03

☐ society 사회
☐ culture 문화
☐ copy 흉내 내다; 복사(본)
☐ farming 경작, 농업
☐ educate 교육하다 (educational 교육의)
☐ direct 직접적인; 감독하다
☐ further 더 멀리 (far의 비교급)
☐ world view 세계관
☐ surroundings 환경
☐ institution 기관, 제도
☐ indifference 무관심
☐ immediate 가까운, 인접한
☐ sympathy 동정
☐ imaginary 상상의

>UNIT 18 장문 독해 ① – 단일장문

유 형 소 개   장문 독해는 200단어 이상의 이야기 또는 시사적인 내용의 글을 읽고, 두 문항 정도의 질문에 답을 하는 유형이다. 상대적으로 긴 글을 읽고 글의 전체적인 내용과 세부적인 내용, 또는 비유적인 표현과 관련한 문항에 답을 해야 하기 때문에 속독 능력과 종합적인 사고력을 필요로 한다. 글의 제목, 어휘 적절성 파악 등의 유형으로 주로 출제된다.

대 표 예 제   **[1~2] 다음 글을 읽고, 물음에 답하시오.**

One day, I watched Grandfather looking at a bush. He stood for half an hour, silent and (a) still. As I got closer, I could see he was looking at a sort of bird, but I did not know what kind of bird it was. Just as I was going to ask him, a (b) common robin flew from the bush. I asked Grandfather what he was looking at. As he smiled, he replied, "A robin." I said, "But, Grandfather, it's just a common robin. What's so interesting about a robin?" He said, "Just a robin?" Then, he drew a picture of a bird on the ground with a stick and, handing me the stick, said, "Show me where all the black marks on a robin are." I said, "I don't know." "Then," he continued, "each bird is as (c) same as you and I. *No single bird is the same as another. We can always learn something new every time we watch a robin. That is also true of everything else in life, every experience, every (d) situation, every bird, tree, rock, water, and leaf. We can never know enough about anything. "Finally," he continued, "you do not even begin to know an animal until you touch it and feel its (e) spirit. Then and only then, you will ever begin to know."

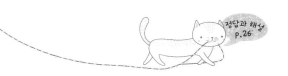

1 윗글의 제목으로 가장 적절한 것은?   `78%` 고1 03월 모의고사 변형

① Share Your Experiences with Other People
② Learn Something New from Everything
③ Touch Others with Kind Words
④ Be Happy Where You Are
⑤ Have a Positive Attitude

2 밑줄 친 (a)~(e) 중에서 문맥상 낱말의 쓰임이 적절하지 <u>않은</u> 것은?   `78%` 고1 3월 모의고사 변형

① (a)   ② (b)   ③ (c)   ④ (d)   ⑤ (e)

··········· New Words ···········

☐ bush	덤불	☐ robin	울새	☐ single	단 하나의
☐ silent	조용한	☐ reply	대답하다	☐ situation	상황
☐ still	가만히 있는	☐ hand	건네주다, 넘기다	☐ leaf	잎 (pl. leaves)
☐ close	가까운; 닫다	☐ stick	막대기; 찌르다	☐ spirit	영혼
☐ a sort of	일종의	☐ mark	(반)점; 표시를 하다	☐ positive	긍정적인
☐ common	흔한	☐ continue	계속하다	☐ attitude	태도

1 문제와 선택지를 먼저 읽고 글의 전체적인 흐름을 미리 추측한다.

: 무작정 장문 독해를 시작하기보다는 문제와 선택지를 먼저 읽고 글을 읽으면 시간이 절약되고, 지문의 대략적인 내용을 파악할 수 있다.

2 글의 전반적인 흐름, 줄거리 등을 파악하고 이를 통해 글의 제목, 주제, 요지 등을 추론한다.

: 평소에 긴 지문을 처음부터 끝까지 읽는 연습을 많이 하고, 단락별로 내용을 요약한다. 특히 핵심 소재 또는 반복 어구 등에 유의한다.

3 어휘 적절성 파악 문항이 있는 경우, 글 전체의 내용을 생각하면서 밑줄 친 단어가 문맥에 어울리는 여부를 판단한다.

: 주로 반대의 뜻을 가진 어휘를 많이 출제하고 있으므로 반의어 또는 파생어를 함께 학습하도록 한다.

Check! Reading Steps

Step ONE 문제와 선택지를 먼저 읽고, 유형에 알맞은 문제풀이 방법을 떠올린다.

⋯ 윗글의 제목으로 가장 적절한 것은? (제목 추론 유형) *Unit 6 참고
⋯ 밑줄 친 (a)~(e) 중에서 문맥상 낱말의 쓰임이 적절하지 않은 것은? (어휘 적절성 파악 유형)
   *Unit 11 참고

Step TWO 글의 전체 내용을 통해 주제를 추론하고, 글의 제목을 고른다.
세부 문제의 답에 해당하는 문장은 정독하면서 주의 깊게 읽는다.

⋯ [글의 제목] 아무리 비슷해 보일지라도, 그것을 만지고 마음을 느끼기 전에는 그것에 대한 모든 것을
   알 수 없다는 전체 글의 내용을 통해, 늘 새로운 것을 배워야 한다고 추론할 수 있다.
⋯ [어휘 적절성 파악] *문장으로 보아, 흔한 울새라도 저마다 모양이 다르고 같지 않듯이 각각의 새는
   너와 내가 다른 것처럼 다르다는 내용이다.

◢ **부정어 같지 않은 부정어 표현**

1 few / little 거의 없는

ex. Few people understand the difference.

그 차이를 이해하는 사람이 거의 없다.

There was little snow last year.

작년에는 눈이 거의 오지 않았다.

*셀 수 있는 명사에는 few, 셀 수 없는 명사에는 little을 쓴다.

2 hardly / barely / seldom / rarely / scarcely 거의 ~ 않다.

ex. It is hardly possible that you do not know about it.

당신이 그것을 모른다는 것은 거의 불가능하다.

She barely showed any interest in the new smart phone.

그녀는 그 새로운 스마트폰에 거의 관심을 보이지 않았다.

He rarely talks about his past.

그는 그의 과거에 대해 거의 말하지 않는다.

3 neither 어느 …도 ~ 아니다.

ex. Eric neither ate nor drank for days.

Eric은 며칠 동안 먹지도 마시지도 않았다.

4 unless ~하지 않는다면

ex. You'll miss the bus unless you run.

만약 네가 뛰지 않는다면 버스를 놓칠 거야.

*if ~ not과 의미가 같다.

[01~02] 다음 글을 읽고, 물음에 답하시오.

Food is one of the most important tools that you can use as a manager. Being full makes people feel satisfied and happy. Eating together gives employees time to make (a) connections with one another. Providing a snack or paying for lunch now and then can help your employees to feel (b) precious and make the office feel more welcoming. These do not need to be elaborate plans. If you have a small budget, you're not going to want to buy lunch at a restaurant for your entire group. Bringing in some cookies from time to time is (c) enough; you can also encourage employees to bring in food themselves.

The key to using food effectively is for it not to become a (d) planned event. If everyone knows you bring donuts to the Friday morning meeting, it becomes an expectation. To create goodwill, the food must appear to be (e) expected. It is also a good idea to praise employees who bring food in even if they are not asked; this creates an atmosphere of sharing.

*elaborate 공들인 **goodwill 호의

01

윗글의 제목으로 가장 적절한 것은? `78%` 고1 03월 모의고사 변형

① Offer Food for Better Relationships
② Eat Out but Consider Your Budget
③ Eat More Lunch but Less Dinner
④ Take a Break Not to Be Tired
⑤ Don't Eat During Work Hours

02

밑줄 친 (a)~(e) 중에서 문맥상 낱말의 쓰임이 적절하지 않은 것은? `52%` 고1 03월 모의고사 변형

① (a) ② (b) ③ (c) ④ (d) ⑤ (e)

───────────── New Words ─────────────

01~02

□ tool	도구	□ welcoming	따뜻한, 환영하는	□ appear	~처럼 보이다, 나타나다
□ satisfied	만족한	□ from time to time	때때로 (= now and then)		
□ employee	직원	□ entire	전체의	□ praise	칭찬하다
□ connection	관계, 연관성	□ enough	충분한	□ even if	비록 ~일지라도
□ one another	서로	□ encourage	권유하다, 격려하다	□ atmosphere	분위기
□ provide	제공하다	□ bring in	가져오다	□ sharing	나눔, 공유
□ precious	소중한	□ key	비결, 열쇠	□ eat out	외식하다
□ office	사무실	□ effectively	효과적으로	□ consider	고려하다
□ budget	예산	□ event	행사, 사건	□ take a break	잠시 휴식을 취하다
		□ expectation	기대, 예상	□ during	~동안[내내]

[03~04] 다음 글을 읽고, 물음에 답하시오.

Many people believe that it is important to share similar beliefs and values with someone. Individuals from different backgrounds have learned to (a) accept their differences and live together. I've seen people from different religions come together for a strong, lasting bond. In addition, many good friends have (b) a lot in common except a warm loving feeling of respect and rapport. That's the only necessary thing.

People who enjoy the best relationships with others have learned that differences are to be expected as a fact of life. This understanding must go beyond a simple intellectual "I know we're all different." You must truly have this idea and (c) mix it into your daily life.

We have only two realistic choices. We can (d) resist the rule of separate realities and remain frustrated and angry over the fact that no one seems to respect our way of thinking, or we can try to understand "the way of things." Separate realities is the way things really are. Everyone is unique and has (e) different gifts. When we look for these gifts, we will surely find them; we will open the door to a world of personal growth.

*rapport 친밀한(공감적인) 관계

03 윗글의 제목으로 가장 적절한 것은?

`84%` 수능 변형

① Facing Challenges in Life
② Leading an Intellectual Life
③ Finding Meaning in Friendship
④ Accepting Differences in Others
⑤ Enriching Life through Consideration

04 밑줄 친 (a)~(e) 중에서 문맥상 낱말의 쓰임이 적절하지 않은 것은?

`44%` 수능 변형

① (a)　　　　② (b)　　　　③ (c)　　　　④ (d)　　　　⑤ (e)

New Words

03~04

☐ share	공유하다; 몫	☐ relationship	관계	☐ remain	~인 채로 남아있다
☐ similar	유사한	☐ expect	예상하다, 기대하다	☐ frustrated	좌절한
☐ belief	신념, 믿음	☐ fact	사실	☐ unique	독특한
☐ individual	개인, 개체	☐ beyond	~을 넘어서	☐ gift	재능, 선물
☐ background	배경	☐ intellectual	지적인	☐ surely	확실히
☐ difference	차이	☐ mix	섞다; 혼합물	☐ personal	개인적인
☐ religion	종교	☐ daily	일상의, 매일의	☐ growth	성장
☐ lasting	지속적인	☐ realistic	현실적인	☐ face	직면하다; 얼굴, 면
☐ bond	유대(관계)	☐ resist	저항하다	☐ challenge	도전; 도전하다
☐ in addition	게다가	☐ choice	선택	☐ lead a life	삶을 살다, 생활하다
☐ have ~ in common	~와 공통점이 있다	☐ rule	규칙; 통치하다	☐ enrich	향상시키다
☐ except	~을 제외하고	☐ separate	분리된; 분리하다	☐ through	~을 통하여
☐ respect	존중, 존경; 존경하다	☐ reality	현실	☐ consideration	배려, 고려

UNIT 19 장문 독해 ② – 복합장문

유 형 소 개   네 개의 단락을 제시하고 복합 문단의 이해를 측정하는 장문 독해 유형이다. 문단의 순서, 지칭 대상 추론, 내용 일치 등의 다양한 문제 유형으로 출제된다. 마지막 문제이기 때문에 시간이 부족한 경우가 종종 있으므로 시간 배분을 잘하도록 한다.

대 표 예 제   **[1~3] 다음 글을 읽고, 물음에 답하시오.**

(A)

My son Justin was five years old, and this was his first Easter egg hunt. All the children gathered behind the starting line, a yellow ribbon, and waited to begin. When the ribbon was cut, they all started running, except for Justin. "Run," I shouted, "run, Justin, hurry." But (a) he paid no attention to me.

*Easter egg hunt 부활절 달걀 찾기 행사

(B)

Then, I saw Justin bend over, and it looked like (b) he found an egg. He turned and waved his hand at me. Then, once more, he picked up something. About five minutes later, the children headed back to the starting line to show their mothers what they found. Some had one egg, some had two, and a few even had three.

(C)

He was about one hundred feet behind the rest of the kids who were racing madly to look for the hidden eggs. "Oh, (c) he won't get a thing," I said to my sister who was standing beside me. Her son Danny was one of the first of the children in front. (d) He was running quickly with other children.

(D)

At that time, I saw Justin heading my way. (e) His basket was full! *When we looked in it, we counted twelve eggs! All the other children, in their haste, ran right past these eggs, but not Justin. As he slowly walked along, he picked up the eggs that the other children ran past. Then, I learned that sometimes our kids do better when we don't push them hard.

1 주어진 글 (A)에 이어질 내용을 순서에 맞게 배열한 것으로 가장 적절한 것은? 79% 고1 03월 모의고사 변형

① (B) – (D) – (C) 　　　　② (C) – (B) – (D)
③ (C) – (D) – (B) 　　　　④ (D) – (B) – (C)
⑤ (D) – (C) – (B)

2 밑줄 친 (a)~(e) 중에서 가리키는 대상이 나머지 넷과 다른 것은? 83% 고1 03월 모의고사 변형

① (a)　　② (b)　　③ (c)　　④ (d)　　⑤ (e)

3 윗글의 Justin에 관한 내용과 일치하지 않는 것은? 82% 고1 03월 모의고사 변형

① 부활절 달걀 찾기 행사에 처음으로 참가했다.
② 글쓴이를 향해 손을 흔들었다.
③ 다른 아이들 뒤에 처져 있었다.
④ 주운 달걀을 글쓴이에게 보여주지 않았다.
⑤ 다른 아이들이 지나쳐 간 달걀을 주웠다.

·········· New Words ··········

☐ gather　모이다　　☐ bend over　구부리다　　☐ madly　맹렬히　　☐ except for　~을 제외하고
☐ shout　소리치다　　☐ head back　돌아가다　　☐ past　~을 지나서　　☐ pay attention to　주의를 기울이다
☐ starting line　출발선　　☐ in one's haste　서둘러　　☐ push　다그치다

1 주어진 문제의 유형을 확인하고, 먼저 선택지를 빠르게 읽는다.

: 유형별로 알맞은 풀이 방법을 떠올리면서 선택지를 통해 대략적인 글의 내용을 예측해본다.

2 주어진 문단을 읽으면서 전체 글의 순서를 결정한다.

: 지시어, 연결어, 한정어 등에 유의하며 문단 내 글의 순서 정하기 유형 풀이 전략과 같은 방법으로 접근한다.

3 문제 유형에 따라 중요한 단서가 되는 곳에 밑줄을 그으며 읽는다.

: 지문이 길기 때문에 문제에서 원하는 답이 있는 곳을 찾으면 바로 표시를 해두는 것이 좋다.

Check! Reading Steps

Step ONE 글을 읽기 전에 문제 유형이 무엇인지 파악한다.

⋯ 주어진 글 (A)에 이어질 내용을 순서에 맞게 배열한 것으로 가장 적절한 것은?
  (글의 순서 유형) *Unit 15 참고

⋯ 밑줄 친 (a)~(e) 중에서 가리키는 대상이 나머지 넷과 다른 것은? (지칭 추론 유형)

⋯ 윗글의 Justin에 관한 내용과 일치하지 않는 것은? (세부 내용 파악 유형) *Unit 8 참고

Step TWO 문단 내 글의 예상 순서를 정한 후, 지칭 추론 유형에 접근한다. 세부 내용 파악 유형인 내용 일치·불일치 문제는 마지막에 접근하는 것이 오답을 줄일 수 있다.

⋯ **[글의 순서 정하기]** 첫 부활절 달걀 찾기 행사에서 모든 아이들은 출발과 동시에 달리기 시작했지만 Justin은 달리지 않았다는 주어진 글 다음으로 이어질 내용을 예상한다. 다른 아이들보다 많이 뒤처져 달걀을 한 개도 줍지 못할 것이라는 글쓴이의 염려와 달리, Justin은 몸을 숙여 달걀 몇 개를 주운 후 다시 출발선으로 돌아온다. 달걀이 가득 차 있는 Justin의 가방을 통해 아이들은 오히려 다그치지 않았을 때 더 잘한다는 것을 배웠다는 글쓴이의 생각이 드러난 문단이 마지막으로 이어지는 것이 글의 순서로 가장 적절하다.

⋯ **[지칭 추론]** 주인공인 Justin 이외에 글쓴이 여동생의 아들인 Danny도 등장한다. 제2의 인물이나 사물에 주의해야 한다.

⋯ **[세부 내용 파악]** *문장을 보아, 글쓴이는 Justin의 가방 안에 열두 개의 달걀이 있다는 것을 보았다.

영어 속담 알아두기

Easier said than done.　　　　　　　　　행동보다 말이 쉽다.

Better late than never.　　　　　　　　　늦어도 안 하느니보다 낫다.

It never rains but it pours.　　　　　　　불행은 겹치는 법이다.

A stitch in time saves nine.　　　　　　제때의 한 땀이 나중의 아홉 땀을 던다. (문제는 바로 해결해라.)

Every cloud has a silver lining.　　　　고진감래 (고생 끝에 낙이 온다.)

He laughs best who laughs last.　　　　마지막에 웃는 자가 최후의 승자다.

A rolling stone gathers no moss.　　　구르는 돌에는 이끼가 끼지 않는다.

Birds of a feather flock together.　　　유유상종 (비슷한 사람끼리 어울린다.)

A friend in need is a friend indeed.　　어려울 때 친구가 진짜 친구이다.

Heaven helps those who help themselves.　하늘은 스스로 돕는 자를 돕는다.

No pains, no gains.　　　　　　　　　　고통 없이 얻는 것도 없다.

Practice makes perfect.　　　　　　　연습을 해야 발전이 있다. (연습이 완벽을 만든다.)

The more, the better.　　　　　　　　다다익선 (많으면 많을수록 좋다.)

Look before you leap.　　　　　　　　돌다리도 두드려 보고 건너라.

No news is good news.　　　　　　　무소식이 희소식

Many drops make a shower.　　　　　티끌 모아 태산

Never judge by appearances.　　　　겉모습으로 판단하지 마라.

It's no use crying over spilt milk.　　지난 일을 후회해 봐야 소용없다.

Necessity is the mother of invention.　필요는 발명의 어머니

Out of sight, out of mind.　　　　　　눈에서 멀어지면 마음에서도 멀어진다.

[01~03] 다음 글을 읽고, 물음에 답하시오.

(A)

Do you know why the Great Wall of China was built? There is a legend behind its construction. After uniting the separate kingdoms, Emperor Qin Shi Huang enjoyed nationwide peace and a life of luxury. One day, he suddenly feared his death and the loss of his power. (a) He decided to get the elixir of life.

*elixir of life 불로장생의 약

(B)

Soon, the book was handed to the emperor. He was surprised to find the line "northern tribes destroying Qin." The emperor wanted to attack them first while (b) he was powerful. So he sent several hundred thousand soldiers on the mission.

(C)

As the emperor's soldiers attacked, the unprepared northern tribes ran away to places where Qin's army could not reach them. The emperor worried he would be attacked in return. So (c) he ordered a strong wall to be built to keep out the northern forces. This is why the Great Wall was built.

(D)

At that time, a man named Lu Sheng volunteered to bring (d) him the elixir of life. Overjoyed, the emperor gave him a lot of gold and silver for his trip. Several months later, he returned, saying that he had been to a fairyland and seen those who had the elixir. He said that they had refused to give it to him, but had given (e) him a secret book instead.

01 윗글 (A)에 이어질 내용을 순서에 맞게 배열한 것으로 가장 적절한 것은? 80% 고1 03월 모의고사 변형

① (B) – (D) – (C)   ② (C) – (B) – (D)
③ (C) – (D) – (B)   ④ (D) – (B) – (C)
⑤ (D) – (C) – (B)

02 밑줄 친 (a)~(e) 중에서 가리키는 대상이 나머지 넷과 다른 것은? 69% 고1 03월 모의고사 변형

① (a)   ② (b)   ③ (c)   ④ (d)   ⑤ (e)

03 윗글의 Emperor Qin Shi Huang에 관한 내용과 일치하지 않는 것은? 75% 고1 03월 모의고사 변형

① 나라를 통일한 후 호화로운 삶을 즐겼다.
② 죽음과 권력 상실에 대한 공포를 느꼈다.
③ 책에서 자신을 찬양하는 문구를 발견했다.
④ 북방 민족의 반격을 두려워했다.
⑤ Lu Sheng에게 많은 금과 은을 지급했다.

New Words

01~03

legend	전설	loss	상실, 손실, 패배	unprepared	대비하지 못한
behind	~의 뒤에	decide	결심하다	run away	도망치다
construction	건설	soon	곧	reach	도달하다; 미치는 범위
unite	통일하다	hand	건네다; 손	in return	대가로, 보답으로
kingdom	왕국	surprised	놀란	order	명령하다; 명령, 주문, 질서
emperor	황제	line	문구, 대사, 줄	force	군대, 힘; 강요하다
nationwide	전국적인	northern	북쪽의	at that time	그때
peace	평화	tribe	민족, 부족	volunteer	자원하다; 자원 봉사자
luxury	호화, 사치	destroy	파괴하다, 파멸하다	overjoy	크게 기쁘게 하다
suddenly	갑자기	attack	공격하다; 공격	trip	여행
fear	두려워하다; 공포	several	몇몇의	fairyland	도원경, 요정의 나라
power	권력 (cf. powerful 강한)	soldier	군인	refuse	거절하다
				instead	대신에

[04~06] 다음 글을 읽고, 물음에 답하시오.

(A)

In my office, I have a framed letter from a couple of children. It reads, "Dear Dr. Brown, thanks for teaching Mr. Wills to teach Tisha and Kelly." Mr. Wills is Jeremy Wills, and (a) he was one of my students. He took my positive psychology class in college.

(B)

Soon, the reality hit Jeremy hard. Even after spending many hours preparing lesson plans, his methods were not working. When (b) he gave a math test, many students didn't even look at the exam. They just slept during the test. Jeremy became so stressed that he was even afraid to go into his classroom.

(C)

After graduation, Jeremy joined a group to teach in low-income communities. (c) He was sent to a small school in a poor county. Later, his assistant principal noticed Jeremy's high expectations and asked him to take over (d) his math class. He taught about a dozen failing "special education" kids, and Tisha and Kelly were among them.

(D)

(e) He then thought back to my class and borrowed lessons from my positive psychology class and even mentioned my name to his students. As the students' attitudes became more positive, their confidence with math grew too. At the end of the school year, 80 percent of Jeremy's students passed the state's math test.

04

주어진 글 (A)에 이어질 내용을 순서에 맞게 배열한 것으로 적절한 것은? 82% 수능 변형

① (B) – (D) – (C)
② (C) – (B) – (D)
③ (C) – (D) – (B)
④ (D) – (B) – (C)
⑤ (D) – (C) – (B)

05

밑줄 친 (a)~(e) 중에서 가리키는 대상이 나머지 넷과 다른 것은? 86% 수능 변형

① (a)　　　② (b)　　　③ (c)　　　④ (d)　　　⑤ (e)

06

윗글의 Jeremy에 관한 내용과 일치하지 않는 것은? 95% 수능 변형

① 대학에서 긍정 심리학을 수강했다.
② 많은 시간을 들여 수업 계획서를 준비했다.
③ 스트레스로 인해 교실에 들어가기를 두려워했다.
④ 졸업 후 한 단체에 소속되어 저소득 지역에서 가르쳤다.
⑤ 학년 말에 그의 학생의 80퍼센트가 수학 시험에 불합격했다.

New Words

04~06

☐ framed	액자에 넣은	☐ county	군(郡)	☐ method	방법
☐ a couple of	둘의, 몇 사람의	☐ notice	알아차리다; 공지	☐ exam	시험
☐ read	~라고 적혀[쓰여] 있다	☐ expectation	기대, 예상	☐ think back	회상하다
☐ positive	긍정적인	☐ take over	인계하다	☐ borrow	빌리다
☐ psychology	심리학	☐ dozen	12의	☐ mention	언급하다
☐ college	대학	☐ failing	낙제하는	☐ attitude	태도
☐ graduation	졸업	☐ reality	현실	☐ confidence	자신감
☐ low-income	저소득의	☐ spend	(시간을) 보내다	☐ grow	크다, 자라다
☐ community	지역사회, 공동체	☐ prepare	준비하다, 대비하다	☐ state	국가, 주
☐ assistant principal	교감	☐ plan	계획; 계획하다		

MINI TEST

01

다음 글의 주제로 가장 적절한 것은?

80% 고1 06월 모의고사 변형

Many people like to have a full calendar. How about you? When you find there is blank space on your calendar, are you uncomfortable about it? Get comfortable about having blocks of unscheduled time because important activities often take more time than you expected. Unscheduled time ensures that when something important comes along, you can still fit it in and achieve your goals. Unscheduled time protects you when a project takes longer than you expected.

① the efficiency of a tight schedule
② the necessity of having unscheduled time
③ the importance of finishing work on time
④ difficulties in time management
⑤ efforts to reduce unscheduled time

02

다음 글의 제목으로 가장 적절한 것은?

85% 고1 09월 모의고사 변형

A son asked, "Who invented the automobile?" The father told his son that in about 1886, Karl Benz invented the automobile. "Wow, he was a real genius to figure out the engine, the brakes, the spark plugs, the wheels, and how everything worked together!" "Well, someone else invented the tires; I think it was Firestone. And then there was even the person who invented the wheel..." But then he experienced a moment of realization. "I'm afraid I misled you. No one person invented all of the components of the automobile. Many people made important discoveries that led to the invention of the automobile."

① The Trap of Group Thinking
② Curiosity: A Key to Success
③ Always Think About What's Next
④ More Successes, More Good Ideas
⑤ One Great Invention, Many Inventors

03 다음 글의 밑줄 친 부분 중, 어법상 틀린 것은?

62% 고1 03월 모의고사 변형

Your parents may be afraid that you will not spend your allowance wisely. You may make some foolish spending choices, but if you ① do, the decision to do so is your own, and you will hopefully learn from your mistakes. Much of learning ② occurs through trial and error. Explain to your parents that money is something that you will have to handle for the rest of your life. It is better ③ what you make your mistakes early on rather than later in life. Explain that you will have a family someday and you need to know how ④ to manage your money. Not everything ⑤ is taught at school!

*trial and error 시행 착오

04 다음 글의 밑줄 친 부분 중, 문맥상 낱말의 쓰임이 적절하지 않은 것은?

60% 고1 03월 모의고사 변형

For most people, emotions are situational. Something in the here and now makes you mad. The emotion itself is ① tied to the situation in which it originates. As long as you remain in that emotional situation, you're likely to stay ② angry. If you leave the situation, the opposite is true. The emotion begins to ③ appear as soon as you move away from the situation. Moving away from the situation prevents it from ④ controlling you. Counselors often advise clients to get some emotional distance from anything that is ⑤ bothering them.

05

다음 빈칸에 들어갈 말로 가장 적절한 것은? 83% 고1 11월 모의고사 변형

Children observe and learn from their parents' buying behavior even though parents may not always know it. For example, a child sees his mother squeeze an orange slightly to check if it is fresh and from this observation, he learns how to tell whether a fruit is ripe. Similarly, a child observes how the mother cuts the coupons and presents them during a shopping trip. Thus, most of the consumer behavior patterns first learned by children are probably _____ of those of their parents, especially their mothers.

① duties   ② errors   ③ copies
④ causes   ⑤ necessities

06

다음 글의 빈칸에 들어갈 말로 가장 적절한 것은? 79% 고1 03월 모의고사 변형

Armand Hammer was a great businessman who died at the age of ninety-two. He was once asked how a man of his age had the energy to travel the world to do business and to meet with heads of governments. He said, "I love my work. I can't wait to start a new day. I never wake up without being full of ideas. Everything is a challenge." George Bernard Shaw, one of the most successful writers of all time, said something similar about a hundred years earlier. He wrote, "I want to be thoroughly used up when I die, for the harder I work, the more I live." I think Hammer and Shaw would agree with me that nothing can replace _____ in life.

① hard work   ② true friendship
③ a good education   ④ witty comments
⑤ careful planning

07

밑줄 친 "There is no there there."이 다음 글에서 의미하는 바로 가장 적절한 것은?

59% 고1 09월 모의고사 변형

I believe the second decade of this new century is already very different. Of course, millions of people still think success means money and power. They insist on running on that treadmill despite the cost to their well being, relationships, and happiness. Those people are looking forward to the next promotion and the next million-dollar payday, as they believe that those things will increase their self-respect and remove their dissatisfaction. But at the same time, there are more people who recognize that these are all dead ends — that they are chasing a broken dream. That we cannot find the answer in our current definition of success alone because — as Gertrude Stein once said of Oakland — "There is no there there."

*dead end 막다른 길

① People are losing confidence in themselves.
② Without dreams, there is no chance for growth.
③ We should not live according to others' expectations.
④ It is hard to realize our potential in difficult situations.
⑤ Money and power do not necessarily lead you to success.

08

주어진 글 다음에 이어질 글의 순서로 가장 적절한 것은?

75% 고1 11월 모의고사 변형

In ancient Athens, the followers of Plato gathered one day to ask themselves the following question: "What is a human being?"

(A) He shouted "Look! I present you with a human being." After the stir died down, the philosophers gathered again and improved their definition. A human being, they said, is a featherless biped with broad nails.

(B) This curious story shows the kinds of difficulties philosophers have sometimes been faced with when trying to give abstract, general definitions of what it is to be human.

(C) After much thought, they came up with the following answer: "a human being is a featherless biped." Everybody seemed satisfied with this definition until a philosopher came into the lecture hall with a live featherless chicken.

*stir 소란 **biped 두 발 동물

① (A) – (C) – (B)   ② (B) – (A) – (C)   ③ (B) – (C) – (A)
④ (C) – (A) – (B)   ⑤ (C) – (B) – (A)

09 글의 흐름으로 보아, 주어진 문장이 들어가기에 가장 적절한 곳은?

70% 고1 03월 모의고사 변형

> This is not the case for people in the suburbs.

For the most part, people in cities walk all day to go from the parking lot to the office, to shop, and to run errands. (①) It's often easier and cheaper to walk a few blocks than to wait for a taxi or subway. (②) In this way, exercise can be structured into a person's daily routine. (③) Because the suburbs are spread out, it's too far to walk to the office or to run to the store. (④) Walking to the bus stop used to provide some movement, but now most public transportation is limited, so suburban people drive everywhere. (⑤) The price that they pay is limited physical movement during the day.

*suburb 교외 **run errands 용무를 보다

10 다음 글의 내용을 한 문장으로 요약하고자 한다. 빈칸 (A)와 (B)에 들어갈 말로 가장 적절한 것은?

65% 고1 06월 모의고사 변형

On a Sunday evening some years ago, we were driving from New York City to Princeton as we had done every week for a long time. We saw an unusual sight: a car on fire by the side of the road. When we reached the same spot of the road the following Sunday, another car was burning there. But this time, we found that we were less surprised on the second occasion than we had been on the first. This was now "the place where cars catch fire." Because the same kind of accident occurred again, we were prepared to see it.

↓

> The _____(A)_____ of the same kind of accident _____(B)_____ the surprise of seeing it.

(A)	(B)		(A)	(B)
① repetition	⋯⋯ reduced		② repetition	⋯⋯ increased
③ prevention	⋯⋯ revealed		④ prevention	⋯⋯ reduced
⑤ analysis	⋯⋯ increased			

[11~12] 다음 글을 읽고 물음에 답하시오.

Imagine *Jaws* without a hungry great white shark, *Superman* without Kryptonite, or the tale of Little Red Riding Hood without a scary wolf: The teenagers would have had a great summer at the beach, Superman would not have had a worry in the world, and Little Red Riding Hood would have visited her grandmother and then gone home. Words like "boring" and "predictable" come to mind! Movie director Nils Malmros once said, "Paradise on a Sunday afternoon sounds great, but it sure is (a) boring on film." In other words, too much harmony and not enough conflict makes a story that is about as exciting as watching paint dry.

Conflict is the driving force of a good story. No conflict, no story. But why is this the case? The answer lies in human (b) nature. As humans, we naturally look for balance and harmony in our lives. We simply don't like being (c) harmonious with our surroundings and ourselves. So as soon as harmony is disrupted, we do anything that we can to (d) restore it. We avoid unpleasant situations, feelings of stress, or anxiety. If we have an unresolved problem with our loved ones or our colleagues, it bothers us until we solve it and return to a state of harmony. When faced with a problem or a conflict, we naturally seek a solution. Conflict forces us to act. Thus, a story is set in motion by a change that (e) disturbs this sense of harmony.

*driving force 추진력

11 윗글의 제목으로 가장 적절한 것은?   77% 고1 09월 모의고사 변형

① How to Be a Good Movie Actor   ② Conflict: The Key to a Good Story
③ What Causes Conflicts among People?   ④ Everyone Can Be Someone's Superhero
⑤ Make a Difference by Changing Yourself

12 밑줄 친 (a)~(e) 중에서 문맥상 낱말의 쓰임이 적절하지 <u>않은</u> 것은?   47% 고1 09월 모의고사 변형

① (a)   ② (b)   ③ (c)   ④ (d)   ⑤ (e)

01

다음 글의 주제로 가장 적절한 것은?

81% 고1 11월 모의고사 변형

Across the developing world today, the "mobile health" revolution — mobile phones used as tools for healthcare — is responsible for a number of improvements. Mobile phones are now used to connect patients to doctors, to monitor drug distribution, and to share basic health information. Mobile phones are tools to send reminders about medication and appointments to patients. The central problems of health sectors in poor places — clinics without enough staff, patients in remote places, and misinformation about vaccines and disease prevention — will all find at least partial solutions through connectivity.

*reminder 잊지 않도록 해주는 신호, 상기시켜 주는 것

① the dangers of the mobile phone revolution
② the benefits of mobile phones in health care
③ the limitations of mobile healthcare service
④ ways to improve medical device connectivity
⑤ the importance of distributing vaccines in poor areas

02

다음 글의 제목으로 가장 적절한 것은?

82% 고1 03월 모의고사 변형

While you are at work, you may dream about a month of Sundays, but your boss wishes for a week of Tuesdays. What makes Tuesday special? Monday is overloaded with meetings to "get things moving." Wednesday is "hump day." Just get over it, a worker thinks. On Thursday, people become tired, and on Friday, everybody is thinking about the weekend. On Tuesdays, employees hit peak performance because they are very focused on day-to-day activities. Tuesday is also usually the first day of the week when they're focused on their own tasks.

*hump 고비, 난관

① Do You Want to Be More Creative?
② What Your Workers Are Waiting For
③ Weekends Make You More Productive
④ How to Make Your Own Weekly Schedule
⑤ Why Is Tuesday the Most Productive Day?

03

다음 글의 밑줄 친 부분 중, 어법상 틀린 것은?　　　　60% 고1 03월 모의고사 변형

　　Skateboarding is one of the best ways to replace snowboarding when there is no snow. They are almost the same in that the actions include riding and performing tricks ① using a board. However, the difference is that in skateboarding, asphalt hurts ② much more than snow when you fall on the ground. Be sure to wear a helmet, wrist guards, and elbow pads even if your friends point and ③ laugh. Skate parks provide safe environments ④ keep your board skills improved. In addition, a long downward road without any intersections could be the perfect area ⑤ where you practice basic skills.

04

다음 글의 밑줄 친 부분 중, 문맥상 낱말의 쓰임이 적절하지 않은 것은?　　　　58% 고1 11월 모의고사 변형

　　Suppose we wish to create yellow by mixing red and green paints. If we mixed the paints together, we would ① fail to get the expected result and would get a reddish color instead. The reason is that the paints were mixed together so that their effects on ② light interfered with each other. But suppose many small red dots were painted. From a distance, it would look like ③ solid red. Similarly, many small green dots could be painted on the same paper, never ④ overlapping the red dots. From up close, the small red and green dots would be seen. From a distance, far enough back so that the individual dots would be ⑤ visible, the eye would get a mixture of red and green light. The light would look yellow.

*interfere 간섭하다

05

다음 글의 빈칸에 들어갈 말로 가장 적절한 것은?  70% 고1 03월 모의고사 변형

On a recent flight to Asia, I met Debbie. She was warmly greeted by all of the flight attendants. As I was amazed by all the attention to her, I asked if she worked at the airline. She did not, but she deserved the attention, for this flight marked the milestone of her flying over 4 million miles with this same airline. During the flight, I learned that the airline's CEO personally called her to thank her for using their service for a long time. Debbie was able to receive this special treatment for one very important reason: she was a _____ customer to that one airline.

* milestone 획기적인 사건

① courageous   ② loyal   ③ complaining

④ dangerous   ⑤ temporary

06

다음 글의 빈칸에 들어갈 말로 가장 적절한 것은? 77% 고1 03월 모의고사 변형

One of the most important skills you can develop in human relationships is the ability to _____. It's one of the keys to satisfying customers, maintaining a marriage, and raising children. All human interactions are improved by the ability to put yourself in another person's shoes. How? Look beyond yourself, your own interests, and your own world. When you work to examine a problem while considering another's history and discover the interests and concerns of others, you begin to see what others see. And that is a powerful thing.

① make old things new   ② forgive others' mistakes

③ know what you really want   ④ express your feelings honestly

⑤ see things from others' points of view

07

밑줄 친 in the "sweet spot"이 다음 글에서 의미하는 바로 가장 적절한 것은?

64% 고1 06월 모의고사 변형

In life, the best things aren't so great in excess. This concept was discussed by Aristotle. He argued that being good means finding a balance. For example, people should be brave, but if someone is too brave they become careless. People should be trusting, but if someone is too trusting they are considered foolish. For each of these traits, it is best to avoid both lack and excess. The best way is to live in the "sweet spot" that maximizes well being. Aristotle's suggestion is that good ness is the midpoint, where someone is neither too generous nor too mean, neither too afraid nor too brave.

① at the time of a biased decision
② in the area of richness
③ away from social pressure
④ in the middle of two extremes
⑤ at the moment of instant pleasure

08

주어진 글 다음에 이어질 글의 순서로 가장 적절한 것은?

72% 고1 03월 모의고사 변형

My mother and I are walking to Fanelli's market. A neighbor calls my mother. As they talk, I wander into my neighbor's backyard.

(A) She makes the best barking sound that a human can make. The dog cries and runs away. My mother says, "You have to show them who's the boss!"

(B) Suddenly, a German shepherd jumps at me. Awowwow! I start screaming. My mother runs to me and asks, "What is it?" I say, "It's a dog!" She asks, "A dog? Around there?"

(C) I nod. She takes me around the house. The dog yells again. Awowwowow! I jump back. But my mother pulls me forward, and she barks back at the dog.

① (A) – (C) – (B)   ② (B) – (A) – (C)   ③ (B) – (C) – (A)
④ (C) – (A) – (B)   ⑤ (C) – (B) – (A)

09 다음 글의 흐름으로 보아, 주어진 문장이 들어가기에 가장 적절한 곳은? 69% 고1 11월 모의고사 변형

> To prove this theory was wrong, Newton reversed the process.

Sir Isaac Newton experimented with prisms, light, and color. (①) One experiment involved refracting white light through a prism. (②) The results showed that light could actually be broken down into seven individual colors: red, orange, yellow, green, blue, indigo, and violet. (③) Until this discovery, people believed that a prism somehow "colored" the light that passed through it. (④) He projected the colors back into the prism, which resulted in pure white light. (⑤) Artists and scientists were amazed by this discovery that light is the source of all color.

*refract 굴절시키다

10 다음 글의 내용을 한 문장으로 요약하고자 한다. 빈칸 (A)와 (B)에 들어갈 말로 가장 적절한 것은?

63% 고1 03월 모의고사 변형

Most people think their conscious minds control everything they do. They generally believe the conscious mind directs their actions. These beliefs are false. Consider walking, for example. It is something that most people do over and over all day long. Do you consciously control the movements of your legs and feet? Does your conscious mind have to say, "Now pick up the left foot, swing it forward, hold it high, set down the heel, roll forward," and so on? Of course not. Most of the time, walking is done without conscious thoughts or intentions.

*conscious 의식적인

↓

_____(A)_____ what we generally believe, some of our actions are done _____(B)_____.

	(A)		(B)		(A)		(B)
①	Like	·····	emotionally	②	Like	·····	automatically
③	Unlike	·····	emotionally	④	Unlike	·····	automatically
⑤	Unlike	·····	irregularly				

[11~12] 다음 글을 읽고, 물음에 답하시오.

When *Harry Potter and the Deathly Hallows*, the seventh and final volume of J. K. Rowling's fantasy series about the adventures of a boy wizard, was released in the United States in 2007, it sold 8.3 million copies in its first 24 hours on sale. Was the last *Harry Potter* book that good? Perhaps it and the earlier six volumes were (a) brilliant despite the fact that eight publishers declined to publish the first volume. But although success is at least partly determined by intrinsic quality, it is also (b) possible that what people come to like depends very much on what others like. In such a world, the explanation for why a certain book becomes a hit may be as (c) simple as this publisher's: "It sold well because lots of people bought it." Because social information is now shared much more (d) narrowly across virtual and actual borders than in the past, cultural artifacts such as books and movies can now "snowball" in popularity in ways they could not a century ago. Little differences in performance or product quality change into (e) vast differences in payoff.

*decline 거절하다 **intrinsic 자체의, 고유한

11 윗글의 제목으로 가장 적절한 것은? 75% 고1 11월 모의고사 변형

① What You Read Shows Who You Are
② Books vs. Movies: An Endless Debate
③ Popularity Greatly Affects Product Success
④ Creativity: An Essential Quality of a Novelist
⑤ How Do Popular Movies Influence Political Views?

12 밑줄 친 (a)~(e) 중에서 문맥상 낱말의 쓰임이 적절하지 <u>않은</u> 것은? 64% 고1 11월 모의고사 변형

① (a)　　② (b)　　③ (c)　　④ (d)　　⑤ (e)

01 다음 글의 주제로 가장 적절한 것은?

87% 고1 11월 모의고사 변형

What Hippocratic ideas are still in practice today? Though Hippocrates lived nearly 2,500 years ago, many of his ideas sound familiar today. He asked about the family health history to see if any relatives had suffered from similar diseases. He asked questions about the patient's home to see if his or her environment might have caused the illness. He found that diet played an important role in preventing disease. Hippocrates understood emotional stress. He even made suggestions on bedside manners. He said physicians should pay as much attention to the comfort and welfare of the patient as to the disease itself.

*bedside manner (의사가) 환자를 대하는 태도

① various fields of Western medicine
② common beliefs in Hippocrates' time
③ diagnoses and treatments in ancient times
④ preventive measures in traditional medicine
⑤ Hippocratic ideas in today's medicine

02 다음 글의 제목으로 가장 적절한 것은?

73% 고1 03월 모의고사 변형

If you want to improve your muscles, it can be very attractive to push your body beyond its limits. Many people may agree that exercise should be painful. But the truth of the matter is that this is a very dangerous idea. Fatigue and pain are your body's ways of saying that it is in danger and is overworked. While a good workout should offer pressure and challenges, it should never be painful. Likewise, you should never push your body every day.

*fatigue 피로

① How to Cure Muscle Pain
② A Shortcut to Weight Loss
③ Need Muscles? Go to the Gym!
④ What Makes You Look Attractive?
⑤ Painful Exercise: The Wrong Answer

03

다음 글의 밑줄 친 부분 중, 어법상 틀린 것은?　　　44% 고1 06월 모의고사 변형

　　Greg felt like a failure if he didn't get a perfect score on any of his exams. A grade of 95 left him ① asking, "How did I fail to achieve a 100?" Greg realized that his desire for perfection was putting him into a state of stress. He decided ② to manage his stress. He came up with the creative idea of ③ posting notes everywhere with the simple message, "A 92 is still an A." Gradually, these simple notes allowed Greg to have a different point of view and ④ realized that he didn't have to be perfect at everything. He still could earn an A in class but with ⑤ much less pressure.

04

다음 글의 밑줄 친 부분 중, 문맥상 낱말의 쓰임이 적절하지 않은 것은?　　　49% 고1 06월 모의고사 변형

　　Most people think that if they're going to start on a six-month expedition, they should take a ton of items to prepare for all the possible challenges. However, the ① experience of professional backpackers teaches us the exact opposite: the longer the backpacking trip, the ② less you should carry. It's better to carry a ③ light pack and to resupply every four days or so. Because it's ④ possible for the average backpacker to carry more than 10 days of food, a long-distance backpacker must ⑤ resupply along the way.

*expedition 탐험

05

다음 빈칸에 들어갈 말로 가장 적절한 것은?

People think identical twins are exactly alike in every way: they look alike, they wear the same clothes, and they share the same likes and dislikes. Parents of identical twins, however, know differently. In fact, identical twins are _____ individuals. For example, my own children have always shown about a twenty-five percent difference in their weight. They don't act alike either. One likes to dance; the other likes to play basketball. Certainly, we encourage them to pursue their individual interests, but they decide to do these activities all on their own.

① active   ② paired   ③ unique
④ talented   ⑤ thoughtful

06

다음 빈칸에 들어갈 말로 가장 적절한 것은?

When you write e-mail messages to people you don't know well or to people in higher positions, there are a few things that you need to remember. One of them is _____. You shouldn't cause your readers problems with messages that are too long or include unnecessary information. If, for example, you need to cancel an appointment or miss class because you are ill, there is no need to describe the illness. A simple statement that you are ill and unable to get to class or to an appointment is fine.

① to use common expressions   ② to express requests politely
③ to keep your messages brief   ④ to start with casual greetings
⑤ to respond to messages quickly

07

밑줄 친 the omnivore's paradox가 다음 글에서 의미하는 바로 가장 적절한 것은?

65% 고2 09월 모의고사 변형

Humans are omnivorous, meaning that they can eat and digest plants and animals in their surroundings. The main advantage to this is that they can adapt to nearly all earthly environments. The disadvantage is that no single food provides the nutrition necessary for survival. Humans must be flexible enough to eat a variety of foods for physical growth and maintenance, yet careful enough not to randomly eat foods that are physiologically harmful. This dilemma is known as the omnivore's paradox. It causes two contradictory psychological impulses about diet. The first is an attraction to new foods; the second is a preference for familiar foods.

*omnivorous 잡식성의 **physiologically 생리학적으로

① the irony of wanting but disliking nutritious food
② the conflict between vegetarians and meat eaters
③ the sacrificing quality of food for quantity of food
④ the difficulty in judging whether something is edible
⑤ the need to be both flexible and careful about foods

08

주어진 글 다음에 이어질 글의 순서로 가장 적절한 것은?

70% 고1 03월 모의고사 변형

Suppose you come home from school to find a cushion torn apart on the living room floor.

(A) As she jumps into your arms, you find that she is covered with pieces of the cushion's stuffing. You know that you were the last person to leave that morning.

(B) The stuffing has been pulled out, and small pieces of it are everywhere. As you set down your backpack, your dog runs toward you.

(C) You think about this information and come up with a possible explanation, based on the facts, that she tore apart the cushion. This process is called drawing a conclusion.

*stuffing (쿠션에 넣는) 속

① (A) – (C) – (B)　　　② (B) – (A) – (C)　　　③ (B) – (C) – (A)
④ (C) – (A) – (B)　　　⑤ (C) – (B) – (A)

09

글의 흐름으로 보아, 주어진 문장이 들어가기에 가장 적절한 곳은?　80% 고1 06월 모의고사 변형

> For example, Anika, an Indian Ocean bottlenose dolphin, started to imitate Tommy, a fur seal in the same tank.

　　Dolphins love to imitate. (①) Often, an untrained dolphin in an aquarium watches another dolphin's actions and then does the actions perfectly without training. (②) But dolphins don't limit themselves to imitating each other. (③) Unlike a dolphin, she lay on her side to imitate Tommy's sleeping position. (④) As Tommy did, she also lay belly-up on the surface of the water. (⑤) This put her blowhole underwater, so she sometimes had to turn over to breathe.

*blowhole (고래의) 숨구멍

10

다음 글의 내용을 한 문장으로 요약하고자 한다. 빈칸 (A)와 (B)에 들어갈 말로 가장 적절한 것은?

61% 고1 06월 모의고사 변형

　　People adopt the attitudes of those they spend time with; their mindsets, beliefs, and approaches to challenges. When someone on a team is rewarded for his good deeds, others are likely to show similar characteristics. When a leader keeps her hope in the face of a bad situation, others admire that quality and want to be like her. When a team member shows a strong work ethic and begins to have a positive impact, others imitate him. Attitude is contagious: People become inspired by the good examples of their peers.

*contagious 전염성이 있는

| A positive attitude is likely to _____(A)_____ when it is _____(B)_____ others. |

	(A)		(B)
①	spread	⋯⋯	disagreed by
②	spread	⋯⋯	exposed to
③	change	⋯⋯	exposed to
④	change	⋯⋯	disagreed by
⑤	develop	⋯⋯	disagreed by

[11~12] 다음 글을 읽고, 물음에 답하시오.

What do you get from the air around you? You can't see it, but you (a) take it in every breath. It's a gas called oxygen. All animals need oxygen. Animals that live in water get their oxygen from the water. Plants also need gases from the air. They need CO_2 to make food during the day and oxygen to (b) use food at night.

Where do these gases come from? They come from plants and animals! Plants make oxygen, a gas that animals (c) produce. Animals give off CO_2, a gas that plants need. Animals and plants take part in the CO_2 and oxygen cycles. The CO_2 and oxygen cycles are the (d) trading of these two gases. The gases move from one population to another in both water and land ecosystems. If gases were used up instead of being (e) exchanged, living things would die.

*population 생물 집단

11 윗글의 제목으로 가장 적절한 것은?   39% 고1 03월 모의고사 변형

① Water and Land Ecosystems
② How Do Living Things Use Air?
③ The Life Cycles of Water Animals
④ Why Is the Earth Getting Warmer?
⑤ Oxygen: The Gas Living Things Need the Most

12 밑줄 친 (a)~(e) 중에서 문맥상 낱말의 쓰임이 적절하지 <u>않은</u> 것은?   63% 고1 03월 모의고사 변형

① (a)   ② (b)   ③ (c)   ④ (d)   ⑤ (e)

MEMO

MEMO

MEMO

MEMO

MEMO

수능 영어를 향한 가벼운 발걸음

2nd Edition

맨처음 수능 영어

유형독해
기본편

정답 & 해설

대 표 예 제
정답 ①

독자 여러분께,

    *The Kitchens*를 구독해 주셔서 감사합니다. 잠시 시간을 내서 이 글을 읽어주세요. 당신의 '꿈의 부엌' 파일을 만들기 위한 잡지 속의 아이디어를 모두 읽으신 후에, 이 잡지를 재활용해 주시기를 여러분께 부탁드립니다. 요즘 잡지의 20% 정도만이 가정에서 재활용되고 있는데, 우리는 그것을 바꾸고 싶습니다.

    잡지 재활용을 좀 더 자주 함으로써, 잡지에 사용되는 나무 섬유의 양을 줄일 수 있습니다. 이것은 더 적은 나무들이 베어질 것을 의미합니다. 오늘도, 그리고 항상 재활용을 해주세요.
편집장 Olivia Clagett 올림
oclagett@kmus.com

해설

잡지를 구독하고 있는 사람들에게 필요한 부분을 다 읽은 후 재활용을 권하는 글이다. 따라서 이 글의 목적으로 가장 적절한 것은 ①이다.

어휘

recycle	재활용하다
reduce	줄이다
magazine	잡지
wood fiber	나무 섬유
cut down	~를 베다
fewer	더 적은
the amount of	~의 양
take a moment	잠시 시간을 갖다
editor in chief	편집장

유형 연습하기   정답 01 ② 02 ③ 03 ②   본문 p.14

01
정답 ②

사랑하는 Harriet에게,

    나는 너의 편지를 받고 네가 Royal Holloway에 입학하게 된 것을 알고서 매우 기뻤어. 그곳은 좋은 대학이고, 그 역사학과가 특히 강하다는 것을 알고 있어. 나는 그것이 왜 너의 첫 번째 선택이었는지를 알 수 있고, 너로 인해 매우 기뻐. 넌 그 대학에 들어가기 위해 열심히 공부했고, 넌 너의 성공을 누릴 만해. 나는 네가 아주 자랑스럽구나. 정말 잘했어, Harriet! 너의 대학에서 행복한 시간을 보내기를 진심으로 기원한다.
사랑을 담아,
Elaine

해설

Harriet이 열심히 공부해서 원하던 대학에 들어간 것을 축하하는 글이다. 따라서 이 글의 목적으로 가장 적절한 것은 ②이다.

어휘

dear	사랑하는, ~에게
glad	기쁜
receive	받다
accept	수락하다, 입학시키다
college	대학
department	학과, 부서
especially	특히
choice	선택
work	공부하다, 작업하다
enter	들어가다, 입학하다
deserve	받을 만하다
success	성공
be proud of	~을 자랑스러워 하다
with love	(편지 맺음말) 사랑을 담아

02
정답 ③

친애하는 White 선생님께,

    저의 아들 Michael은 농구 경기 후 학교에서 어제 오후 6시경에 집으로 왔고, 네 개의 숙제가 있었습니다. 오후 11시까지 그는 겨우 세 개를 마쳤습니다. 과학, 수학, 영어(입니다). 그가 당신의 숙제를 하려고 했을 때, 저는 그를 멈췄습니다. 그는 피곤해 보여서, 저는 그에게 자라고 말했습니다. 저는 제가 당신에게 편지를 쓰고 상황을 설명하겠다고 그에게 약속했습니다. 그가 그것을 주말에 해서 다음 주 월요일에 그것을 제출하는 것이 가능할까요? 당신이 이에 동의해줄 수 있다면, 우리는 매우 감사할 것입니다.
진심으로,
Dorothy Williams 올림

해설

아들이 농구 경기 후에 숙제를 네 개나 가지고 집으로 왔는데, 세 개는 마쳤으나 White 선생님의 숙제를 마치기에는 너무 피곤해서 그것을 미뤄줄 수 있는지 문의하는 내용으로, 이 글의 목적으로 가장 적절한 것은 ③이다.

어휘

get home	집에 도착하다[오다]
assignment	숙제 (= homework)
math	수학
be about to	막 ~하려 하다
look	~처럼 보이다
tired	피곤한
promise	약속하다; 약속
explain	설명하다
situation	상황
possible	가능한
allow	허락하다
hand in	제출하다
agree	동의하다
(Yours) sincerely	(편지 맺음말) 올림

03

Johnson 코치님께

　제 이름은 Christina Markle입니다. 저는 Bradly Markle의 엄마입니다. Bradly와 저는 귀하가 올해 또다시 하계 체조 캠프를 개최한다는 것을 알고 신이 났습니다. 그래서 저는 등록을 했고 7월 13일부터 17일까지의 두 번째 주 프로그램에 환불이 안 되는 보증금을 지급했습니다. 그러나 오늘 저는 우리 가족이 7월 13일에 여행에서 돌아올 예정이라는 것을 기억해 냈고, 그래서 Bradly는 프로그램의 첫날에 참가할 수가 없을 것 같습니다. 저는 그가 세 번째 주 프로그램으로 바꿀 수 있는지 알고 싶습니다. 그게 가능한지 저에게 알려 주세요. 감사합니다.

진심으로,

Christina Markle 드림

해설

아이가 하계 체조 캠프의 두 번째 주 프로그램에 등록하였으나, 프로그램이 시작되는 첫날에 가족이 여행에서 돌아오는 날이라, 세 번째 주 프로그램으로 바꿀 수 있는지를 묻는 내용으로, 이 글의 목적으로 가장 적절한 것은 ②이다.

어휘

excited	신이 난, 흥분한
learn	알게 되다, 배우다
hold	개최하다
gymnastics	체조
sign up	등록하다
from A to B	A에서 B까지
pay	지급하다
trip	여행
afraid	두려운
be able to	~할 수 있다
make it	참석하다, 시간에 맞춰 가다
change	바꾸다; 잔돈
let	~하게 하다, 허락하다

⊃UNIT 02 심경·분위기 파악

본문 p.16

대 표 예 제

정답 ②

　열두 살 된 아들과 나는 여행 후 집으로 돌아오고 있었다. 주방의 옆문에 들어갔을 때 나는 즉시 무엇인가 잘못되었다는 것을 알았다. 불을 켜기도 전에 나는 집이 놀랄 만큼 춥다는 것을 알아차렸다. 스위치를 켰을 때 모든 것이 무질서하다는 것을 알게 되었다. 싱크대 위 창문이 깨져 있었고, 수백 개의 유리 조각이 부엌 바닥을 엉망으로 만들었다. 다리가 너무 떨려 나는 거의 가만히 서 있을 수가 없었다. 나는 아들의 팔을 붙잡고 "누군가 침입했고 아직 안에 있을지도 몰라."라고 속삭였다. 우리는 이웃집으로 달려갔다.

해설

싱크대 위 창문은 깨져 있었고 수백 개의 유리 조각이 부엌 바닥에 있는 것으로 보아 글쓴이의 심경으로 가장 적절한 것은 ② scared(겁먹은)이다.

① 죄책감을 느끼는　③ 감사하는
④ 지루한　　　　　⑤ 자랑스러운

어휘

enter	들어가다
turn ~ on	(불을) 켜다
right away	즉시
realize	깨닫다
amazingly	놀랄 만큼
out of order	무질서한, 고장 난
hardly	거의 ~아니다
whisper	속삭이다
make a mess	엉망으로 만들다
break in	침입하다

유형 연습하기
정답 01 ①　02 ③　03 ②　　본문 p.18

01

정답 ①

　어느 날 나는 버스 정류장에 앉아 있었다. 버스가 도착했을 때, 나는 그냥 올라탔다. 나는 집에 도착할 때까지 내가 버스 정류장의 벤치 위에 나의 지갑을 두고 왔다는 것을 깨닫지 못했다. 모든 나의 현금이 내 지갑에 있었기 때문에 내 심장은 더 빠르게 뛰기 시작했다. 나는 서둘러 택시를 잡고 그 버스 정류장으로 돌아갔다. 내가 그 버스 정류장에 도착했을 때, 나는 미친 듯이 내 지갑을 찾기 시작했다. 바로 그 순간, 벤치 밑에서 친숙한 무언가가 내 눈길을 사로잡았다. 그것은 내 지갑이었고, 다행히도 나의 모든 돈은 여전히 그 안에 있었다.

해설

지갑을 버스 정류장에 두고 집에 도착해서 불안해했고, 서둘러 택시를 타고 버스 정류장으로 돌아가서 지갑을 다시 찾아서 안도했다는 내용으로, 'I'의 심경 변화로 가장 적절한 것은 ① 불안한 → 안도한(anxious → relieved)이다.

② 질투하는 → 부끄러운
③ 흥분한 → 실망한
④ 외로운 → 흥분한
⑤ 무관심한 → 궁금한

어휘

hop on	올라타다
realize	깨닫다, 실현하다
purse	지갑
beat	(심장이) 뛰다
cash	현금
catch a taxi	택시를 잡다
madly	미친 듯이
search for	~을 찾다
at that moment	그 순간에
catch one's eye	눈을 사로잡다
familiar	친숙한, 익숙한

luckily 다행히도
relieved 안도한
jealous 질투하는
ashamed 부끄러운
disappointed 실망한
lonely 외로운
indifferent 무관심한
curious 궁금한

02 정답 ③

비행기 한 대가 이륙을 위해 바다를 향하여 활주로를 달리기 시작했다. 그 공항은 아름다운 백사장 해변으로부터 단지 1마일 떨어져 있었다. 큰 소리가 나기 전 비행기는 공중에 몇 초 동안만 떠 있었다. 화염이 엔진 중 한 곳에서 나왔다. 관제탑에 있는 사람들은 조종사가 "나는 돌아갑니다!"라고 말하는 소리를 들었다. 그러고 나서, 두 번의 폭발이 더 있었다. 비행기는 관제탑 레이더 화면에서 사라졌다. 경찰이 현장에 도착했을 때, 비행기의 절반 이상이 이미 바다에 가라앉아 있었다.

해설

비행기가 이륙한 후 몇 초 되지 않아 엔진 중 한 곳에 불이 났고, 이어서 두 번의 폭발이 더 있었다는 글의 내용으로 보아, 이 글의 분위기로 가장 적절한 것은 ③ 긴급한(urgent)이다.
① 축제의
② 평화로운
④ 유머러스한
⑤ 지루한

어휘

runway 활주로
ocean 바다, 대양
takeoff 이륙
airport 공항
loud 커다란
bang 쾅하는 소리
pilot 조종사
control tower 관제탑
explosion 폭발
disappear 사라지다
arrive at ~에 도착하다
scene 현장, 장면
festive 축제의
peaceful 평화로운
urgent 긴급한
humorous 유머러스한
boring 지루한
sink 가라앉다 (sink-sank-sunk)

03 정답 ②

Jess는 한 발을 더 앞으로 내디뎠다. 수위가 그녀의 무릎에서 허리로 갑자기 올라왔다. 그녀의 다리는 흔들거리기 시작했으며, 그녀는 그녀의 몸이 굳어지는 것을 느꼈다. 갈대가 있을 수도 있고, 혹은 그녀가 알지 못하는 다른 위험 요소가 있을 수도 있었다. 그녀는 도시 소녀로서 시골에 대한 경험이 거의 없었으며, 강물에서 수영한 경험은 하나도 없다는 것이 걱정되었다. 그것은 충분히 안전해 보이지는 않았지만, 그녀는 돌아가고 싶지 않았다. 심호흡하고 그녀는 물의 안쪽으로 자신을 밀어 넣었다. 그것은 좋고 시원하게 느껴졌으며, 그녀가 처음 들어갔을 때만큼 너무 차갑지 않았다. 물이 그녀를 반갑게 맞이하고 포용해 주는 것 같았다.

해설

도시 소녀인 Jess는 처음에는 강물에 들어가는 것이 걱정되고 두려웠으나, 점차 물에 들어가는 느낌을 좋아하게 되었다는 내용으로 Jess의 심경 변화로 가장 적절한 것은 ② worried(걱정스러운) → pleased(기뻐하는)이다.
① 지루한 → 즐거워하는
③ 즐거운 → 겁에 질린
④ 흥분된 → 슬픈
⑤ 두려운 → 실망한

어휘

take a step 발을 디디다
forward 앞으로
water level 수위, 수면
shake 흔들리다, 떨다
danger 위험요소, 위험
concerned 걱정스러운
experience 경험; 경험하다
countryside 시골
none 하나도[아무도] ~ (않다)
turn back 돌아가다
take a breath 숨을 쉬다, 호흡하다
deep 깊은; 깊이
freezing 몹시 차가운
hug 포용하다
bored 지루한
amused 즐거워 하는
joyous 즐거운
terrified 겁에 질린
disappointed 실망한

ΣUNIT 03 함축적 의미 파악 본문 p.20

대 표 예 제 정답 ④

미국에서 새 휴대전화를 위해 14-18개월마다 그들의 현재 휴대전화를 버릴 1억 4천만 명 이상의 휴대전화 사용자들이 있다. 나는 그런 종류의 사람은 아니다. 사실 나는 배터리를 다 쓸 때까지 내 휴대전화

를 사용한다. 그 때가, 교체용 배터리를 사야 할 시간이다. 그러나 나는 최신 휴대전화에 더 새로운 기술이 있기 때문에 그 배터리와 그 휴대전화가 더 이상 만들어지지 않는다고 듣게 된다. 그것이 전형적인 설명이다. 그 휴대전화는 심지어 그렇게 오래되지 않았다. 아마도 1년 좀 넘게? 나는 단지 한 사례일 뿐이다. 얼마나 수많은 다른 사람들이 이와 똑같은 시나리오를 갖는지 당신은 상상할 수 있는가? '전자 폐기물'에 대해서, 휴대전화들이 선두에 있다는 것은 놀랍지 않다.

해설

수많은 미국인들이 새 휴대전화기를 위해 현재의 전화기를 버리는 상황에서, 필자는 구형의 휴대전화를 배터리를 교체하여 사용하고자 하지만 제조사에서는 더 이상 만들지 않아 전자 폐기물이 된다는 글로, 밑줄 친 부분이 의미하는 바로 가장 적절한 것은 ④ '그들이 여전히 이용할 수 있는 휴대폰을 교체하도록 이끌려지는지'이다.
① 업데이트 프로그램에 잦은 문제를 가지고 있는지
② 비용 문제 때문에 새로운 기술을 살 여유가 없는지
③ 그들의 휴대전화를 수리하는데 많은 돈을 사용하는지
⑤ 최신 휴대전화 모델들에 실망하는지

어휘

throw away	버리다
current	현재의
run out	다 쓰다
replacement	교체
technology	기술
latest	최신의
typical	전형적인
explanation	설명
countless	수많은, 셀 수 없는
scenario	시나리오, 각본
no wonder	~라는 것은 놀랍지 않다
take the lead	선두에 있다
frequent	잦은
usable	이용할 수 있는

유형 연습하기 정답 01 ③ 02 ⑤ 03 ⑤ 본문 p.22

01 정답 ③

많은 논쟁에서 첫 번째로 저지르는(잃어버리는) 것 중에 하나가 화내는 것이라는 점을 우리는 알고 있다. "침착함을 유지해"라고 말하는 것은 쉽지만, 여러분은 어떻게 그것을 할 것인가? 때때로 논쟁에서 상대방은 여러분을 화나게 하려고 노력한다. 그들은 여러분을 화나게 하기 위해 의도적으로 계획된 것들을 말할 수도 있다. 그들은 만약 자신들이 여러분의 침착함을 잃게 한다면, 여러분은 어리석은 것을 말할 것이며, 여러분은 단지 화를 내고, 여러분이 그 논쟁에서 아마 이기지 못할 것이란 것을 안다. 그러니 속아 넘어가지 마라. 그들이 여러분의 화를 야기하는 것들을 말할 수도 있지만, 침착한 답변으로 대응하는 것이 가장 효과적일 것 같다. 정말로, 어떤 주의 깊은 청자라도 여러분이 '미끼를 물지' 않았다는 사실에 감탄할 것이다.

해설

상대방이 논쟁에서 여러분을 화나게 하고자 의도적으로 계획된 말을 할 수도 있지만, 거기에 속아 넘어가지 말고 침착함을 유지하라는 것이 글의 주된 내용이다. '미끼를 무는' 것은 상대방이 여러분을 화나게 만드는 말을 하는 것이므로, 밑줄 친 부분이 의미하는 바로 가장 적절한 것은 ③ '화를 내지'이다.
① 침착하지　　　② 자신을 비난하지
④ 청중의 말을 듣지　⑤ 여러분의 행동에 대해 사과하지

어휘

temper	화
argument	논쟁
cool	침착한; 침착함
intentionally	의도적으로
annoy	화나게 하다
lose one's temper	화를 내다
respond	대응하다
be likely to	~할 것 같다
effective	효과적인
indeed	정말로
careful	주의 깊은
admire	감탄하다
rise to the bait	미끼를 물다
calm	침착한
blame	비난하다
audience	청중, 관중
apologize	사과하다
behavior	행동

02 정답 ⑤

여러분의 선택이 다른 사람들의 것(선택)에 영향을 미칠지를 결정하는 중요한 요인이 있다. Adélie 펭귄들이 먹이를 찾아 물가를 향해 큰 무리를 지어 거니는 것이 종종 발견된다. 하지만 얼음같이 차가운 물 속에 위험이 기다리고 있다. 식사로 펭귄들을 먹는 것을 좋아하는 표범물개가 있다. Adélie 펭귄은 무엇을 할까? 펭귄의 해결책은 기다리기 게임을 하는 것이다. 그들은 자기들 중 한 마리가 포기하고 뛰어들 때까지 물가에서 기다리고 또 기다린다. 그것이 일어날 때, 나머지 펭귄들은 다음에 무슨 일이 일어날지를 지켜본다. 만약 그 선구자가 살아남으면, 다른 모두가 따라할 것이다. 만약 그것이 죽는다면, 그들은 돌아설 것이다. 한 펭귄의 운명은 모든 나머지 펭귄들의 운명을 바꾼다. 그들의 전략은 '배워서 산다'이다.

해설

Adélie 펭귄은 표범물개의 위험을 해결하기 위해 기다리기 게임을 하는데, 한 마리가 기다리기를 포기하고 뛰어들 때까지 기다리는 것이다. 물속에 뛰어든 펭귄의 생사에 따라 나머지 펭귄들이 선택을 한다는 내용으로, 밑줄 친 부분이 의미하는 바로 가장 적절한 것은 ⑤ '안전하다는 것이 증명될 때만 다른 이의 행동을 따른다'이다.
① 안전을 위해 라이벌의 영역을 차지한다
② 적이 누구인지 발견하고 먼저 공격한다
③ 다음 세대와 생존 기술을 공유한다
④ 최상의 결과를 위해 지도자의 결정을 지지한다

어휘

factor	요인
influence	영향을 끼치다
edge	가장자리
in search of	~을 찾아
await	기다리다
leopard seal	표범물개
meal	식사
solution	해결책
give up	포기하다
occur	일어나다
rest	나머지
pioneer	선구자
survive	살아남다
destiny	운명
fate	운명
strategy	전략
occupy	차지하다
safety	안전
attack	공격하다
share	공유하다
generation	세대
support	지지하다
result	결과
prove	증명하다, ~임이 드러나다

03 정답 ⑤

오늘날 거의 핵심인 것처럼 보이는 많은 부수 사업들이 한때는 여정의 가장자리로 시작했다. 예를 들어 소매업자들은 흔히 조립이나 설치 서비스와 같은 동반 지원을 통해 판매를 북돋운다. 조립되지 않은 부품 상자로 판매하고 고객의 임무를 미완성으로 내버려 두는 야외 그릴 소매업자를 생각해 보라. 그 소매업자가 또한 조립과 배달도 판매할 때 그것은 그 고객이 뒷마당에서 요리하는 자신의 진정한 임무를 향한 여정에 또 다른 한 걸음을 내딛는 것이다. 또 다른 예는 소프트웨어 판매 외에 더해지는 기업 대 기업 간 서비스 계약이다. 유지, 설치, 배달, 손수 하는 것을 대신 해주는 해결책으로 바꿔주는 것은 무엇이든 핵심 제품이 고객의 여정과 교차하는 곳의 가장자리를 탐구함으로써 생겨났다.

해설

소매업자가 고객에게 제품을 판매할 때, 조립되지 않은 부품으로만 판매하면 고객은 그것을 바로 사용할 수 없지만, 조립, 설치, 유지 등 고객이 손수 하는 것을 대신해 줌으로써 고객이 그 제품을 사용할 수 있다는 것이 글의 주된 내용으로, journey edges는 어떤 제품의 판매 후에 이런 부수적인 서비스를 제공하는 것을 의미한다. 따라서 밑줄 친 부분이 의미하는 바로 가장 적절한 것은 ⑤ '고객의 기본적인 구매를 넘어 추가 서비스를 제공하는 것'이다.
① 고객에게 불필요한 상품을 구매하도록 요구하는 것
② 비즈니스 서비스에 대한 고객의 의존도를 줄이는 것
③ 부품보다 최종제품 판매에 더 중점을 두는 것
④ 핵심 제품에 기술의 획기적 발전을 추가하는 것

어휘

secondary	부수적인, 2차적인
core	핵심의; 핵심
encourage	북돋다, 격려하다
sales	판매
accompanying	동반하는
support	지원, 지지
assembly	조립
installation	설치
unassembled	조립되지 않은
mission	임무
incomplete	미완성의
delivery	배달
contract	계약
on top of	~외에, ~위에
maintenance	유지
do-it-yourself	손수 하는, 스스로 하는
do-it-for-me	대신 해주는, 나(고객)를 위해 해주는
solution	해결책
originally	원래
result from	~에서 생겨나다
explore	탐구하다
require	요구하다
purchase	구매하다; 구매
goods	상품
dependence	의존도
component	부품
breakthrough	획기적인 발전

∑UNIT 04 요지·주장 파악 본문 p.24

대표예제 정답 ①

소문은 충격적일수록 더 빨리 퍼져나간다. 나는 한 소녀가 퍼뜨린 소문에 관해 읽은 기억이 난다. 소문이 잘못되었음을 알았을 때, 그녀는 소문 속에 있는 소년에게 가서 그녀가 소문을 퍼뜨린 것에 대해 어떻게 보상할 수 있는지를 물었다. 화가 난 소년은 그녀에게 깃털 베개를 들고, 도시에서 가장 높은 건물로 올라가서, 깃털을 흩뿌린 후 깃털들을 모두 주우라고 요구했다. 분명 그것은 불가능한 일이었다. 우리들 중에는 정확하지 않은 정보를 전하는 잘못을 저지르는 사람이 많다. 잘못된 진술은 사람들에게 피해를 준다. 소문을 전하기에 앞서 (주워야 할) 그 깃털들을 생각하라.

해설

정확하지 않은 소문을 퍼뜨리는 것은 타인에게 주워 담을 수 없는 피해를 줄 수 있다는 내용이므로, 이 글의 요지로 가장 적절한 것은 ①이다.

어휘

shocking	충격적인
rumor	소문

spread	퍼뜨리다
false	틀린, 잘못된
make up for	~을 보상하다
feather	깃털
pillow	베개
pick up	줍다
impossible	불가능한
task	일, 과제
guilty	유죄의
pass on	전달하다
incorrect	정확하지 않은
statement	진술, 성명
damage	피해
consider	고려하다

유형 연습하기 정답 01 ③ 02 ② 03 ③ 본문 p.26

01

정답 ③

"Annie, 너 대단히 훌륭한 그림을 그렸구나! 그것이 뭐니?" 아이의 그림에 대한 이 반응에 무엇이 잘못되었을까? 여러분은 확실히 관심이 있으며, 여러분의 귀에 그것은 격려하는 것으로 들린다. 그러나 이러한 종류의 칭찬은 실제로 정반대의 효과를 가질 수도 있다. "훌륭한 그림"과 같은 일반화된 칭찬은 아이들의 성과에 대한 구체적인 어떤 것을 발견하는 것만큼 아이들에게 의미가 있지 않다. "너의 그림에서 네가 사용한 밝은 색깔이 내 마음에 드는구나."라는 말이 "훌륭한 그림"보다 더 강력하다. 만약 여러분의 아이가 여러분에게 보여주는 것을 쳐다보지도 않고 "애야, 그거 좋구나."라고 말하면, 그것은 그녀의 자존심에 영향을 미칠 수 있다. 구체적인 칭찬은 그녀에게 확신을 주고, 그녀로 하여금 여러분이 정말 관심을 가지고 있다는 것을 알게 해 준다.

해설

일반적인 칭찬보다는 구체적인 칭찬이 아이에게 확신을 주고 아이에게 관심을 보이고 있다는 것을 알게 해준다는 내용으로 이 글의 주장으로 가장 적절한 것은 ③이다.

어휘

reaction	반응
drawing	그림
cheerful	격려하는
actually	실제로
opposite	정반대의; 정반대
effect	효과, 영향
generalized	일반화된
meaningful	의미 있는
specific	구체적인
performance	성과, 공연
bright	밝은
affect	영향을 미치다
pride	자존심
confidence	확신, 자신(감)
care	관심을 가지다; 돌봄

02

정답 ②

여러분은 아마도 여러분의 주위를 둘러보고 모든 사람들이 독특하고 다르다는 것을 알아차렸을 것이다. 심지어 매우 비슷해 보이는 사람들 또한 매우 다를 수 있다. 다양한 외모에서부터 다른 성격, 다른 신념에 이르기까지 그것은 흥미롭고 다양한 사람들로 가득 차 있는 세상이다. 관용은 이 세상을 매우 흥미롭게 만드는 다양성을 보호한다. 관용은 모든 사람들이 동등하게 인정받고 동등하게 대우받아야 한다는 개념이다. 그것은 공정함과 많이 비슷하다. 관용을 갖는다는 것은 사람들이 여러분 자신의 것과 같은 의견, 배경, 또는 특성들을 갖고 있지 않을지라도, 모든 사람들에게 같은 배려를 해주는 것을 의미한다. 관용은 이 세상을 성공적으로 발달하게 한다. 그래서 관용을 가지고 다른 사람을 대하는 것은 매우 중요하다.

해설

세상은 다양한 사람들로 가득 차 있고, 관용은 이러한 세상을 흥미롭게 하는 다양성을 보호한다는 것이 글의 주된 내용으로, 이 글의 요지로 가장 적절한 것은 ②이다.

어휘

probably	아마
notice	알아차리다; 공지
unique	독특한
seem	~처럼 보이다
similar	비슷한
appearance	외모, 모습
personality	성격, 인격
belief	신념, 믿음
protect	보호하다
variety	다양성
equally	동등하게
accept	인정하다, 받아들이다
treat	대(우)하다, 치료하다
fairness	공정함
quality	특성, 질

03

정답 ③

착한 아이, 불평하지 않는 직원, 협조적인 환자가 되기 위해서, 우리들 중 많은 이들은 사람들이 우리가 하기를 바라는 것에 동조함으로써 그들을 기쁘게 하려고 한다. 때때로 우리는 자신의 영역과 욕구를 잃어버리는데, 이것의 대가는 우리의 삶이 될 수도 있다. 건전한 한계를 설정할 수 없을 때, 그것은 우리의 관계에 고통을 야기한다. 하지만 우리가 하고 싶지 않은 일에 '아니오'라고 말하는 것을 배우게 될 때, 다른 사람들과의 관계는 향상된다. 그러므로 '아니오'라고 말하는 것을 두려워하지 마라. 당신이 정말 말하고 싶은 것을 말하는 진실한 목소리를 사용해라.

해설

다른 사람들이 우리가 하기를 원하는 것에 동조하여 그들을 기쁘게 하기보다는 하고 싶지 않은 일에 대해 '아니오'라고 말하는 것이 필요하다는 것이 주된 내용이다. 따라서 이 글의 요지로 가장 적절한 것은 ③이다.

어휘

employee	직원
patient	환자; 인내심 있는
please	기쁘게 하다; 제발
at times	때때로
boundary	영역, 경계
need	필요(성); 필요하다
cost	대가, 비용; 비용이 들다
healthy	건전한, 건강한
limit	한계; 제한하다
cause	~을 야기하다; 원인
pain	고통
relationship	관계
feel like -ing	~하고 싶다
improve	향상하다, 개선하다
voice	목소리

⟩UNIT 05 주제 파악

본문 p.28

대 표 예 제

정답 ④

아침 식사를 거르면, 여러분은 연료 없이 운행하려는 자동차와 같다. 전문가들은 영양가 많은 아침 식사는 두뇌의 연료라고 말한다. 연료가 가득 찬 두뇌는 집중을 더 잘하고 문제를 더 빠르게 해결한다. 어떤 학생들은 추가로 몇 분 더 잠을 자는 것이 오트밀 죽 한 그릇을 먹는 것보다 더 중요하다고 말하지만, 그들은 잘못 알고 있는 것이다. 물론, 수면은 중요하지만 30분 일찍 잠자리에 드는 것이 늦게까지 잠을 자고 아침을 거르는 것보다 더 나을 것이다. 학교에서 잘하고 싶어하는 학생들에게 아침 식사는 하루 중 가장 중요한 식사이다. 여러분의 뇌에 연료를 주어라. 더 명료하고 더 빠르게 생각하기 위해서, 좋은 아침을 먹어라.

해설

아침 식사는 두뇌의 연료이며, 학생들에게 이 연료는 매우 중요하다고 언급하고 있으므로, 이 글의 주제로 가장 적절한 것은 ④이다.

어휘

skip	거르다
fuel	연료; 연료를 공급하다
nutritious	영양가 많은
expert	전문가
brain	뇌
focus	집중하다
solve	해결하다
a few	조금
extra	추가의, 여분의
oatmeal	오트밀 죽
clearly	명료하게

유형 연습하기

정답 01 ② 02 ③ 03 ⑤

본문 p.30

01

정답 ②

의약품을 올바르게 보관하는 것은 매우 중요하다. 많은 약들이 잘 저장되지 않는다면 쓸모없어질 것이다. 화장실의 의약 수납장은 그 공간의 습기와 열이 의약품의 화학적 손상을 가속화하기 때문에 약을 보관하는 좋은 장소가 아니다. 냉장고에 의약품을 보관하는 것 또한 그 안의 습기 때문에 좋은 생각이 아니다. 어떤 종류의 약들은 냉장 보관을 필요로 하지만 이러한 것들은 그것들을 냉장고에 보관하기 위한 라벨이 붙어 있어야 한다. 빛과 공기 또한 약들에 영향을 줄 수 있지만, 어두운색 병과 밀폐용 뚜껑은 이러한 영향을 최소한으로 유지할 수 있다. 당신이 그것(의약품)을 아이들의 손에 닿지 않는 곳에 보관하는 한, 벽장이 아마 의약품을 저장하기에 가장 좋을 것이다.

해설

의약품을 냉장고, 어두운 색의 병과 밀폐용 뚜껑 속 또는 벽장 속에 보관해야 한다는 것이 글의 주된 내용이므로, 이 글의 주제로 가장 적절한 것은 ② 의약품을 저장하기 위한 적절한 방법들(proper ways to store medication)이다.

① 냉장의 다양한 목적들
③ 시기적절한 치료의 중요성
④ 음식을 밀폐 보관하는 이점들
⑤ 새로운 의약품을 개발하는 어려움

어휘

store	저장[보관]하다; 가게
medication	의약품, 약
useless	쓸모 없는
keep	보관하다, 유지하다
room	공간, 방
chemical	화학적인
breakdown	손상
label	라벨을 붙이다; 라벨
affect	영향을 미치다
airtight	밀폐의
to a minimum	최소로
closet	벽장
reach	미치는 범위; 도달하다
proper	적절한
benefit	이점, 이익; ~에 이익을 주다

02

정답 ③

몇몇 동물 종(種)들은 다른 다친 동물이 생존하도록 돕는다. 돌고래들은 숨을 쉬기 위해 수면에 도달해야 한다. 만약 돌고래가 매우 심각하게 다쳐 혼자서 수면까지 헤엄칠 수 없다면, 다른 돌고래들이 그 다친 돌고래 아래에서 무리를 지어, 그 돌고래를 수면 쪽으로 밀어 올린다. 만약 필요하다면 그들은 몇 시간 동안 이것을 계속할 것이다. 같은 종류의 일이 코끼리에서도 일어난다. 쓰러진 코끼리는 자신의 무게 때문에 숨을 쉬는 데 어려움을 겪기 쉽거나, 햇빛 아래에서 몸이

너무 과열될 수도 있다. 많은 코끼리 전문가들은 코끼리 한 마리가 쓰러지면, 그 무리의 다른 구성원들이 그것을 일으켜 세우려 노력한다고 보고한다.

해설

다친 돌고래나 코끼리를 그들이 생존하도록 다른 동료들이 구해준다는 것이 글의 주된 내용으로, 이 글의 주제로 가장 적절한 것은 ③ 이다.

어휘

survive	생존하다
surface	표면
breathe	숨을 쉬다
badly	심하게, 나쁘게
by oneself	혼자서
group	무리를 짓다
happen	일어나다, 발생하다
be likely to	~하기 쉽다
own	자신의; 소유하다
weight	무게
overheat	과열되다[하다]
expert	전문가
report	보고하다
have difficulty -ing	~하는데 어려움을 겪다
raise ~ to one's feet	~을 일으키다

03 정답 ⑤

당신이 회의에 참석하고 있다고 상상해 보라. 당신 편과 상대방 편이 탁자를 사이에 두고 마주 앉아있다. 당신은 어떤 주제에 대해 질문을 했는데 그 대답이 만족스럽지 못하다. 최고의 대답은 무엇일까? 그것은 아무것도 하지 않는 것이다. 그러므로 당신이 더 많은 정보나 다른 종류의 정보를 찾는다면, 침묵을 지키면서 그것을 요구하라. 대화 속에 긴 멈춤이 있을 때, 사람들은 그것을 채우려는 필요성을 느낀다. 만약 누군가가 말하는 것을 끝냈고, 당신이 장단을 맞추지 않는다면, 그 사람은 자동으로 상세히 설명하기 시작할 것이다. 결국, 그 사람은 당신이 듣고자 하는 것을 말할 수도 있다.

해설

회의에서 상대방으로부터 만족스러운 답변을 얻기 위해 침묵을 하면 결국 상대방이 내가 원하는 말을 할 수 있다는 내용으로, 이 글의 주제로 가장 적절한 것은 ⑤이다.

어휘

subject	주제
none	아무[하나]도 (없다)
information	정보
unsatisfactory	만족스럽지 않은
ask for	요청하다
remain	계속 ~이다
silent	침묵의
pause	멈춤, 휴지
conversation	대화

fill	채우다
automatically	자동으로
explain	설명하다
in detail	상세히
in the end	결국

∑UNIT **06** 제목 파악 본문 p.32

대 표 예 제 정답 ④

당신은 잘 잊어버리는 학생인가요? 당신은 종종 두통을 경험하나요? 그렇다면 아마도 당신은 당신의 뇌 기능을 되살리기 위해 수분 섭취를 늘릴 필요가 있습니다. 뇌 조직의 85%가 물이라는 사실은 알려져 있습니다. 그러므로 물은 우리 뇌의 원활한 기능을 위한 중요한 구성 성분입니다. 연구에 따르면, 만일 사람의 신체에 물이 부족하면, 그의 뇌는 뇌의 기억력을 감퇴시키는 호르몬을 배출합니다. 뇌 속의 불충분한 물이 잘 잊어버리고, 불안하고 느린 것에 대한 주원인이기도 합니다. 우리의 뇌에 물이 부족할 때 두통 또한 더 빈번합니다. 그러므로 결코 자신이 갈증이 나도록 내버려두지 마세요. 왜냐하면, 당신이 당신의 뇌를 수축하게 만들고 불안해지고 잘 잊어버리게 만들기 때문입니다.

해설

수분 섭취가 적으면 뇌를 수축시켜 기억력 감퇴, 불안 등 뇌 기능을 저하시킨다는 내용이므로 이 글의 제목으로 가장 적절한 것은 ④ Does Your Brain Get Enough Water? (당신의 뇌는 충분한 수분을 얻고 있습니까?)이다.
① 식사 전에 물을 마시지 마세요
② 물을 아끼는 것은 자신을 아끼는 것
③ 무엇이 당신의 두뇌를 더 크게 만들었나요?
⑤ 두통: 기억상실의 첫 번째 신호

어휘

forgetful	잘 잊는
headache	두통
perhaps	아마도
increase	증가하다
intake	섭취
function	기능
tissue	조직
factor	요인
smooth	활발한
therefore	그러므로
according to	~에 따르면
release	배출하다, 방출하다
hormone	호르몬
decrease	감소하다
insufficient	불충분한
anxious	불안해하는
lack	결핍; 부족하다
thirsty	목마른
shrink	수축하다

01
정답 ①

Dr. John Ross는 그의 환자들을 돕는 것으로 잘 알려져 있었다. 그의 환자 중 다수가 가난한 농부들이어서, 그들은 Dr. Ross의 진료비를 항상 지급할 수 없었다. 그 훌륭한 의사는 채소나 달걀, 심지어는 "감사합니다"라는 간단한 인사말을 보수로 받곤 했다. 어느 겨울 오후에, 그는 열이 있는 한 아이를 진료하러 어느 집에 갔다. 그 소녀의 가족은 그들의 집을 따뜻하게 하기 위한 장작을 다 써 버렸다. Dr. Ross는 자기 차에서 여분의 담요를 가져와서 그 아빠에게 찬물로 딸의 이마를 적셔 주라고 말했다. 그런 다음, Dr. Ross는 다른 환자들을 돌보러 떠났다. 부러진 다리를 맞추고, 아기의 출산을 돕고, 다친 손가락을 소독한 후에, 그는 약간의 장작을 가지고 아픈 아이의 집으로 돌아왔다. 그는 어린 소녀와 그녀의 가족을 위해 불을 지폈다.

해설
가난한 환자들로부터 채소, 달걀, 심지어 감사 인사말로 진료비를 대신 받던 인정 많은 한 의사에 관한 이야기로, 제목으로 가장 적절한 것은 ① A Warmhearted Doctor (인정 많은 의사)이다.
② 민간요법은 정말로 효과가 있다
③ 가족애의 중요성
④ 작은 지식은 위험하다. (선무당이 사람 잡는다.)
⑤ 자신을 치료할 수 없었던 한 의사

어휘
fee	진료비, 요금
famous	유명한
fever	열
firewood	장작
spare	여분의, 예비의
blanket	담요
bathe	적시다, 씻다
forehead	이마
take care of	돌보다
set a leg	다리를 맞추다[접합하다]
broken	부러진, 고장 난
return	돌아오다, 반납하다
build a fire	불을 지피다
warmhearted	인정 많은
folk	민속의, 전통적인
use up	다 써버리다
cure	치료하다

02
정답 ①

여러분은 모든 자전거는 브레이크가 있어야 한다고 생각할 것이다. 하지만 경륜용 자전거는 브레이크 없이 만들어진다. 경륜용 자전거는 무게를 가볍게 유지하기 위해 필수적인 부품만을 가지고 있다. 그렇다면, 이 자전거를 어떻게 멈추는가? 대답은 장갑이다. 경륜 선수는 페달을 뒤로 돌린 다음 앞바퀴를 손으로 꽉 잡는다. 이것 바퀴가 회전하지 못하게 한 다음, 자전거는 멈춘다. 경륜 선수들이 장갑을 끼는 것은 당연한 일이다! 그들이 그렇게 하지 않는다면(장갑을 끼지 않는다면) 그들이 멈추려 할 때마다, 그들의 손은 심하게 상처를 입을 것이다.

해설
일반적인 자전거는 브레이크로 멈추지만, 경륜용 자전거는 선수들이 장갑을 이용하여 멈춘다는 내용으로, 제목으로 가장 적절한 것은 ① Gloves to Stop a Bicycle (자전거를 멈추는 장갑)이다.
② 경륜: 인기 스포츠
③ 자전거 선수에게 힘든 훈련
④ 자전거 브레이크의 기본적인 구조
⑤ 자전거 장갑: 부의 상징

어휘
brake	브레이크, 제동장치
racing	경주, 경마
necessary	필요한, 필수적인
part	부품, 부분
glove	장갑
hold	잡다
front	앞의; 앞면
wheel	바퀴
tightly	꽉, 단단히
spin	돌다, 회전하다
no wonder	당연하다
terribly	심하게
every time	~할 때마다
popular	인기 있는
basic	기본적인
structure	구조
symbol	상징
wealth	부, 재산

03
정답 ②

큰 동물들은 더 작은 동물들보다 도보 여행자들에게 실제로 덜 위험하다. 상식은 우리가 호랑이, 곰, 그리고 다른 큰 위협적인 동물들을 피해야 한다고 우리에게 말한다. 하지만 더 작은 동물들은 더 큰 동물들보다 실제로 더 위협적이다. 그들의 크기의 불리함을 극복하기 위해, 작은 동물들은 야생에서 자신을 보호하려고 독과 같은 유용한 무기를 개발해 왔다. 매년, 소수의 사람들만이 호랑이나 곰의 공격을 받는데, 이러한 사건의 대부분은 사람들 자신에 의해 야기된다. 하지만, 더 많은 사람들이 이 큰 동물들에 의해서라기보다는 작은 독사한테 물려서 죽는다. 이러한 이유로, 도보 여행자들은 작고 위험한 생명체들에 대해서 조심해야 한다.

해설
덩치가 작은 동물들이 실제로 덩치가 큰 동물들보다 도보 여행자들에게 더 위험할 수 있다는 것이 이 글의 중심 내용이다. 따라서 제목으로 가장 적절한 것은 ② 작은 동물들을 조심하라! (Watch Out for Small Animals!)이다.

① 알레르기를 다루는 방법
③ 동물: 인간의 진정한 친구
④ 동물들이 인간의 마을을 공격하다!
⑤ 왜 야생 동물들이 멸종 위기에 처해 있는가?

[어휘]

dangerous	위험한
hiker	도보 여행자
avoid	피하다
common sense	상식
threatening	위협적인
overcome	극복하다
disadvantage	불리한 점, 약점
develop	개발하다, 발달하다
weapon	무기
such as	~와 같은
poisonous	독이 있는 (cf. poison 독)
wild	야생; 야생의
attack	공격하다; 공격
bite	물림; 물다
creature	생명체, 생물
deal with	~을 다루다
endangered	멸종 위기에 처한

∑UNIT 07 도표 정보 파악
본문 p.36

대표예제
정답 ④

위 그래프는 2012년 영국에서 남자아이와 여자아이가 읽기 좋아했던 책의 장르를 보여준다. 남자아이와 여자아이의 50% 이상이 모험 장르의 책을 읽는 것에 선호를 보였다. 남자아이와 여자아이 간에 가장 적은 성별 차이는 모험 장르 책이었고, 반면 가장 큰 차이는 로맨스 장르 책이었다. 스포츠 이야기 읽기를 좋아했던 남자아이의 비율이 여자아이보다 3배가 넘었다. 동물 이야기 장르는 여자아이들 사이에서 두 번째로 (→ 세 번째로) 높은 인기 순위를 차지했다. 남자아이들 사이에서 가장 인기가 없는 장르는 로맨스였고 반면에 여자아이들 사이에서는 스포츠 이야기였다.

해설

동물 이야기 장르는 모험, 로맨스에 이어 세 번째로 높은 인기순위였으므로 ④가 도표의 내용과 일치하지 않는다.

[어휘]

genre	(예술 작품의) 장르
adventure	모험
gender	성(별)
gap	차이
while	반면에
rank	순위를 매기다
least	가장 작은

유형 연습하기 정답 01 ④ 02 ④ 본문 p.38

01
정답 ④

위 도표는 2012년과 2013년 4대 주요 쌀 수출국의 쌀 수출량을 보여준다. 2012년에는 그 어떤 나라도 인도보다 더 많은 쌀을 수출하지 않았다. 두 해 모두 파키스탄이 4개국 중에서 가장 적은 양의 쌀을 수출했다. 2012년에 인도가 수출한 쌀의 양은 파키스탄이 수출한 양보다 약 3배 많았다. 2013년에 태국에 의해 수출된 쌀의 양은 전년에 비해 감소했다 (→ 증가했다). 2013년에 태국은 베트남과 거의 같은 양의 쌀을 수출했다.

해설

태국은 2012년에 약 6.9백만 톤을, 2013년에는 약 7.6백만 톤을 수출하였으므로, 도표의 내용과 일치하지 않는 것은 ④이다.

[어휘]

above	보다 위에
rice	쌀
major	주요한
export	수출; 수출하다
exporter	수출국, 수출업자
amount	(무엇의) 양
about	약, 대략; ~에 관하여
decrease	감소하다; 감소
compared with	~와 비해
almost	거의
million	백만의; 백만

02
정답 ④

위 그래프는 2007년 7가지 연령대에 대한 캐나다인의 자원봉사 비율과 연간 평균 (자원봉사) 시간을 보여준다. 이러한 연령집단에서 자원봉사 비율의 범위는 29%에서 58%였으며, 평균 비율은 46%였다. 연간 평균 자원봉사 시간은 25~34세 연령대를 제외하고 나이에 따라 증가했다. 15~24세 연령대가 가장 높은 자원봉사 비율을 보여줬지만, 연간 평균 시간은 두 번째로 가장 적었다. 35~44세 연령대가 45~54세 연령대보다 더 적은 연간 평균 시간을 가진 반면에, 55~64세와 65~74세의 연령대는 같은 연간 평균 시간(→ 자원봉사 비율)을 보여주었다. 가장 낮은 자원봉사 비율에도 불구하고 75세 이상 노인들은 어느 다른 연령대보다 평균적으로 더 많은 시간을 일했다.

해설

55~64세와 65~74세 연령집단의 연간 평균 시간(average annual hours)은 각각 205시간과 216시간으로 같지 않으므로 도표의 내용과 일치하지 않는 것은 ④이다.

[어휘]

Canadian	캐나다인
volunteer	자원봉사; 자원봉사하다
rate	비율, 요금; 평가하다

hour	(근무) 시간
average	평균의; 평균
age group	연령대
range from A to B	범위가 A에서 B까지이다
increase	증가하다; 증가
except for	~을 제외하고
while	반면에, ~하는 동안
despite	~에도 불구하고
senior	노인, 상급자
low	낮은

UNIT 08 세부 내용 파악

본문 p.40

대 표 예 제

정답 ⑤

(아프리카산) 혹멧돼지는 돼지과의 일원이다. 이 동물은 오직 아프리카에서만 발견된다. 대부분 동물과는 달리, 혹멧돼지는 물을 마시지 않고도 몇 달 동안 건조한 지역에서 살아남을 수 있다. 혹멧돼지의 몸길이는 4피트에서 6피트에 달하고 무게는 110파운드에서 260파운드까지 나갈 수 있다. 수컷이 암컷보다 20파운드에서 50파운드 더 무겁다. 혹멧돼지는 달리고 있을 때 꼬리를 위로 세운 자세를 유지한다. 그 자세에서 그들의 꼬리는 바람에 흔들리는 깃발인 것처럼 보인다. 혹멧돼지는 시력은 좋지 않지만, 훌륭한 후각과 청각을 지니고 있다.

해설

글의 후반부에 혹멧돼지는 시력은 좋지 않지만, 훌륭한 후각과 청각을 지니고 있다고 했으므로, 글의 내용과 일치하지 않은 것은 ⑤이다.

어휘

warthog	(아프리카산) 혹멧돼지
pig family	돼지과
unlike	~와 달리
survive	살아남다
length	길이
weigh	무게
female	암컷
upright	(곧게) 선
flag	깃발
eyesight	시력, 시각
excellent	훌륭한
sense	감각

유형 연습하기   정답 01 ④ 02 ④ 03 ⑤   본문 p.42

01

정답 ④

레오파드 상어(Leopard shark)는 표범과 같은 짙은 갈색 무늬 때문에 그것의 이름을 얻었다. 그들의 크기는 길이가 약 5에서 6피트이다. 이 상어들은 동태평양의 따뜻한 물에서 산다. 그들의 좋아하는 먹이는 새우와 게를 포함한다. 하지만 그들은 물고기 알을 먹기도 한다. Leopard shark는 입을 팽창시키면서 흡입력을 생성함으로써 먹이를 잡는다. Leopard shark의 특징 중 하나는 그들의 세 개의 뾰족한 이빨이다. 다른 상어들처럼, 암컷 leopard shark는 알을 낳고 그들의 몸 안에서 그것들을 부화시킨다. 그들은 인간에게 위협으로 간주되지 않는 상어 중 하나이다.

해설

글의 후반부에 〈Like other sharks, female leopard sharks lay eggs and hatch them inside their bodies〉 다른 상어들처럼, 암컷 leopard shark는 알을 낳고 그들의 몸 안에서 그것들을 부화시킨다는 것으로 보아, 글의 내용과 일치하지 않는 것은 ④이다.

어휘

leopard	표범
marking	무늬, 반점
length	길이
Eastern Pacific	동태평양
include	포함하다
shrimp	새우
crab	게
prey	먹이
generate	일으키다, 발생시키다
expand	팽창시키다
feature	특징
female	여성의; (동물의) 암컷
lay	알을 낳다 (lay–laid–laid)
consider	간주하다, ~라고 여기다
threat	위협

02

정답 ④

Olaudah Equiano는 나이지리아 남부에서 태어났다. 그는 열한 살 때 여동생과 함께 납치되었고, 노예상에 의해 팔렸다. 한 영국 해군 장교가 그를 샀다. Equiano는 그 장교와 함께 8년 동안 여행했고, 그 기간 동안 읽고 쓰는 것을 배웠다. 나중에 Equiano는 한 상인에게 팔렸다. 그를 위해 일하는 동안, Equiano는 부업으로 무역을 하여 돈을 벌었다. 3년 후 Equiano는 40파운드의 대가로 자신의 자유를 샀다. 그러고 나서 Equiano는 이후 20년 동안 전 세계를 여행하며 많은 시간을 보냈다. 런던으로 온 후, 그는 노예제를 폐지하는 운동에 참여했다. 1789년에 그는 자신의 자서전을 출판했다. 그것은 엄청난 인기를 끌어 Equiano를 부자로 만들어 주었다.

해설

글의 후반부에서 〈After coming to London, he participated in the movement to abolish slavery〉 런던으로 온 후, 그는 노예제 폐지 운동에 참여했다고 했으므로, 글의 내용과 일치하는 것은 ④이다.

어휘

southern	남부의
kidnap	납치하다
slavery	노예제도 (cf. slave 노예)
navy	해군

officer	장교
merchant	상인
make money	돈을 벌다
trade	무역하다; 무역 (cf. trader 무역상)
on the side	부업으로
freedom	자유
price	대가, 가격
participate in	~에 참여하다
movement	운동, 움직임
publish	출판하다

03 정답 ⑤

Miloš Forman은 프라하(Prague) 근교의 작은 마을에서 성장했다. 제2차 세계대전 중 그의 부모님이 돌아가셔서 그는 친척들에 의해 길러졌다. 1950년대에 Forman은 프라하(Prague) 대학교의 영화 학교에서 영화를 공부했다. 1950년대 후기와 1960년대 초기에 걸쳐, Forman은 몇 편의 영화에서 작가나 조감독으로 활동했다. 후에 그는 미국으로 이주해서 영화를 계속 만들었다. 1975년에 그는 *One Flew over the Cuckoo's Nest* (뻐꾸기 둥지 위로 날아간 새)를 감독했고, 그것은 다섯 개의 모든 주요 부문에서 오스카상을 받은 역사상 유일하게 두 번째 영화가 되었다. 그 후에, 그는 또한 영화 *Amadeus* (아마데우스)를 감독했고 최고 감독상을 포함하여 여덟 개의 오스카상을 받았다. 1994년에 Forman은 Jan Novák과 함께 자신의 자서전인 *Turnaround: A Memoir*(전환: 회고록)를 썼다.

해설

마지막 문장인 〈In 1994, with Jan Novák, Forman wrote his autobiography, *Turnaround: A Memoir*〉 Forman은 Jan Novák과 함께 자신의 자서전인 '전환: 회고록'을 썼다는 것으로 보아, 글의 내용과 일치하지 않는 것은 ⑤이다.

어휘

relative	친척
film	영화; 영화의
throughout	~ 동안 내내, ~에 걸쳐
act	연기하다, 행동하다
either A or B	A 또는 B 둘 중 하나
assistant director	조감독
several	몇몇의
continue	계속하다
direct	감독하다
cuckoo	뻐꾸기
nest	둥지; 둥지를 틀다
history	역사
win	(상을) 타다, 이기다
category	부문, 범주
afterward	그 후에
memoir	회고록

UNIT 09 실용문 본문 p.44

대 표 예 제 정답 ⑤

Shoes with Heart
당신의 불필요한 신발을 기부하세요!
우리는 집 없는 아이들을 위해 신발을 수집하고 있습니다.
우리의 목표는 500켤레의 신발을 모으는 것입니다.
당신이 해야 할 일은 당신의 불필요한 신발을 우리가 제공하는 신발 수집 상자에 넣는 것입니다. 상자는 Kew Center 로비에 비치되어 있습니다.
모든 신발은 수선되어 아이들에게 전해질 것입니다.
단, 기억하세요.
  ■ 스케이트와 골프화는 받아들여지지 않습니다!
  ■ 신발은 반드시 한 쌍이어야 합니다.
455-212-7898로 우리에게 연락하실 수 있습니다.
오늘 우리와 함께하세요!

해설

스케이트와 골프화는 받지 않는다고 했으므로 ⑤가 안내문의 내용과 일치하지 않는다.

어휘

donate	기부하다
unwanted	원치 않는, 불필요한
collect	모으다, 수집하다
homeless	집이 없는
goal	목표
provide	제공하다
place	(~에) 놓다
repair	수선하다
accept	받아들이다
contact	연락하다

유형 연습하기 정답 01 ④ 02 ③ 본문 p.46

01 정답 ④

오셔서 우리 학교에 대해 더 알아가세요!
Slatford 고등학교 공개일
우리 학교에 관심 있는 누구나 환영합니다!
2022년 11월 23일 월요일 오후 4~6시
사전 예약이 필요합니다.
이것은 (다음의 것들을 할 수 있는) 당신의 기회입니다.
• 오후 5시에 체육관에서 시작하여 안내자와 함께 캠퍼스를 순회
• 우리의 수업을 청강
• 교직원을 만나 학교 프로그램에 대해 질문
제한된 수의 주차 공간만이 이용 가능합니다.
대중교통을 이용하세요.
더 많은 정보를 원하시면 *www.slatford.org*를 방문하세요.

글의 후반부에서 〈Meet the staff and ask questions about school programs〉 교직원을 만나 학교 프로그램에 대해 질문할 수 있다는 것으로 보아 안내문의 내용과 일치하는 것은 ④이다.

open house	(학교, 기관) 공개일
advance reservation	사전 예약
require	필요로 하다, 요구하다
chance	기회, 가능성
guide	안내인; 안내하다
gym	체육관
sit in on	~을 청강하다
staff	직원
limited	제한된
available	이용 가능한
public	대중의; 대중
parking space	주차공간
transportation	교통, 수송
information	정보

02 정답 ③

Fremont Art College의 제7회 연례 예술 전시회
11월 21~27일
학생회관 3층 미술관
시간: 오전 10시~오후 5시 (월요일~금요일)
오전 11시~오후 3시 (토요일 및 일요일)
• Fremont Art College가 제7회 연례 예술 전시회를 일주일간 개최합니다.
• 학생들이 제출한 회화, 도자기 작품, 그리고 사진이 전시될 것입니다.
• 모든 전시품은 판매되며, 모금된 모든 기금은 자선단체에 기부될 것입니다.
• 전시회는 모두에게 무료입니다.
• 전시회장 내에서 사진 촬영이 허용됩니다.
• 무료 간식은 구내식당에서 이용 가능할 것입니다.
더 많은 정보를 원하시면, 우리의 웹사이트 www.fremontart.edu를 방문해 주시기 바랍니다.

글의 중반부인 〈All exhibits are for sale〉 모든 전시품은 판매된다는 것으로 보아 안내문의 내용과 일치하지 않는 것은 ③이다.

exhibition	전시회
floor	층, 바닥
gallery	미술관, 갤러리
student union	학생회관, 학생회
college	대학
host	개최하다; 주인

painting	그림
work	작품
photograph	사진
hand in	제출하다, 건네다
display	전시하다, 진열하다
exhibit	전시품; 전시하다
raise	(자금 등을) 모으다
charity	자선단체, 자선
free	무료의, 자유의
allow	허락하다
inside	~의 내에서
hall	회관, 집회장
cafeteria	구내식당, 카페테리아
visit	방문하다

UNIT 10 어법 정확성 파악 본문 p.48

대 표 예 제 정답 ③

좋은 결정을 내린다 해도 나쁜 결과가 올 수 있음을 기억하는 것은 중요하다. 여기 한 가지 사례가 있다. 학교를 졸업하자 나는 곧 일자리를 제안받았다. 그것이 나에게 아주 잘 맞는 것인지 확신이 없었다. 나는 그 기회에 대해 곰곰이 생각해 본 후, 그것을 거절하기로 결심했다. 나는 그보다 더 잘 맞는 다른 일자리를 찾을 수 있을 것으로 생각했다. 불행하게도, 경제는 곧 빠르게 나빠졌고, 나는 다른 일자리를 찾는데 수개월을 보냈다. 나는 그 일자리를 선택하지 않은 것에 대해 자책했다. 나는 그 당시에 좋은 결정을 내렸지만, 단기적인 관점에서 보면 그것은 그다지 좋은 결과를 가져온 것은 아니었다.

③ 앞에 선행사가 있고 뒤 문장은 주어가 빠진 불완전한 문장이므로 사물 선행사를 수식해야 하는 주격 관계대명사 that 또는 which로 고쳐야 한다.
① 내가 직업을 제안 받은 것이기 때문에 수동태인 was offered는 적절하다.
② 동사구 turn down에서 대명사의 위치는 turn과 down 사이에 위치하는 것이 옳다.
④ 「spend + 시간/돈 + 동사원형-ing」는 '~하는데 시간/돈을 사용하다'라는 뜻으로 적절하다.
⑤ 전치사 뒤에 동사가 오면, 동명사(동사원형-ing)가 적절하며, 동명사의 부정형은 「not + 동사원형-ing」가 옳다.

decision	결정
outcome	결과, 성과
soon after	곧
offer	제공하다
carefully	조심스럽게
decide	결심하다
turn ~ down	~을 거절하다
unfortunately	불행하게도
economy	경제

look for	~을 찾다
kick oneself	자책하다
in the short run	단기적으로

유형 연습하기   정답 01 ④ 02 ③ 03 ③   본문 p.50

01

정답 ④

리얼리티 TV 프로그램은 상품이며, 소비자들은 그것들을 끌 수 없는 것처럼 보인다. 하지만 왜 소비자들이 그것들을 계속 보는가? 연구자들은 리얼리티 TV 프로그램이 소비자들에게 몇 가지 이익을 제공한다고 말한다. "우리 모두는 우리 자신이 압박감을 느낄지도 모르는 상황에 있는 사람들을 보고 싶어 한다. 우리는 그들이 느끼고 있는 것을 느낄 수 있지만, 다만 안전한 거리에서 (느낄 수 있다)이다."라고 Macquarie 대학의 Kip Williams 교수가 말한다. 우리는 또한 비슷한 상황에서 우리가 어떻게 반응할지를 상상하면서 그 쇼의 상황 속에서 우리 자신과 함께 역할극을 한다. 이것은 우리에게 스스로 발전하는 것을 가르쳐 줄 수 있다.

해설

④ 전치사 with의 목적어와 주체가 같으므로 재귀대명사인 ourselves로 써야 한다.
① '계속 ~ 하다'의 의미인 「keep + (on) + 동사원형-ing」의 구조로 동명사인 watching은 적절하다.
② say의 목적어 역할을 하면서 완전한 구조의 문장을 유도하는 that은 접속사로 적절하다.
③ situations를 수식하는 형용사 역할을 하면서, 완전한 구조의 문장을 유도하는 in which는 적절하다.
⑤ '~에게 ...을 가르치다'의 의미인 「teach + 목적어 + to부정사」의 구조로 to be는 바르게 사용되었다.

어휘

reality	현실, 실제 상황
product	생산품
consumer	소비자
turn ~ off	~을 끄다
researcher	연구자
several	몇몇의
benefit	이익, 이점; ~에 이롭다
situation	상황
pressure	압력을 가하다, 압박하다
distance	거리
professor	교수
role-play	역할극을 하다; 역할극
imagine	상상하다, 가정하다
context	상황, 맥락
react	반응하다

02

정답 ③

바퀴, 쟁기, 그리고 범선이라는 세 가지 매우 중요한 발명품이 메소포타미아에서 나왔다. 바퀴와 쟁기는 동물의 노동 이용 가능성 때문에 가능했다. 말에 의해 끌려지는 바퀴가 달린 수레는 더 많은 상품을 더 빠르게 시장으로 운반할 수 있었다. 땅을 갈기 위해 쟁기를 끄는 동물들은 사람들보다 훨씬 더 효율적이었다. 돛은 바다를 통해서만 갈 수 있는 나라들과 무역하기 위해 사용되었다. 세 가지 발명품은 모두 메소포타미아의 도시들을 각각 3만 명이나 되는 사람들이 있는 강력한 무역 중심지로 만들었다.

해설

③ that pulled ~ over까지가 Animals를 수식하는 관계사절이므로 was를 were로 고쳐야 한다.
① 선택지 다음에 명사(구)가 나오므로 전치사구인 because of가 적절하다.
② 수식을 받는 Wheeled carts가 동작의 주체가 아니라 대상이므로 수동의 의미를 갖는 pulled는 적절하다.
④ '~하기 위해 사용되다'의 의미인 「be used to 동사원형」구조이므로 to trade는 적절하다.
⑤ '... 만큼 ~ 한[하게]'의 의미인 「as + 원급 + as」 구조에서 셀 수 있는 명사 30,000 people을 꾸며야 하므로 many가 적절하다.

어휘

invention	발명품, 발명
wheel	바퀴; 바퀴를 달다
plow	쟁기
sailboat	범선, 돛단배
labor	노동
pull	끌다
cart	수레
goods	상품
market	시장; 팔다
turn ~ over	(흙을) 갈다, ~을 뒤집다
earth	흙, 지구
far	(비교급 수식) 훨씬
efficient	효율적인
sail	돛; 항해하다
trade	무역하다; 거래, 무역
center	중심, 중심지

03

정답 ③

유인 우주 임무가 무인 우주 임무보다 비용이 더 많이 들기는 하지만, 그것들은 더 성공적이다. 로봇과 우주 비행사는 우주에서 거의 똑같은 장비를 사용한다. 하지만 인간은 그 장비를 훨씬 더 올바르게 조작하고 그것을 적절하고 유용한 위치에 놓을 수 있다. 컴퓨터는 똑같은 환경적인 요소들을 관리하는 데 있어서 인간보다 좀처럼 민감하지도 정확하지도 않다. 로봇들은 또한 문제가 발생할 때 그것들을 해결할 수 있는 능력이 인간처럼 갖추어져 있지 않으며, 종종 중요하지 않거나 도움이 되지 못하는 자료들을 수집한다.

③ 접속사 and를 기준으로 operate와 대등하게 연결하는 구조가 되어야 하므로 (to) place로 바꾸어야 한다.
① 복수명사 missions를 대신 받는 부정대명사 ones는 적절히 사용되었다.
② 셀 수 없는 명사 equipment를 나타내는 much는 적절하다.
④ 「비교급 + than ~」 구조로 more sensitive와 상응하는 than은 적절하다.
⑤ '~함에 따라'라는 의미로 사용된 접속사 as의 쓰임은 적절하다.

어휘

space	우주, 공간
mission	임무
expensive	비싼
unmanned	무인의 (↔ manned 유인의)
astronaut	우주 비행사
equipment	장비
operate	조작하다, 작동하다
place	놓다; 장소
suitable	적절한
position	위치
sensitive	민감한
exact	정확한
manage	관리하다
environmental	환경적인
factor	요소
arise	발생하다, 일어나다

UNIT 11 어휘 적절성 파악
본문 p.52

대 표 예 제 정답 ⑤

내가 TV 대본을 쓰던 것을 끝마치고 그것을 인쇄하러 가고 있을 때, 내 컴퓨터 화면이 멈췄다. 커서가 사라졌다. 대본도 보이지 않았다. 아무것도 보이지 않았다. 당황한 채로, 나는 컴퓨터 전문가인 내 친구 Neil을 불렀다. 내 컴퓨터가 악성 스파이웨어에 감염되어 그것이 내 컴퓨터의 고장을 일으킨 것으로 밝혀졌다. 그는 내 기계가 느리게 작동했는지 그리고 새 툴바가 갑자기 나타났는지와 같은 스파이웨어 증상이 있었는지 아닌지를 물었다. 내 컴퓨터가 어떻게 그것에 감염되었는지 정확히 알 수 없지만, Neil이 그것을 제거했다. 우리는 정기 점검을 위해 차를 정비사에게 가져간다. 왜 우리는 우리의 컴퓨터가 그러한 점검 없이도 비정상적으로(→ 정상적으로) 작동하기를 기대하는가?

해설

정기점검을 차에 하듯, 컴퓨터에도 필요하다는 내용으로 그런 점검 없이 정상적으로 작동하기를 기대하면 안 된다고 볼 수 있으므로 ⑤의 abnormally(비정상적으로)를 normally(정상적으로)와 같은 단어로 고쳐야 적절하다.

어휘

freeze	(컴퓨터 화면이) 멈추다; 얼다, 얼어붙다
script	대본

rush	돌진하다
consultant	전문가, 상담가
turn out	판명되다, 밝혀지다
cause	~을 초래하다
break down	고장 나다
suddenly	갑자기
appear	나타나다
exactly	정확히
remove	제거하다
mechanic	정비사
expect	기대하다
abnormally	비정상적으로

유형 연습하기
정답 01 ③ 02 ⑤ 03 ④ 본문 p.54

01 정답 ③

대부분 상황에서 사회적 증거는 아주 유용하다. 주차장이 꽉 찬 식당은 대개 최고의 음식을 가지고 있다. 여러분은 다른 사람들이 하는 것들을 등한시하기보다는 주의를 기울임으로써 더 적은 실수를 저지를 것이다. 예를 들면, 만약 여러분 앞의 차들이 차선을 바꾸기 시작한다면, 그 운전자들은 아마도 여러분이 모르는 무엇인가를 알고 있을 수도 있어서 여러분도 차선을 바꿔야 한다. 만약 여러분이 그 운전자들을 따르면(→ 무시하면), 도로의 어떤 것과 부딪힐 수도 있다. 하지만 때로는 사람들이 나쁜 목적으로 사회적 증거를 만든다. 여러분은 이런 종류의 사회적 증거에 대해 조심해야 하는데, 그것이 여러분을 잘못 인도하기 위해 이용되기 때문이다.

해설

앞 운전자들은 당신이 알지 못하는 것을 알 수도 있으므로, 앞차를 무시하면 도로 위의 어떤 것과 부딪힐 수도 있다는 흐름이 적절하다. 따라서 ③의 follow(따르다)를 ignore(무시하다)와 같은 단어로 고쳐야 한다.

어휘

situation	상황
social	사회적인
proof	증거
useful	유용한
parking lot	주차장
usually	대개
mistake	실수; 실수하다
neglect	등한시 하다, 무시하다
in front of	~ 앞에
lane	차선, 좁은 길
follow	따르다
create	만들다, 창조하다
purpose	목적
careful	조심하는
pay attention to	~에 주의를 기울이다
mislead	잘못 인도하다
ignore	무시하다

02
정답 ⑤

그것은 작은 세상이고, 사업은 모든 문화권의 사람들을 함께 모이게 한다. 당신은 외국 방문객이 있는 회의에 참석할 수도 있고, 당신이 이해하지 못하는 언어를 가진 국가로 파견될 수도 있다. 언어의 차이는 훌륭한 예절이 빛을 발하기 좋은 기회이다. 최고의 계획은 약간의 (언어) 준비이다. 당신은 상용 회화집을 구하여 "좋은 아침입니다.", "부탁합니다.", "고맙습니다.", "만나서 반갑습니다.", "안녕히 가세요."와 같은 몇 가지 기본 표현을 배울 수 있다. 다른 사람의 언어로 의사소통하려고 노력하는 것은 그 사람에 대한 당신의 무례함(→ 존중)을 보여준다.

해설
다른 사람의 언어로 의사소통하려고 하는 것은 그 사람에게 무례함이 아닌 존중을 보여주는 것이므로 ⑤의 disrespect(무례함)를 respect(존중)와 같은 단어로 고쳐야 한다.

어휘
bring ~ together	~을 모으다
attend	참석하다
foreign	외국의; 외국인
send off	파견하다
language	언어
gap	차이, 틈
chance	기회, 가능성
manners	예절, 관습 (cf. manner 방법)
basic	기본의
preparation	준비
expression	표현
pleased	기쁜, 만족한
make an effort	노력하다
communicate	의사소통하다
person	사람, 개인
disrespect	무례함
respect	존중, 존경

03
정답 ④

사무실에서 일하기가 항상 쉽지만은 않다. 업무 시간 중에는 앉아서 집중할 수 있는 조용한 시간이 거의 없다. 사무직원들은 벨이 울리는 전화기, 미리 계획하지 않은 회의, 그리고 수다를 떠는 동료들에 의해 규칙적으로 방해를 받는다. 하지만 재택 근무하는 것은 이런 방해 요소들을 없애줄 수 있어서, 일에 집중할 수 있는 시간을 준다. 당신의 집이 자체의 문제들을 가지고 있을지라도, 그것들을 처리할 방법들은 있다. 당신의 생산성이 분명히 감소할(→ 증가할) 것이고, 당신의 생산물의 질도 높아질 것이다. 동시에, 당신의 일에 집중하고 그것을 하는 개인적인 만족감을 즐길 수 있게 될 것이다.

해설
재택근무를 통해 생산성이 향상되고 생산물의 질도 높아질 것이므로, ④의 decrease(감소하다)를 increase(증가하다)와 같은 단어로 고쳐야 한다.

어휘
rarely	거의 ~않는, 드물게
business hour	업무 시간
concentrate	집중하다
regularly	규칙[정기]적으로
interrupt	방해하다, 가로막다
unplanned	미리 계획하지 않은
chatter	수다 떨다
coworker	동료
free A from B	A를 B로부터 없애다
distraction	방해 요소, 주의산만
focus on	~에 집중하다
handle	처리하다, 다루다
productivity	생산성
certainly	분명히
at the same time	동시에
personal	개인적인
satisfaction	만족(감)

UNIT 12 빈칸 내용 추론 ① – 단어
본문 p.56

대 표 예 제
정답 ①

모든 사람은 개가 훌륭한 애완동물이 된다고 알고 있다. 그러나 많은 개는 또한 여러 다른 임무를 가지고 있다. 예를 들어 어떤 개는 경찰에 의해 사용된다. 보통 이러한 개들은 곤경에 처한 사람을 돕거나 길을 잃은 사람을 찾아낸다. 또 다른 개는 공항에서 일한다. 그들은 사람들이 다른 나라로부터 들여와서는 안 되는 식물, 식품, 그리고 다른 것들을 냄새로 찾아낸다. 그들의 도움으로 이러한 것들이 발각되면 그 국가에 절대 들어가지 못한다. 몇몇 다른 개는 사람이 해충으로부터 집을 안전하게 지키는 데 도움을 준다. 일단 개가 예민한 코로 곤충의 서식지를 찾아내면, 사람들은 그 곤충과 곤충의 서식지를 없앨 수 있다.

해설
많은 개들은 다양하게 그들만이 전문적으로 할 수 있는 임무들이 있다는 내용의 글이다. 그러므로 빈칸에 들어갈 말로 가장 적절한 것은 ① jobs(임무)이다.
② 적　　　　　　　　③ 역사
④ 습관　　　　　　　⑤ 기억

어휘
often	자주, 보통
for example	예를 들어
in trouble	곤경에 빠진
be lost	길을 잃다
harmful	해로운
nest	(곤충 등의) 서식지
sharp	(감각이) 예민한
remove	제거하다, 없애다
habit	습관

01

정답 ①

당신이 책을 쓰고 싶어 한다고 상상해 보라. 보통 한 시간에 1,000 단어를 입력할 수가 있다. 이것은 처음 두 시간 동안은 잘 이루어져서 시간당 1,000단어를 입력할 수가 있다. 그러나, 세 시간째에는 당신은 피곤함을 느껴 500단어만을 입력한다. 그것은 당신의 평상시 산출량보다 500단어나 더 적은 것이다! 휴식이 없을 때 산출량은 시간이 지나면서 감소한다. 휴식이 중요하다. 일하지 않고 잠시 쉬는 것은 당신이 일로 다시 돌아갈 때 앞으로 나아갈 수 있도록 당신의 배터리를 충전시켜 준다. 생기를 되찾고 당신의 몸과 마음과 정신을 새롭게 하라. 그러고 나서 다시 일로 돌아가라.

해설

처음 두 시간 동안 평균 1시간에 1,000단어를 입력할 수 있지만, 세 시간째에는 피곤해져 500단어만 입력할 수밖에 없는데, 휴식을 하지 않으면 산출량이 줄어든다는 내용이다. 따라서 이 글의 빈칸에 들어갈 말로 가장 적절한 것은 ① 휴식(Rest)이다.

② 집중   ③ 연습
④ 인내   ⑤ 협력

어휘

imagine	상상하다
usually	보통, 대개
per	~당, ~마다
usual	보통의
output	산출량, 결과물
break	휴식; 부수다, 고장 나다
take time off	일을 하지 않고 잠시 쉬다
recharge	충전하다
step forward	앞으로 나아가다
refresh	생기를 되찾게 하다
renew	새롭게 하다
mind	마음, 생각; 꺼리다
spirit	정신, 영혼
rest	휴식, 나머지; 쉬다
focus	집중, 초점; 집중하다
patience	인내
cooperation	협력

02

정답 ①

현대의 남자들은 외모에 많은 시간과 돈을 소비한다. 오늘날, 남성용 몸단장 상품들의 세계적 판매량은 일 년에 수십억 달러를 벌어들이고 있으며, 그 산업은 둔화될 것이라 예상되지 않는다. 그러나 현대 남성의 미용과 몸치장 제품에 대한 관심은 새로운 것이 아니다. 이집트 남자들은 색조 화장품이 담긴 특별한 병들을 포함한 자신만의 화장품 상자를 가지고 있었다. 그들은 그것을 자신의 눈, 입술, 볼 그리고 손톱에 발랐다. 그리스의 남자들 또한 꽃으로 만든 기름을 그들의 피부에 발랐다. 오늘날 남자들이 구매하는 아이크림, 얼굴용 팩, 보습제는 단순히 12,000년 전에 시작되었던 똑같은 관념의 다른 형태일 뿐이다.

해설

이집트와 그리스 남자들이 이미 12,000년 전에 미용 제품을 사용했으며, 이는 새로운 것이 아니라는 것이 글의 주된 내용으로 빈칸에 들어갈 말로 가장 적절한 것은 ① 외모(appearances)이다.

② 가정   ③ 관계
④ 건강관리   ⑤ 취미

어휘

global	세계적인
sale	판매(량)
male	남성
billions of	수십억의
industry	산업
expect	예상하다, 기대하다
slow down	둔화되다, 늦추다
cheek	볼, 뺨
beauty product	미용 제품
appearance	외모, 외관
makeup	화장품
contain	들어 있다, 포함하다
colored	색조의, 색이 있는
put on	바르다, 착용하다
jar	병, 단지
skin	피부, 가죽
facial	얼굴의

03

정답 ②

이 현대 세계에서, 사람들은 불편하게 사는 것에 익숙하지 않다. 우리는 빠른 결과와 만족을 기대한다. 24시간 수리 서비스와 24시간 쇼핑이 있다. 만약 우리가 배고프다면, 전자레인지 식사부터 밤샘 영업을 하는 식료품점과 식당에 이르기까지 이용할 수 있는 음식이 항상 있다. 사람들은 기다리는 방법이나 심지어 기다림이 무엇을 의미하는지조차 더 이상 알지 못한다. 당신이 원하는 것을 당신이 원할 때 갖는 것은 좋지만, 만족을 지연하는 능력은 중요하다. 인내는 분명히 중요한 덕목이다.

해설

현대인들은 빠른 결과와 만족을 기대해서 기다리는 방법이나 심지어 기다림의 의미조차 모르기 때문에, 만족을 지연하는 능력이 중요하다는 내용으로, 빈칸에 들어갈 말로 가장 적절한 것은 ② 인내(patience)이다.

① 야망   ③ 정직
④ 겸손   ⑤ 근면

어휘

modern	현대의
discomfort	불편
expect	기대하다, 예상하다
satisfaction	만족
repair	수리; 수리하다
round-the-clock	24시간의
all-night	밤새 계속되는

microwave	전자레인지
grocery	식료품
no longer	더 이상 ~않는
ability	능력
delay	지연하다, 미루다
clearly	명백히
ambition	야망
honesty	정직
modesty	겸손
diligence	근면

UNIT 13 빈칸 내용 추론 ② - 어구
본문 p.60

대표예제
정답 ②

올림픽은 문화를 공유하는 좋은 기회를 제공한다. 그것은 주최국의 여러 도시 거리에서 볼 수 있다. 여러 다른 언어를 말하는 사람들이 이 도시들을 방문한다. 그들은 각각 자신들의 문화를 가지고 와서 전 지역을 하나의 큰 문화의 도가니로 바꾼다. 어떤 사람들은 세계적인 스포츠 행사에서 그들의 경험을 통해 변화된다. 이러한 커다란 문화 교류는 스포츠 경기를 통해, 우리 주변 세계에 대한 이해를 향상하도록 도와준다.

해설
올림픽을 통해 세계의 많은 사람이 자신의 문화를 한 나라에 가져와 문화의 도가니를 이룬다는 내용이므로 빈칸에 들어갈 말로 가장 적절한 것은 ② share cultures(문화 공유)이다.
① 직업 창조
③ 관광산업 촉진
④ 스포츠 격려
⑤ 투자 유치

어휘

provide	제공하다
host country	주최국
language	언어
entire	전체의
cultural	문화의
exchange	교환
improve	향상하다
share	공유하다
promote	촉진하다, 장려하다
tourism	관광산업
encourage	격려하다
invite	초대하다, 유치하다
investment	투자

유형 연습하기   정답 01 ① 02 ② 03 ②   본문 p.62

01
정답 ①

물병 하나를 집어 들고, 라벨을 제거한 뒤 강물이나 빗물에서 나온 너무 탁하지 않은 물로 그것을 채워라. 그 병을 햇볕이 잘 드는 건물의 금속 지붕 위에 두어라. 6시간이 지나면, 햇빛이 그 속속에 있는 바이러스와 박테리아를 죽여서 그것을 마시기에 안전한 물로 만들 것이다. 이 방법은 약 4백만 명에게 식수를 제공하기 위해 전 세계적으로 사용되고 있다. "그것은 간편하고, 무료이고, 효과적입니다."라고 탄자니아의 한 교장 선생님이 말한다. 2006년에 그녀의 학교는 더러운 수돗물을 깨끗하게 만들기 위해 이 방법을 사용하기 시작했다. 그 결과는? 물에 의한 질병의 비율이 상당히 떨어졌다.

해설
빗물이나 강물을 병 속에 넣어 햇볕이 잘 드는 건물의 옥상에 놓으면 6시간이 지난 후, 물속의 바이러스와 박테리아를 죽여서 마실 물로 만들 수 있다는 내용으로, 빈칸에 들어갈 말로 가장 적절한 것은 ① 식수(drinking water)이다.
② 자외선 차단(제)
③ 재활용 캔
④ 안전한 주택
⑤ 백신 프로그램

어휘

remove	제거하다
cloudy	탁한, 구름이 낀
rainwater	빗물
metal	금속
roof	지붕
method	방법
provide	제공하다
effective	효과적인
principal	교장; 주요한
result	결과; (결과로) 생기다
rate	비율, 요금; 평가하다
disease	질병
drop	떨어지다; 하락
drinking water	식수
sun block	자외선 차단(제)

02
정답 ②

사람들은 당신이 말하고 행동했던 것을 기억할 수도 혹은 기억하지 않을 수도 있지만, 그들은 항상 당신이 그들을 어떻게 느끼도록 했는지는 기억할 것이다. 사람들이 방에 들어올 때, 그들이 함께 가져오는 에너지의 종류를 알아차린 적이 있는가? 예를 들어, 누군가와 이야기하고 있을 때, 또 다른 사람이 당신에게 다가오고, 당신은 "좋아, 그가 오다니 참 기쁘군."하는 기분을 느낀다. 아니면, 아마도 "이런, 그가 이곳으로 오고 있어. 그는 내가 싫어하는 것을 말하거나 내가 열등하게 느끼도록 하려 할 테니까, 그가 오기 전에 여기에서 나가게 해줘."라는 느낌일 수도 있다. 당신이 방에 들어갈 때 당신은 어떤 에너지를 전달하는가? 당신은 방을 환하게 하는 사람인가? 아니면 당신은 먹구름을 가지고 가는가?

사람들은 남이 말하고 행동했던 것을 기억하기도 하고 기억하지 못하기도 하지만, 그들이 느꼈던 기분은 항상 기억하고 있다는 내용으로, 빈칸에 들어갈 말로 가장 적절한 것은 ② 당신이 그들을 어떻게 느끼도록 했는지(how you made them feel)이다.
① 당신이 누구와 어울리는지
③ 당신이 무엇에 종사하고 있는지
④ 왜 당신이 그들에게 다가가는지
⑤ 무엇에 관해서 논쟁하고 있는지

어휘

remember	기억하다
notice	알아차리다; 통지
enter	~에 들어가다
bring	가져오다
person	사람
approach	다가오다
glad	기쁜
carry	가져가다, 운반하다
inferior	열등한
enter	들어가다
argue	논쟁하다
brighten up	환하게 하다
get along with	~와 어울리다
be engaged in	~에 종사하다
storm cloud	먹구름

03   정답 ②

의학의 목적은 모든 환자에게 동등하게 효과를 발휘하는 약을 개발하는 것이다. 그것은 우리 모두가 유사한 생체 역학적인 집단이라는 믿음에서 유래하는데, 그것은 전통의학의 효과를 제한하는 인간에 대한 가장 불완전한 개념이다. 그러나, 미래의 의사는 근본적으로 다른 방식으로 의학을 실천할 필요가 있다. 가장 중요한 변화 중의 하나는, 현재 주로 무시당하고 있는 개념인 환자의 개인적 특성에 대한 증가된 인식일 것이다. 유사한 증상을 나타내는 다양한 환자를 똑같은 약으로 치료하는 것 대신, 의사들은 병의 근본 원인을 확인하여 개별화된 치료를 제시해야 한다.

해설

인간을 유사한 생체 역학적인 집단으로 생각한 것이 전통 의학의 한계라고 지적한 후 미래 의사들은 환자의 개인적 특성을 파악하여 그에 맞는 치료를 실행해야 한다고 주장하고 있다. 따라서 빈칸에 들어갈 말로 가장 적절한 것은 ② 환자의 개인적 특성(patient individuality)이다.
① 집단 치료법
③ 의학 기술
④ 의사의 자격
⑤ 경이로운 약

어휘

medicine	의학
originate	유래하다, 비롯되다
human being	인간
conventional	전통적인
effectiveness	효과(성)
practice	실천하다, 연습하다
mostly	주로
instead of	~ 대신에
symptom	증상
identify	확인하다, 알아보다
root cause	근본 원인
come up with	~를 제시하다, 생각해내다
therapy	치료법
individuality	개인적 특성, 개성
qualification	자격

UNIT 14 흐름에 무관한 문장 찾기   본문 p.64

대 표 예 제   정답 ③

아프리카 사람들은 발과 신발에 관하여 다른 문화권에서 발견되는 것과 동일한 믿음과 관습들 가운데 일부를 가지고 있다. 예를 들면, 많은 아프리카 사람들은 발과 신발 모두가 오염시키는 속성들을 가지고 있다고 생각한다. 아프리카의 많은 지역에서는 집에 들어가기 전에 신발을 벗는 것이 관습이다. 아프리카 의상의 몇 가지 전통은 옷감 생산에 있어 수작업의 전통과 관련되어 있다. 게다가, 비록 많은 사람들이 맨발로 다니지만 다른 사람들에게 발바닥을 보여주는 것은 받아들여지지 않는다. 서아프리카 사람들은 유령이 집안으로 들어오는 것을 막기 위해 신발 한 켤레를 문에 남겨두어야 한다고 믿고 있다.

해설

아프리카 사람들은 발과 신발에 오염시키는 속성을 지니고 있다고 믿는다는 것이 글의 요지이다. 그러나 글 중간 부분, 아프리카 의상전통에 관련된 내용은 글의 흐름과 관련이 없으므로 정답은 ③이다.

어휘

belief	믿음
practice	관습, 실천
pollute	오염시키다
quality	속성, 질
customary	관습적인
tradition	전통
relate to	~와 관련이 있다
handwork	수작업
production	생산
barefoot	맨발
unacceptable	받아들일 수 없는
prevent A from B	A가 B하는 것을 막다

01
정답 ④

　당신이 걸음을 내딛거나, 다리를 꼬거나, 신발(끈)을 매기 위해 구부릴 때, 당신의 무릎은 힘들게 일한다. 당신의 무릎은 매일 많은 스트레스를 받으므로, 그것들을 잘 돌볼 필요가 있다. 무릎의 힘을 증가시키기 위해서, 주변 근육들을 향상해야 한다. 무릎 펴기와 같은 운동을 함으로써, 당신은 이 근육들을 강화할 수 있다. 다음에 나가서 걷거나 조깅을 할 때, 당신의 심장과 폐가 당신을 위해 얼마나 열심히 일하고 있는지 기억하라. 걷거나 조깅을 하는 동안 적절한 신발을 신는 것은 당신이 건강한 무릎을 유지하는 것을 도와줄 것이다.

해설
일상생활에서 무릎이 받는 스트레스를 줄이기 위해 주변 근육을 강화해야 한다는 것이 글의 요지이다. 그런데 ④는 가벼운 운동을 할 때 심장과 폐가 하는 역할을 기억하라는 내용이므로, 글의 전체 흐름과 관계가 없다.

어휘

take a step	발을 내딛다
bend	구부리다
tie	묶다; 끈, 유대
knee	무릎
take care of	돌보다
increase	증가시키다; 증가
strength	힘
improve	향상하다, 개선하다
surrounding	주변의
muscle	근육
strengthen	강화시키다
by -ing	~함으로써
exercise	운동, 연습
remember	기억하다
lung	폐
wear	입고[신고] 있다
suitable	적합한
footwear	신발(류)
maintain	유지하다

02
정답 ③

　블랙 아이스는 표면의 얇은 얼음 막을 의미한다. 정말로 검은색은 아니지만, 그것은 사실상 투명하고, 아래에 있는 검은색 아스팔트 도로나 표면이 그것을 통해 보이기에 "블랙 아이스"라는 용어로 불린다. 블랙 아이스는 종종 그 위를 걷는 운전자나 사람들에게 보이지 않는다. 따라서 갑작스러운 미끄러짐과 뒤따르는 사고의 위험이 있다. 안전 운전을 확실하게 하려면, 출발 전에 당신의 차를 점검하는 것이 가장 좋다. 2013년 12월 1일 주말에 290번 주간 고속도로에서 교통 체증이 블랙 아이스와 마주쳤다. 60대가 넘는 차량을 수반하는 연쇄 충돌 사건이 블랙 아이스에서 비롯되었다.

해설
표면의 얇은 막을 의미하는 블랙 아이스의 위험성에 관한 것이 글의 주된 내용이다. 그런데 ③은 안전운전을 위한 기본 지침을 언급하고 있으므로, 글의 전체 흐름과 관계가 없다.

어휘

black ice	(도로 위에 생긴) 얇은 빙판
nearly	거의
roadway	도로
below	~보다 아래의
hence	따라서, 이런 이유로
term	용어, 기간 (cf. terms 조건)
invisible	눈에 보이지 않는
risk	위험; 무릅쓰다
sudden	갑작스러운
sliding	미끄러짐
accident	사건
ensure	보증하다, 확실하게 하다
examine	점검하다
traffic	교통, 통행
interstate	주간 고속도로
expressway	고속도로
involve	수반[포함]하다
vehicle	차량
result from	~에서 비롯되다

03
정답 ③

　음식 섭취는 모든 생물의 생존을 위해 필수적이다. 따라서 인간이 음식의 질을 분석하기 위해 모든 오감을 사용하는 것은 놀랍지 않다. 음식 재료의 가치는 그것의 외관과 냄새로 첫 판단이 이루어진다. 매력적으로 보이고 매력적인 냄새가 나는 음식은 입속으로 가져가 진다. 한 음식의 가치는 비타민, 미네랄, 칼로리의 수준에 근거하여 그것이 얼마나 좋으냐에 대한 추측이다. 여기에서 후각, 촉각, 청각, 그리고 미각을 포함하는 복합적인 감각 분석에 근거하여, 음식을 먹는지에 관한 최종 결정이 내려진다. 이러한 서로 다른 감각 간의 복합적인 상호작용은 다수의 감각을 사용하기 때문에 '맛'이 아닌 향미지각으로 불려야 한다.

해설
인간은 생존을 위해 음식을 섭취하기 전 모든 감각을 동원하여 그것을 섭취하는 것이 안전한지를 판단한다는 내용이 전체 글의 흐름이다. 그런데 ③은 한 음식의 가치는 비타민, 미네랄, 칼로리의 수준에 근거하여 평가된다는 내용으로 전체 글의 흐름과 관계가 없다.

어휘

intake	섭취
survival	생존
living thing	생물
surprising	놀라운
analyze	분석하다
judgment	판단

value	가치; 소중히 여기다
source	재료, 소스
attractive	매력적인
based on	~에 근거하여
level	수준
mineral	미네랄, 무기물
complex	복잡한
sensory	감각의
analysis	분석
include	포함하다
make a decision	결정을 하다[내리다]
interaction	상호작용
multiple	다수의

≥UNIT 15 문단 내 글의 순서 파악하기 본문 p.68

대표예제 정답 ②

쿠션은 소파를 더 편안하게 만들어 준다. 오래된 티셔츠나 스웨터로부터 쿠션을 만드는 것은 재미있는 작업이다. (B) 천을 고르라. 스웨터는 부드럽고 편안하다. 여러분은 티셔츠 위에 그림을 그릴 수 있으므로, 그것도 역시 재미있는 아이디어이다. (A) 선택한 천 위에, 만들고자 하는 쿠션 모양을 그려라. 정사각형 모양이 초보자가 시도하기에 더 쉬운 방법일 수 있다. 선을 따라 두 개의 사각형을 잘라내라. (C) 그다음에, 서로 마주 보게 하려고 그것들을 뒤집어라. 세 면을 모두 꿰매라. 안쪽이 밖이 되도록 뒤집고 안을 솜으로 채워라. 트여 있는 면을 꿰매는 것을 마무리하라. 이제, 자신의 옷으로 만든 쿠션을 가지게 된다.

해설

쿠션을 만들기 위해 티셔츠나 스웨터를 이용하는 작업을 소개한 주어진 글 다음에, 천을 고르는 (B)가 이어지고 선택한 천 위에 모양을 그리고, 그 모양대로 자르는 (A)가 온 후, 자른 사각형을 맞대고 꿰맨 후 솜을 채워 완성하는 (C)가 이어지는 것이 글의 순서로 가장 적절하다.

어휘

comfortable	편안한
project	작업
shape	모양
square	정사각형
route	방법, 길
sew	꿰매다
face	마주하다
beginner	초보자
cotton	솜, 면직물

유형 연습하기 정답 01 ③ 02 ⑤ 03 ④ 본문 p.70

01 정답 ③

아마도 당신은 일몰을 본 적이 있을 것이다. 때때로 그것은 불타고 있는 것처럼 보이기도 하는데, 특히 그것이 구름 사이로 빛나고 있을 때이다. (B) 그것이 그렇게 보이는 이유는 태양이 불타고 있기 때문이다. 태양의 중심에 있는 불이 얼마나 뜨거운지 짐작할 수 있겠는가? (C) 그것은 화씨 2,500만 도를 넘는다! 그것은 가장 더운 여름날보다 25만 배가 더 뜨겁다. (A) 하지만 훨씬 더 당신을 놀라게 할지도 모르는 것은, 태양보다 수천 배 더 뜨거운 별들이 많이 있다는 것이다.

해설

일몰 시에 불이 타고 있는 것처럼 보인다는 주어진 글 다음에는 그 이유가 태양이 불타고 있기 때문이며, 태양 중심의 불이 얼마나 뜨거운지 짐작할 수 있는지를 묻는 (B)가 온 후, 태양이 화씨 2500만 도가 넘는다는 (C)가 이어지고, 이것보다 더 놀라운 것은 태양보다 더 뜨거운 별이 많다는 (A)가 이어지는 것이 글의 순서로 가장 적절하다.

어휘

sunset	일몰
as though	마치 ~인 것처럼
on fire	불타는
especially	특히
shine	빛나다
surprise	놀라게 하다; 놀람
thousands of	수천의
reason	이유
guess	짐작하다; 추측
center	중심(지)
degree	(온도의) 도, 정도, 학위
Fahrenheit	화씨
times	…배(倍); 곱하기

02 정답 ⑤

그리스의 역사가인 Herodotus는 그가 페니키아인들로부터 알게 된 계피에 관해 기술했다. (C) 페니키아인들은 커다란 새들이 아라비아에 있는 절벽 위의 그들의 둥지로 계피 막대기를 가져왔다고 말했다. 계피를 얻기 위해 아라비아인들은 큰 동물의 몸을 잘라 그것들을 둥지 근처의 땅바닥에 두었다. (B) 그 새들이 그 먹이를 집어서 둥지로 돌아갔을 때, 고기의 무게가 둥지를 부쉈고 계피가 산 아래로 떨어졌다. 그러고 나서, 아라비아인들은 달려가서 그것을 주웠다. 그 향신료는 그 후에 다른 나라로 수출되었다. (A) 이 이야기는 아마도 있을 것 같지는 않다. 하지만, 먼 나라에서 온 사람들에게 이 향신료를 거래했던 사람들에게 있어서, 그러한 고난에 대한 이야기는 소비자에게 상품의 가치를 높였다.

해설

그리스 역사가가 페니키아인들로부터 알게 된 계피에 관해 기술했다는 주어진 글 다음으로, 커다란 새가 그들의 둥지로 계피 막대기를 가져오는데, 이 계피를 얻기 위해 페니키아인들이 새들에게 동물의 몸을 잘라서 먹이로 주었다는 (C)가 온 후, 그 새들이 먹이를 집어 돌아가면 그 무게로 말미암아 둥지가 부서져 계피가 떨어졌다는 (B)가 오고 이 이야기가 믿기는 어렵지만, 계피를 거래한 이

들에게 상품의 가치를 높여 주었다는 (A)가 이어지는 것이 글의 순서로 가장 적절하다.

어휘

Greek	그리스인, 그리스어
historian	역사가
cinnamon	계피
far-off	먼
perhaps	아마도
unlikely	있을 것 같지 않은
tale	이야기
hardship	고난
consumer	소비자
nest	둥지; 둥지를 틀다
weight	무게, 몸무게
meat	고기
export	수출하다
cliff	절벽

03
정답 ④

우리는 교실 문을 직사각형으로 본다. 사실, 교실의 직사각형 문은 앞에서 똑바로 볼 때만 우리의 망막에 직사각형 이미지를 투영한다. (C) 다른 각도에서는 그 이미지가 사다리꼴로 보일 것이다. 우리 쪽을 향한 문의 모서리는 문틀의 모서리보다 더 넓게 보인다. (A) 사다리꼴은 완만하게 점점 더 얇아지고 망막에 보이는 모든 것은 수직선이며, 그것은 문의 두께이다. 우리는 이 변화들을 관찰하고 구별할 수 있지만, 우리는 그것을 받아들이지 않는다. (B) 마찬가지로, 둥근 동전은 정면에서 똑바로 볼 때를 제외한 각도에서 볼 때조차도 둥근 것으로 보인다.

해설

교실 문을 정면에서 보았을 때 직사각형 모양으로 보인다는 주어진 글에 이어서, 이를 다른 각도로 볼 때 사다리꼴로 보이는 현상에 대해 언급한 (C)가 이어지고, 우리가 그러한 교실 문의 시각적 변화를 구별할 수 있으면서도 그 변화를 받아들이지 않는다는 (A)를 언급한 후, 이와 유사하게 동전의 모양에 대해 설명한 (B)가 이어지는 것이 글의 순서로 가장 적절하다.

어휘

rectangular	직사각형의
view	보다; 관점
directly	똑바로, 직접적으로
front	앞면; 앞(쪽)의
thin	얇은, 가는
vertical	수직의
thickness	두께
round	둥근, 동그란
angle	각도
other than	~외에, ~와 다른
edge	모서리, 가장자리
toward	~향하여
wide	넓은, 너른

∑UNIT 16 주어진 문장의 적합한 위치 찾기 본문 p.72

대 표 예 제
정답 ④

Al-Khwarizmi는 수학자이자, 천문학자이며, 지리학자였다. 페르시아에서 태어나, 그는 마침내 이슬람 황금시대에 학문의 최고 중심지인 바그다드의 유명한 '지혜의 집'에 들어갔다. 그곳에 있는 동안 Al-Khwarizmi는 인도에서 셈을 하는 데 사용된 기호를 포함하여 수학에서 힌두의 개념을 설명하는 책 한 권을 저술했다. 그 책은 그가 죽은 뒤 삼백 년 후에 아랍어에서 라틴어로 번역되었다. 그 번역된 책은 현재 아라비아 숫자인 1, 2, 3, 4, 5, 6, 7, 8, 9, 0을 사용하여 셈을 하고 수학적 계산을 하는 획기적인 새로운 방법을 유럽인들에게 소개하는 데 도움을 주었다. 이것들은 특히 나눗셈과 곱셈에 있어 로마 숫자보다 사용하기에 훨씬 더 쉬웠다. 그것들은 마침내 전 세계에서 사용되었다.

해설

주어진 문장은 번역된 책이 아라비아 숫자를 사용하여 계산하는 방법을 유럽인들에게 소개하는 데 도움을 주었다는 내용이므로 책이 아랍어에서 라틴어로 번역되었다는 내용 다음에, 그리고 아라비아 숫자가 로마 숫자보다 쉬웠다는 문장 앞인 ④에 들어가는 것이 가장 적절하다.

어휘

Roman	로마의
translate	번역하다
introduce	소개하다
radical	획기적인
mathematician	수학자
astronomer	천문학자
geographer	지리학자
eventually	마침내
golden age	황금기
explain	설명하다
include	포함하다
multiplication	곱셈
especially	특히
division	나눗셈
symbol	기호
count	세다

유형 연습하기 정답 01 ④ 02 ③ 03 ⑤ 본문 p.74

01
정답 ④

어떤 일을 받아들인다는 것은 당신이 그것과 동반하는 책임을 받아들인다는 것을 의미한다. 당신의 직무 내용 설명서는 허드렛일들을 열거하지 않을 수도 있지만, 당신은 때때로 그것들을 해야 할 것으로 기대된다. 당신은 항상 물건을 당신이 발견한 대로 남겨두어야 하고 또 행해질 필요가 있는 일은 무엇이든지 항상 해야만 한다. 예를 들어, 만약 당신이 복사기 종이함에 있는 마지막 종이를 사용한다면 당신은 무엇을 해야 하는가? <u>당신이 복사기의 종이를 비웠기 때문에, 그것을 다시 채워 놓아야 한다.</u> 이런 식으로 당신은 다음 사람이 복사기를 사용하는 것을 도울 수 있다. 종이함에 종이가 있는 것이 당신의 일을 더 쉽게 만들었으므로, 다른 사람을 위해서 그것을 다시 채워 넣는 것이 어떻겠는가?

해설
주어진 문장은 복사기의 종이를 비웠기 때문에 그것을 채워 놓아야 한다는 내용이고, 이런 식으로 복사기를 사용할 다음 사람을 도울 수 있다는 문장 앞인 ④에 들어가는 것이 가장 적절하다.

어휘
refill	다시 채우다
empty	비우다; 빈
accept	받아들이다
mean	의미하다
list	열거하다; 목록
chore	허드렛일
expect	예상하다, 기대하다
leave	남겨 놓다, 떠나다
tray	함, 쟁반
responsibility	책임
go with	동반[수반]되다
copy machine	복사기
why not ~?	~하는 게 어때?

02
정답 ③

여러분의 인생에서 여러분을 믿고 응원하는 사람들이 있다는 것은 좋은 일이다. 그들은 여러분이 성취하려고 노력하고 있는 것에 진심으로 관심을 가지며 여러분의 모든 목표를 지지한다. 우리 각자는 우리의 인생에서 자신의 능력을 확신하기 위해 우리를 격려해 주는 사람들이 필요하다. <u>하지만 여러분의 인생에서 일어나 여러분을 응원할 사람이 주변에 아무도 없을 때가 있을 것이다.</u> 이것이 일어날 때, 낙담하지 마라. 대신에 여러분 자신의 치어리더가 돼라. 어느 누구도 여러분의 장점과 재능을 여러분보다 더 잘 알지 못하므로, 동기를 부여하는 격려의 말을 여러분 자신에게 하라.

해설
주어진 문장은 우리를 응원해줄 사람이 주위에 없을 때가 있다는 내용이므로, 이러한 일이 일어날 때 낙담하지 말라는 문장 앞인 ③에 들어가는 것이 가장 적절하다.

어휘
cheer ~ on	~을 응원하다
truly	정말로, 진심으로
achieve	성취하다, 달성하다
support	지지하다; 지지
encourage	격려하다, 권유하다
so that	(목적) ~하기 위하여, (결과) 그래서
confident	확신하는
discouraged	낙담한

instead	대신에
own	자신의; 소유하다
strength	장점, 힘
talent	재능

03
정답 ⑤

여러분이 어렸고 어른들은 무한한 힘을 가졌다고 상상하던 때를 기억하는가? 확실히 자동차를 운전하고, 주스 용기를 여는 누군가는 비를 그치게 할 수 있을 것이었다. 나는 그것이 우리가 개와 냄새를 맡는 그들의 능력에 관해서 갖고 있는 똑같은 기대라고 생각한다. 그들은 코를 사용하는 능력이 아주 뛰어나서 우리는 그들이 어느 때건 뭐든지 냄새를 맡을 수 있다고 믿는다. 그렇지만 개들은 다른 감각도 사용하고, 인간과 개 양쪽 모두의 뇌는 한 번에 한 가지 감각을 강화한다. 많은 주인들이 새로운 머리모양이나 새 코트를 입고 집에 돌아왔다가 그들의 개에게 거의 물릴 뻔한 적이 있다. <u>낯선 검은 윤곽의 광경에 놀라서, 이 개들은 코 대신 눈을 사용하고 있었다.</u> 그들의 코가 뛰어날 수 있지만, 늘 켜져 있는(작동되는) 것은 아니다.

해설
주어진 문장은 개가 주인에게 달려든 이유를 설명하는 내용이므로, 주인이 새로운 머리 모양이나 새로운 코트를 입고 나타났을 때 개가 달려든 적이 있다는 내용 다음에 이어져야 자연스럽다. 그러므로 주어진 문장이 들어가기에 가장 적절한 곳은 ⑤이다.

어휘
vision	모습, 광경
unfamiliar	낯선
silhouette	검은 윤곽, 실루엣
endless	끝없는, 무한한
container	용기, 컨테이너
expectation	기대, 예상
sense	감각; 감지하다
brain	(두)뇌
at a time	한 번에
owner	주인
bite	물다 (bite-bit-bitten)
unusual	뛰어난, 특이한
switch on	(스위치를) 켜다

∑UNIT 17 문단 요약하기
본문 p.76

대 표 예 제
정답 ③

사람과 동물은 기본적으로 같은 음식을 먹는다. 유일한 차이는 우리가 식사를 준비하는 방식이다. 그러나 무엇이 우리를 특별하게 만드는가? Harvard 대학교 교수인 Richard Wrangham은 그 답을 알고 있다고 생각한다. 그는 익힌 음식이 뇌가 더 커지도록 그리고 우리를 오늘날의 지적인 생명체로 진화하도록 해 준 것이라고 주장한다. 이것이 의미하는 바는 요리가 인간 진화에 중요했다는 것인데, 그 이유는 요리하는 것이 소화를 훨씬 더 효율적으로 만들어 우리 몸이 우리가 먹는 것으로부터 얻어내는 에너지의 양을 증가시켰기 때문이다. 그는 인간이 생각하고, 노래하고, 벽에 그림을 그리고, 새로운 도구를 발명하는 것을 더 잘 할 수 있게 되었다고 믿는다. 근본적으로, 음식을 익히는 인간은 신체의 진화적 변화인 더 커진 뇌와 더불어, 그들의 자손에게 요리 기술을 전수할 가능성이 더 커지게 되었다.

→ 익힌 음식이 인간 지능을 향상함으로써 인간이 진화하는 데 도움이 되었다는 이론이 있다.

해설

익힌 음식이 인간의 뇌를 더 커지게 하고 지적인 생명체로 진화하도록 했다는 것이 글의 요지이므로 빈칸 (A)에는 cooked(익힌)와 빈칸 (B)에는 intelligence(지능)가 들어가는 것이 가장 적절하다.

① 언 – 보안　　② 즉각적인 – 지능
④ 유기농의 – 보안　　⑤ 다진 – 서식지

어휘

basically	기본적으로
prepare	준비하다
argue	주장하다
heated	익힌
digestion	소화
efficient	효율적인
invent	발명하다
tool	도구
technique	기술
intelligence	지능
evolution	진화
theory	이론
security	보안
instant	즉각적인
organic	유기농의
chopped	잘게 썬
habitat	서식지

유형 연습하기　　정답 01 ①　02 ②　03 ⑤　　　본문 p.78

01

정답 ①

　Sarah Pressman과 Sheldon Cohen은 심리학자, 시인, 소설가를 포함한 실험 참가자들에 의해 쓰여진 자서전을 연구했다. 그들은 사람들이 그들의 자서전에서 사용한 관계를 나타내는 단어, 즉 we와 같은 대명사뿐만 아니라 father, brother, 혹은 sister와 같은 단어의 수를 세었다. 그리고 나서 Pressman과 Cohen은 사람들이 관계를 나타내는 단어를 얼마나 자주 사용하는지와 그들이 얼마나 오래 사는지에 대한 연관성을 증명했다. 그들은 자신의 삶의 이야기에서 사회적 역할을 아주 많이 언급한 작가들이 그렇지 않은 사람들보다 평균적으로 5년 더 오래 살았다는 것을 발견했다.

→ 한 연구는 관계에 대한 단어의 사용 빈도가 사람들의 삶의 길이에 영향을 주었다는 것을 보여 주었다.

해설

자서전을 연구한 결과 관계를 나타내는 말을 사용한 사람들이 그렇지 않은 사람보다 더 오래 살았다는 것이 글의 요지이므로, 빈칸 (A)에는 relationships(관계)가 (B)에는 length(길이)가 들어가는 것이 가장 적절하다.

② 관계 – 질
③ 예의 – 길이
④ 개성 – 질
⑤ 개성 – 기준

어휘

autobiography	자서전
participant	참가자
psychologist	심리학자
poet	시인
novelist	소설가
pronoun	대명사
prove	증명하다, 입증하다
connection	연관성, 관련성
heavily	아주 많이, 심하게
mention	언급하다
on average	평균적으로
frequency	빈도
influence	영향을 주다
standard	기준, 표준

02

정답 ②

　국가 사이의 자연적 경계는 강, 호수, 사막 그리고 산맥을 따라 발견된다. 그것들 중에 강 경계가 가장 이상적인 것처럼 보인다. 즉, 그것들은 분명한 물리적 특징을 제공한다. 하지만 실제로 강의 경계는 강이 경로를 바꿈에 따라 변할 수 있다. 홍수 후에 강의 경로가 국가 사이의 경계를 바꿀 수 있다. 예를 들어, 미국과 멕시코를 구분 짓는 리오그란데 강은 경로를 자주 바꾸어, 국가 간 경계의 정확한 위치를 결정하는 데 문제를 일으켜왔다.

→ 강은 경계를 확립하는데 있어서 이상적인 것처럼 보이지만, 사실은 그렇지 않은데, 그것의 경로가 변할 수도 있기 때문이다.

해설

국가 간의 자연적인 경계 중 강이 물리적 특징을 제공하기에 이상적인 것처럼 보이지만, 홍수 등에 의해서 경계가 바뀔 수도 있다는 것이 글의 요지이다. 따라서 빈칸 (A)에는 establishing(확립하기에)이 (B)에는 changeable(변하기 쉬운)이 들어가는 것이 가장 적절하다.

① 확립하기에 – 보이지 않는
③ 제거하기에 – 고정된
④ 연결하기에 – 고정된
⑤ 연결하기에 – 변할 수 있는

어휘

natural	자연적인
mountain range	산맥
ideal	이상적인
in reality	실제로

course	경로, 과정
flood	홍수; 범람하다
separate	구분 짓다; 분리된
determine	결정하다
location	위치
international	국가 간의
in fact	사실은
establish	확립하다
changeable	변할 수 있는
fixed	고정된

03 정답 ⑤

원시 사회의 아이들은 사냥, 축제, 경작, 그리고 추수와 같은 활동에서 어른들을 관찰하고 흉내 냄으로써 문화를 배웠다. 아이들을 교육시키기 위한 학교를 만들 필요가 없었다. 그 결과, 어른과 아이 간의 소외가 거의 없거나 아예 없었다. 현대 사회의 이러한 소외에 대한 이유는 현대의 어른들은 원시인이 했던 것보다 직접적인 경험에 덜 의존하고, 문화의 경험에 더 의존하기 때문이다. 그러므로, 현대의 아이들은 어른의 세계관을 배우기 위해 원시인의 아이들보다 더 멀리 여행을 해야 한다. 따라서 그들은 그 사회의 어른들로부터 그렇게 훨씬 더 분리되는 것이다.

→ 가까운 환경으로부터 학습을 하는 원시 시대 아이와 달리 현대의 아이는 교육기관에서 학습을 하는데, 이는 연장자로부터의 소외를 낳는다.

해설

어른들이 하는 모든 생활방식을 곁에서 지켜보며 배웠던 원시 시대 아이들과는 달리, 현대 아이들은 교육기관으로부터 학습을 하기 때문에 어른들과 소외된다는 요지의 글이다. 따라서 빈칸 (A)에는 immediate(가까운)가 (B)에는 alienation(소외)가 들어가는 것이 가장 적절하다.
① 외국의 – 무관심
② 가까운 – 동정
③ 외국의 – 동정
④ 상상의 – 소외

어휘

society	사회
culture	문화
copy	흉내 내다; 복사(본)
farming	경작, 농업
educate	교육하다 (educational 교육의)
direct	직접적인; 감독하다
further	더 멀리 (far의 비교급)
world view	세계관
surroundings	환경
institution	기관, 제도
indifference	무관심
immediate	가까운, 인접한
sympathy	동정
imaginary	상상의

대 표 예 제 정답 1 ② 2 ③

어느 날 나는 할아버지가 덤불을 보고 계신 것을 보았다. 할아버지는 30분 동안, 말없이 가만히 서 계셨다. 내가 더 가까이 다가갔을 때, 할아버지가 일종의 새를 보고 계신다는 것을 알 수 있었지만 어떤 종류의 새인지는 알 수 없었다. 내가 막 할아버지께 여쭤보려고 했을 때, 흔한 울새가 덤불에서 날아갔다. 나는 할아버지께 무엇을 보고 계셨는지 여쭤보았다. 할아버지는 미소를 지으시면서 "울새란다."라고 대답하셨다. 나는 "하지만 할아버지, 그냥 흔한 울새잖아요. 울새가 뭐가 그렇게 흥미로우세요?"라고 말했다. 그는 "그냥 울새라고?"라고 말씀하셨다. 그다음, 그는 막대기로 땅에 새 그림을 그리시고는 나에게 막대기를 건네주시면서, "울새의 검은 반점이 있는 자리가 모두 어디인지 그려 봐라."라고 말씀하셨다. "잘 모르겠는데요."라고 나는 말했다. 할아버지께서는 계속해서 말씀하셨다. "봐라, 각각의 새는 너와 나처럼 서로 같단다(→ 다르단다). 그 어떤 새도 다른 새와 같지 않아. 울새를 볼 때마다 항상 새로운 것을 배울 수 있어. 그건 모든 경험, 모든 상황, 모든 새, 나무, 바위, 물, 나뭇잎과 같은 삶의 다른 모든 것에도 사실이야. 우린 어떤 것이든 절대 완전히 알 수 없어. 마지막으로," 할아버지는 계속하셨다. "동물을 만져보고, 그 동물의 마음을 느껴야 그 동물을 알기 시작하는 거야. 그런 다음 오직 그래야만 알기 시작할 수 있단다."

해설

01
아무리 비슷하게 보여도, 어떤 것이든 그것을 만지고 마음을 느끼기 전까진 모든 것을 알 수 없다는 내용의 글이다. 따라서 이 글의 제목으로 가장 적절한 것은 ② '모든 것으로부터 새로운 것을 배워라'이다.
① 당신의 경험을 다른 사람과 공유하라.
③ 친절한 말로 다른 사람을 대하라.
④ 당신이 있는 곳에서 행복하라.
⑤ 긍정적인 태도를 가져라.

02
흔한 울새가 모두 다 같지 않듯이 각각의 새도 너와 내가 다른 것처럼 다르다는 것이 자연스럽다. 따라서, (c)의 same(같은)을 different(다른)와 같은 낱말로 고쳐야 한다.

어휘

bush	덤불
silent	조용한
still	가만히 있는
close	가까운; 닫다
a sort of	일종의
common	흔한
robin	울새
reply	대답하다
hand	건네주다, 넘기다
stick	막대기; 찌르다
mark	(반)점; 표시를 하다

continue	계속하다		precious	소중한
single	단 하나의		office	사무실
situation	상황		welcoming	따뜻한, 환영하는
leaf	잎 (pl. leaves)		budget	예산
spirit	영혼		entire	전체의
positive	긍정적인		from time to time	때때로 (= now and then)
attitude	태도		enough	충분한

[01~02] 　　　　　　　　　　　　정답 01 ① 　02 ⑤

음식은 경영자로서 여러분이 사용할 수 있는 가장 중요한 수단 중 하나이다. 배가 부른 것은 사람들은 만족스럽고 행복하게 만든다. 함께 먹는 것은 직원들에게 서로 관계를 맺을 시간을 제공한다. 가끔 간식을 제공하거나 때때로 점심을 사는 것은 직원들이(자신들이) 소중하다고 느끼게 하는 것을 돕고 사무실이 더 따뜻한 느낌이 들게 할 수 있다. 이것들은 공들인 계획이 될 필요는 없다. 만약 여러분이 적은 예산을 갖고 있다면, 여러분은 전체 직원에게 식당에서 점심을 사기를 원하지는 않을 것이다. 이따금 약간의 쿠키를 가지고 오는 것으로 충분하다. 여러분은 또한 직원들에게 그들 스스로 음식을 가지고 오도록 권유할 수도 있다.

음식을 효과적으로 사용하는 비결은 그것이 계획된 행사가 되게 하지 않는 것이다. 만약 모두가 여러분이 금요일 오전 회의에 도넛을 가지고 오는 것을 안다면, 그것은 예상한 일이 된다. 호의를 불러일으키려면 음식은 예상되게(→ 예기치 않게) 보여야 한다. 요청받지 않을지라도 음식을 가지고 오는 직원을 칭찬하는 것 또한 좋은 생각이다. 이것은 나눔의 분위기를 만든다.

해설

01
경영자가 음식을 함께 먹거나 사주는 것은 직원들이 자신을 소중하다고 느끼게 하고 사무실을 따뜻한 분위기로 만들 수 있다는 것이 글의 주된 내용이다. 따라서 이 글의 제목으로 가장 적절한 것은 ① 더 좋은 관계를 위해서 음식을 제공하라(Offer Food for Better Relationships)이다.
② 외식하라. 하지만 예산을 고려해라.
③ 더 많은 점심을 먹어라. 하지만 더 적게 저녁을 먹어라.
④ 피곤하지 않으려면 휴식을 취하라.
⑤ 근무 시간 동안에 먹지 마라.

02
음식을 효과적으로 사용하기 위해서는 미리 계획하지 않고 예상한 일이 되지 말아야 한다는 것이 자연스럽다. 따라서, (e)의 expected를 unexpected와 같은 낱말로 고쳐야 한다.

어휘

tool	도구
satisfied	만족한
employee	직원
connection	관계, 연관성
one another	서로
provide	제공하다

encourage	권유하다, 격려하다
bring in	가져오다
key	비결, 열쇠
effectively	효과적으로
event	행사, 사건
expectation	기대, 예상
appear	~처럼 보이다, 나타나다
praise	칭찬하다
even if	비록 ~일지라도
atmosphere	분위기
sharing	나눔, 공유
eat out	외식하다
consider	고려하다
take a break	잠시 휴식을 취하다
during	~동안[내내]

[03~04] 　　　　　　　　　정답 03 ④ 　04 ②

많은 사람들은 누군가와 비슷한 신념과 가치관을 공유하는 것이 중요하다고 믿는다. 다른 배경을 가진 개인들은 그들의 차이를 받아들이고 함께 사는 것을 배워 왔다. 나는 다른 종교의 사람들이 강하고 지속적인 유대관계를 위해서 함께 하는 것을 보아왔다. 게다가, 많은 좋은 친구들이 존경과 친밀한 관계의 따뜻한 사랑하는 감정을 빼고는 공통적인 것이 많이 있다(→ 거의 없다). 그것이 유일한 필수적인 것이다.

다른 사람들과 최고의 관계를 즐기는 사람들은 차이는 삶의 사실로서 예상된다는 것을 배웠다. 이러한 이해는 단순히 지적으로 "우리가 모두 다르다는 것을 나는 알고 있다"라고 하는 것을 넘어서야 한다. 당신은 진정으로 이 개념을 소유하고, 당신의 일상생활에 그것을 섞어 넣어야 한다.

우리는 두 가지 현실적인 선택만이 있다. 우리는 개별성(분리된 현실)의 원리에 저항하고 어느 누구도 우리의 사고방식을 존중하지 않는 것처럼 보이는 사실에 좌절하고 분노할 수도 있고, 혹은 "사물의 방식"을 이해하려고 노력할 수 있다. 개별성은 사물들이 실제로 존재하는 방식이다. 모든 사람은 독특하고, 다른 재능을 가지고 있다. 우리가 이러한 재능들을 찾을 때, 우리는 확실히 그것들을 찾을 것이다. 그리고 우리는 개인적인 성장의 세계로 가는 문을 열게 될 것이다.

해설

03
사람들 간의 차이를 인정하고 받아들이는 것이 바람직하다는 요지의 글이다. 따라서 이 글의 제목으로 가장 적절한 것은 ④ 다른 사람들이 가지고 있는 차이점을 받아들이기(Accepting Differences in Others)이다.
① 삶의 도전에 직면하기
② 지적인 삶을 살기

③ 우정에서 의미를 찾기
⑤ 배려를 통하여 삶을 향상하기

04

개인들이 차이점을 받아들이고 사는 예로, 종교가 다른 사람들과 친구가 나오고 있다. 종교가 다른 사람들이 유대관계를 위해 함께 하듯이, 친구들도 존경과 친밀한 관계를 제외하고는 공통점이 별로 없다는 흐름이 되어야 자연스럽다. 따라서 (b)의 a lot를 little과 같은 낱말로 고쳐야 한다.

어휘

share	공유하다, 나누다; 몫
similar	유사한
belief	신념, 믿음
individual	개인, 개체
background	배경
difference	차이
religion	종교
lasting	지속적인
bond	유대(관계)
in addition	게다가
have ~ in common	~와 공통점이 있다
except	~을 제외하고
respect	존중, 존경; 존경하다
relationship	관계
expect	예상하다, 기대하다
fact	사실
beyond	~을 넘어서
intellectual	지적인
mix	섞다; 혼합물
daily	일상의, 매일의
realistic	현실적인
resist	저항하다
choice	선택
rule	규칙; 통치하다
separate	분리된; 분리하다
reality	현실
remain	~인 채로 남아있다
frustrated	좌절한
unique	독특한
gift	재능, 선물
surely	확실히
personal	개인적인
growth	성장
face	직면하다; 얼굴, 면
challenge	도전; 도전하다
lead a life	삶을 살다, 생활하다
enrich	향상시키다
through	~을 통하여
consideration	배려, 고려

UNIT 19 장문 독해 ② – 복합장문

본문 p.88

대표예제   정답 1 ② 2 ④ 3 ④

(A) 우리 아들 Justin은 다섯 살이었고 이것은 그의 첫 번째 부활절 달걀 찾기 행사였다. 모든 아이들이 출발선인 노란 리본 뒤에서 출발하기를 기다리며 모여 있었다. 리본이 잘리자 Justin을 제외한 모든 아이들은 달리기 시작하였다. "달려, 달려, Justin, 서둘러."라고 나는 소리쳤다. 하지만 그는 내 말에 주의를 기울이지 않았다.

(C) 그는 숨겨진 달걀을 찾으며 맹렬히 달리고 있는 다른 나머지 아이들보다 약 100피트 정도 뒤처져 있었다. 나는 "오, 그는 하나도 찾지 못할 거야."라고 내 옆에 서 있던 여동생에게 말했다. 여동생의 아들인 Danny는 선두에서 앞장서 달리고 있는 아이들 중 하나였다. 그는 다른 아이들과 함께 빨리 달리고 있었다.

(B) 그때 나는 Justin이 몸을 숙이는 것을 보았고 그가 달걀 하나를 찾은 것처럼 보였다. 그는 돌아서서 나를 향해 손을 흔들었다. 그런 다음 그는 다시 한번 무언가를 집어 들었다. 약 5분 후, 아이들은 그들이 찾은 것을 엄마에게 보여주기 위해 출발선으로 돌아오고 있었다. 몇 명은 달걀을 하나 찾았고, 몇 명은 두 개를 찾았으며, 심지어 세 개를 찾은 아이도 몇몇 있었다.

(D) 그때 Justin이 나에게로 돌아오는 것이 보였다. 그의 가방은 가득 차 있었다! 그가 가방을 열었을 때 세어 보니 12개의 달걀이 있었다! 다른 아이들은 모두 서두르느라 이 달걀들을 바로 지나쳐 달렸지만, Justin은 그렇지 않았다. 그는 다른 아이들이 달려 지나쳐 버린 달걀을 주우면서 그냥 천천히 걸었다. 나는 그때, 때때로 아이들을 심하게 다그치지 않으면 아이들은 더 잘한다는 것을 배웠다.

해설

01

Justin의 첫 부활절 달걀 찾기 행사에서 모든 아이들은 시작과 동시에 달리기 시작했지만, Justin은 그러지 않았다는 주어진 글 다음에 다른 아이들보다 많이 뒤처져 달걀을 하나도 줍지 못할 것이라고 염려하는 (C)의 내용이 이어지고, 몸을 숙여 몇 개를 주운 후 다시 출발선으로 돌아오는 (B)가 이어진 후, 결국 그의 가방은 달걀로 가득 차 있었고, 그것을 통해 아이들을 다그치지 않았을 때 더 잘한다는 것을 배운 글쓴이의 느낌이 있는 (D)가 이어지는 것이 글의 순서로 가장 적절하다.

02

(a), (b), (c), (e)는 Justin을 가리키지만, (d)는 Danny를 가리킨다.

03

(D)의 전반부에서 Justin의 가방 안에 12개의 달걀이 있는 것을 보았다고 했으므로 Justin에 관한 내용으로 적절하지 않은 것은 ④이다.

어휘

gather	모이다
shout	소리치다
starting line	출발선
bend over	구부리다
head back	돌아가다
in one's haste	서둘러

madly	맹렬히
past	~을 지나서
push	다그치다
except for	~을 제외하고
pay attention to	주의를 기울이다

어휘

legend	전설
behind	~의 뒤에
construction	건설
unite	통일하다
kingdom	왕국
emperor	황제
nationwide	전국적인
peace	평화
luxury	호화, 사치
suddenly	갑자기
fear	두려워하다; 공포
loss	상실, 손실, 패배
power	권력 (cf. powerful 강한)
decide	결심하다
soon	곧
hand	건네다; 손
surprised	놀란
line	문구, 대사, 줄
northern	북쪽의
tribe	민족, 부족
destroy	파괴하다, 파멸하다
attack	공격하다; 공격
several	몇몇의
soldier	군인
unprepared	대비하지 못한
run away	도망치다
reach	도달하다; 미치는 범위
in return	대가로, 보답으로
order	명령하다; 명령, 주문, 질서
force	군대, 힘; 강요하다
at that time	그때
volunteer	자원하다; 자원 봉사자
overjoy	크게 기쁘게 하다
trip	여행
fairyland	도원경, 요정의 나라
refuse	거절하다
instead	대신에

유형 연습하기 정답 01 ④ 02 ⑤ 03 ③ 본문 p.92
　　　　　　　　　　04 ② 05 ④ 06 ⑤

[01~03]　　　　　　　　정답 01 ④ 02 ⑤ 03 ③

(A) 여러분은 만리장성이 왜 지어졌는지 아는가? 그것의 건설 뒤에는 한 가지 전설이 있다. 분리된 왕국을 통일한 후에, 진시황은 전국적인 평화와 호화로운 삶을 즐겼다. 어느 날 갑자기 그는 죽음과 권력의 상실을 두려워했다. 그는 불로장생약을 가지겠다고 결심하였다.

(D) 그때, Lu Sheng이라는 한 남자가 그에게 불로장생약을 가져오겠다고 자원했다. 크게 기뻐하여, 황제는 그에게 여행을 위한 많은 금과 은을 주었다. 몇 달 후에 그는 돌아와서 그가 도원경에 가서 그 약을 가진 사람들을 보았었다고 말했다. 그들이 그것을 그에게 주는 것을 거절했지만, 대신에 비밀의 책 한 권을 그에게 주었다고 그는 말했다.

(B) 곧 그 책은 황제에게 건네졌다. 그는 '진을 파멸시킬 북방의 민족'이라는 문구를 발견하고는 놀랐다. 황제는 그가 힘이 강할 때 그들을 먼저 공격하기를 원했다. 그래서 그는 그 임무를 위해 수십만의 군인들을 보냈다.

(C) 황제의 군인들이 공격하였을 때, 대비하지 못했던 북방 민족들은 진의 군대가 그들에게 도달하지 못하는 곳으로 달아났다. 황제는 대가로 공격을 당할까 봐 두려워하였다. 그래서 그는 북방의 군대를 막기 위한 강력한 벽이 건설되도록 명령하였다. 이것이 만리장성이 세워진 이유이다.

해설

01
진시황제가 중국을 통일한 후 죽음과 권력의 상실이 두려워 불로장생약을 구하기로 결심한 주어진 글 이후에는 Lu Sheng이라는 사람이 불로장생약을 찾아오겠다고 한 몇 달 후, 그가 약 대신에 비밀의 책을 가져왔다는 (D)가 이어지고, 그 책 속에서 '진을 파멸시킬 북방의 민족들'이라는 문구를 본 황제가 그들을 먼저 공격하기 위해 군대를 보냈다는 (B)가 이어진 후, 공격을 받고 도망간 북방 민족의 보복공격이 두려워 만리장성을 쌓았다는 (C)가 이어지는 것이 글의 순서로 가장 적절하다.

02
(a), (b), (c), (d)는 진시황을 가리키지만, (e)는 불로장생약을 찾으러 간 Lu Sheng을 가리킨다.

03
글 (B)의 중반부에 〈He was surprised to find the line "northern tribes destroying Qin"〉 그는 '진을 파멸시킬 북방의 민족들'이라는 문구를 발견하고는 놀랐다는 것으로 보아, Emperor Qin Shi Huang에 관한 내용과 일치하지 않는 것은 ③이다.

[04~06]　　　　　　　　정답 04 ② 05 ④ 06 ⑤

(A) 내 사무실에 나는 두서 명의 어린아이들에게서 온 액자에 넣은 편지를 갖고 있다. 그 편지에는 '친애하는 Brown 박사님, Wills 선생님이 Tisha와 Kelly를 가르치도록 지도해 주셔서 감사합니다.'라고 쓰여 있다. Wills 선생님은 Jeremy Wills이고 그는 나의 학생들 중 한 명이었다. 그는 대학에서 나의 긍정 심리학 수업을 들었다.

(C) 졸업 후에 Jeremy는 저소득 지역사회에서 가르치는 한 단체에 들어갔다. 그는 가난한 주의 작은 학교로 보내졌다. 나중에 그의 교감 선생님이 Jeremy의 높은 기대를 알아차리고, 그에게 그의 수학 수업을 인계받을 것을 요청했다. 그는 약 12명의 낙제하는 '특별 교육' 아이들을 가르쳤고 Tisha와 Kelly는 그들 중에 있었다.

(B) 곧, 현실이 Jeremy를 심하게 강타했다. 수업 지도안을 준비하느라 매일 많은 시간을 보낸 후에도 그의 방법은 효과가 없었다. 그가 수학 시험지를 나누어줄 때도 많은 학생들이 심지어 시험지를 쳐다보지도 않았다. 그들은 시험 중에 그냥 잤다. Jeremy는 매우 스트레스를 받아서 그의 교실에 들어가는 것을 두려워하기까지 했다.

(D) 그때 그는 나의 수업을 다시 떠올렸고 나의 긍정 심리학 수업에서 수업을 빌려왔고, 심지어 나의 이름을 그의 학생들에게 언급하기도 했다. 학생들의 태도가 더 긍정적으로 되면서 수학에 대한 그들의 자신감도 커졌다. 학년 말에 Jeremy의 학생 중 80%가 주(州)의 수학 시험을 통과했다.

해설

04
Jeremy Wills를 간략하게 소개하는 (A) 다음에 Jeremy가 시골 학교에서 특별 교육 아이들을 가르치게 되었다는 (C)가 온 다음 그가 그 학생들을 가르치는 것 때문에 스트레스를 받았다는 (B)가 오고 이것을 해결하기 위해 글쓴이의 긍정 심리학 수업을 이용해서 많은 학생들이 주의 수학 시험을 통과했다는 (D)로 이어지는 (C)-(B)-(D)가 글의 순서로 가장 적절하다.

05
(a), (b), (c), (e)는 Jeremy를 가리키지만, (d)는 Jeremy가 근무하는 학교의 교감 선생님을 가리킨다.

06
글 (D)의 후반부에 〈80 percent of Jeremy's students passed the state's math test〉 학년 말에 그의 학생의 80%가 수학 시험에 합격했다는 것으로 보아, Jeremy에 관한 내용과 일치하지 않는 것은 ⑤이다.

어휘

framed	액자에 넣은
a couple of	둘의, 몇 사람의
read	~라고 적혀[쓰여] 있다
positive	긍정적인
psychology	심리학
college	대학
graduation	졸업
low-income	저소득의
community	지역사회, 공동체
county	군(郡)
assistant principal	교감
notice	알아차리다; 공지
expectation	기대, 예상
take over	인계하다
dozen	12의
failing	낙제하는
reality	현실
spend	(시간을) 보내다
prepare	준비하다, 대비하다
plan	계획; 계획하다
method	방법
exam	시험
think back	회상하다
borrow	빌리다
mention	언급하다

attitude	태도
confidence	자신감
grow	크다, 자라다
state	국가, 주

MINI TEST 제**1**회
본문 p.98

01 ②	02 ⑤	03 ③	04 ③	05 ③	06 ①
07 ⑤	08 ④	09 ③	10 ①	11 ②	12 ③

01
정답 ②

많은 사람들은 가득 찬 일정을 갖는 것을 좋아한다. 당신은 어떤가? 당신의 일정에 빈 공간이 있다는 것을 발견하면, 당신은 그것이 불편한가? 중요한 활동들은 종종 예상했던 것보다 더 많은 시간이 필요하기 때문에 일정이 잡히지 않은 시간의 구간을 갖는 것에 대해서 편안하게 여겨라. 일정이 잡히지 않은 시간은 중요한 일이 나타날 때, 당신이 여전히 그것을 끼워 넣고 목표들을 성취하는 것을 보장해준다. 일정이 잡히지 않은 시간은 어떤 일이 예상한 것보다 더 오래 걸릴 때 당신을 지켜준다.

해설

일정이 잡히지 않은 시간은 중요한 일이 갑자기 생겼을 때 일정을 끼워 넣을 수도 있고, 어떤 일이 예상보다 오래 걸릴 때 보호해줄 수 있다는 것이 주된 내용으로, 글의 주제로 가장 적절한 것은 ② the necessity of having unscheduled time (일정이 잡히지 않은 시간이 있을 필요성)이다.
① 빡빡한 일정의 효율성
③ 일을 제시간에 끝내는 것의 중요성
④ 시간 관리의 어려움
⑤ 일정이 없는 시간을 줄이려는 노력

어휘

calendar	달력, 일정표
blank	빈, 백지의
space	공간, 우주
block	구역, 블록
uncomfortable	불편한 (↔ comfortable)
unscheduled	일정이 잡히지 않은
ensure	보증하다, 장담하다
come along	나타나다, 함께 오다
fit in	끼워 넣다
protect	보호하다, 지키다
efficiency	효율성
tight	빡빡한, 빠듯한
importance	중요(성)
on time	제시간에
difficulty	어려움
management	관리
effort	노력

02

한 아들이 "누가 자동차를 발명했나요?"라고 물었다. 그 아버지는 그의 아들에게 1886년경에 Karl Benz가 자동차를 발명했다고 말했다. "와, 엔진, 브레이크, 점화 플러그, 바퀴, 그리고 모든 것들이 어떻게 함께 작동하는지를 알아내다니 그는 진정한 천재였네요!" "음, 다른 누군가는 타이어를 발명했단다. 내 생각에 그는 Firestone이야. 그리고 바퀴를 발명한 사람도 있어…" 그러나 그때 아버지는 깨달음의 순간을 경험했다. "내가 너를 오해하게 만들었을 수도 있다는 생각이 드는구나. 그 누구도 혼자서 자동차의 모든 부품들을 발명하지는 않았단다. 많은 사람이 자동차의 발명으로 이어진 중요한 발견을 했단다."

해설

자동차의 발명은 Karl Benz 한 명이 아닌 다른 여러 사람들의 발견으로 이루어졌다는 것이 주된 내용으로, 글의 제목으로 가장 적절한 것은 ⑤ One Great Invention, Many Inventors (하나의 위대한 발명품, 많은 발명가)이다.
① 집단사고의 덫
② 호기심: 성공의 열쇠
③ 다음이 무엇인지 항상 생각하라
④ 더 많은 성공, 더 많은 좋은 생각

어휘

automobile	자동차
genius	천재
figure out	알아내다, 이해하다
brake	브레이크, 제동장치
spark plug	스파크[점화] 플러그
tire	타이어; 피곤하게 하다
moment	순간
realization	깨달음, 실현
mislead	오해하게 하다, 잘못 인도하다
component	부품, 요소
discovery	발견
lead to	~에 이르다
trap	덫; 가두다
curiosity	호기심
inventor	발명가

03

정답 ③

여러분의 부모님들은 여러분이 용돈을 현명하게 쓰지 않을 것을 걱정할 수도 있다. 여러분이 몇 가지 어리석은 소비 선택을 할 수도 있지만, 만일 여러분이 그렇게 한다면, 그렇게 하는 결정은 여러분 자신의 것이고 바라건대 여러분은 자신의 실수로부터 배울 것이다. 배움의 많은 부분은 시행착오를 거쳐 일어난다. 돈은 여러분이 여생 동안 처리해 나가야 할 어떤 것임을 여러분의 부모에게 설명해라. 삶에서 나중보다 이른 시기에 실수를 저지르는 것이 더 낫다. 여러분이 언젠가는 가정을 갖게 되리라는 것과 자신의 돈을 관리하는 법을 알 필요가 있다는 것을 설명해라. 모든 것이 학교에서 가르쳐지는 것은 아니다.

해설

③ 선행사가 없고, 뒤 문장이 완전한 구조이므로 관계대명사가 아닌 접속사이며 진주어 역할을 하는 that으로 고쳐야 한다.
① 일반동사 make를 대신해서 사용한 do는 대동사로 사용되고 있으므로 적절하다.
② 주어의 핵심인 much는 3인칭 단수 취급하므로 동사 occurs의 쓰임은 적절하다.
③ '~하는 방법'의 의미를 지닌 「how + to부정사」의 구조로 to manage는 적절하다.
④ 주어가 everything이고 동작의 대상이 되므로 수동태인 is taught는 적절하다.

어휘

allowance	용돈
wisely	현명하게
choice	선택
own	자신의 것; 자신의; 소유하다
hopefully	바라건대
mistake	실수; 실수하다
occur	일어나다, 발생하다
handle	처리하다, 다루다; 손잡이
early on	이른 시기에, 초기에
rather than	~라기 보다
manage	관리하다

04

정답 ③

대부분의 사람에게 감정은 상황에 따른다. 현시점의 뭔가가 여러분을 화나게 한다. 그 감정 자체는 그것이 유래하는 상황과 연결되어 있다. 그 감정의 상황 속에 남아있는 한 여러분은 화가 난 상태에 머물기 쉽다. 여러분이 그 상황을 떠나면, 정반대가 사실이 된다. 여러분이 그 상황에서 벗어나자마자 그 감정은 나타나기(→ 사라지기) 시작한다. 그 상황에서 벗어나는 것은 그것이 여러분을 제어하지 못하게 한다. 상담원들은 의뢰인들에게 그들을 괴롭히고 있는 그 어떤 것과도 약간의 감정적 거리를 두라고 자주 충고한다.

해설

화가 난 감정을 벗어나면 그 감정이 나타나는 것이 아니라 사라진다는 것이 적절하므로 ③의 appear(나타나다)를 disappear(사라지다)와 같은 단어로 고쳐야 한다.

어휘

emotion	감정
situational	상황에 따른, 상황적인
the here and now	현 시점, 현재
be tied to	~에 연결[관련]되다
be likely to	~하기 쉽다
originate	유래하다, 비롯하다
stay	~인 채로 있다, 머물다
appear	나타나다
move away from	~에서 벗어나다, 이사 가다
prevent A from B	A가 B하는 것을 막다

counselor	상담가
advise	충고하다
client	고객, 의뢰인
distance	거리, 먼 곳

05
정답 ③

부모님들이 항상 그것을 알지는 못하더라도, 아이들은 그들 부모의 구매 행동을 관찰하고 배운다. 예를 들면, 아이는 그의 엄마가 오렌지가 신선한지 살피기 위해 오렌지를 살짝 짜내는 것을 보고, 이러한 관찰로부터 그는 과일이 익었는지를 구별하는 법을 배운다. 마찬가지로, 아이는 엄마가 어떻게 할인 쿠폰들을 잘라서 그것들을 쇼핑 여행을 하는 동안 보여주는지 관찰한다. 그래서, 아마도 아이들에 의해 처음 학습된 소비자 행동 패턴의 대부분은 그들의 부모의 것(소비자 행동 패턴)인데, 이는 특히 엄마의 것(소비자 행동 패턴)의 복사본일 것이다.

해설

아이들은 부모님들의 구매 행동을 관찰하고 배운다는 것이 글의 주된 내용으로, 빈칸에 들어갈 말로 가장 적절한 것은 ③ copies(복사본)이다.
① 의무 　　　　② 오류
④ 원인 　　　　⑤ 필요

어휘

observe	관찰하다
behavior	행동
squeeze	쥐어짜다
slightly	살짝
check	살피다, 점검하다
observation	관찰
tell	구별하다, 말하다
ripe	익은
coupon	쿠폰, 할인권
present	보여주다, 제공하다; 출석한
pattern	패턴, 양상
duty	의무
cause	원인, 명분; 야기하다
necessity	필요(성)

06
정답 ①

Armand Hammer는 92세의 나이로 사망한 훌륭한 사업가였다. 그가 언젠가 그의 나이의 사람이 어떻게 세상을 돌아다니며 사업을 하고 정부의 정상들을 만날 수 있는 에너지를 가질 수 있는지 질문을 받았다. "나는 내 일을 사랑합니다. 새로운 하루를 시작하는 게 매우 기다려집니다. 저는 깨어날 때마다 아이디어로 가득합니다. 모든 것이 도전이죠."라고 그는 말했다. 역대 가장 성공한 작가 중 한 명인 George Bernard Shaw도 약 백 년 전 이와 비슷한 말을 했다. "나는 죽을 때 완전히 소진되기를 원하는데, 그 이유는 내가 열심히 일하면 할수록, 내가 더 사는 것이기 때문입니다."라고 그는 썼다. 나는 Hammer와 Shaw가 인생에서 열심히 일하는 것을 대신할 수 있는 것은 아무것도 없다는 데에 내게 동의했을 것으로 생각한다.

해설

Armand Hammer는 많은 나이에도 열정적인 에너지를 가지고 일했고, George Bernard Shaw도 열심히 일할수록 더 오래 산다고 말을 한 것으로 보아, 빈칸에 들어갈 말로 가장 적절한 것은 ① hard work (열심히 일하는 것)이다.
② 진정한 우정 　　　③ 좋은 교육
④ 재치 있는 언급 　　⑤ 세심한 기획

어휘

businessman	사업가
do business	사업을 하다
head	정상, 우두머리; 향하다
government	정부
can't wait to	~하는 것을 매우 기다리다
never ~ without ...	~할 때마다 ...하다
successful	성공한
all time	역대의
thoroughly	완전히, 철저히
use up	~을 다 써버리다, 소진하다
replace	대신하다, 대체하다
witty	재치 있는
comment	언급, 논평
careful	세심한
planning	기획, 계획

07
정답 ⑤

나는 이 새로운 세기의 두 번째 십 년은 이미 매우 다르다고 믿는다. 물론 수백만의 사람들은 여전히 성공이 돈과 권력을 의미한다고 생각한다. 그들은 자신의 웰빙, 관계, 그리고 행복에 대한 대가에도 불구하고 쳇바퀴에서 달리기를 고집한다. 그러한 사람들은 다음 번 승진과 다음 번 고액 월급이 그들의 자존감을 증가시키고 그들의 불만을 제거할 것이라고 믿기에, 그것들을 간절히 기대하고 있다. 하지만 동시에 이러한 것들은 모두 막다른 길이라는 것, 즉 부서진 꿈을 좇는 것임을 인식하는 더 많은 사람들이 있다. 성공에 대한 현재의 정의만으로는 우리가 정답을 찾을 수 없음을, 왜냐하면 언젠가 Gertrude Stein이 Oakland에 대해 말했듯이 "그곳에는 그곳이 없기" 때문이다.

해설

두 번째 there은 웰빙, 관계, 행복과 같은 사람들이 목표로 삼는 것을, 세 번째 there은 성공을 의미하므로, 밑줄 친 말이 의미하는 바로 가장 적절한 것은 ⑤ '돈과 권력이 당신을 꼭 성공으로 이끄는 것은 아니다'이다.
① 사람들은 스스로에 대한 확신을 잃고 있다.
② 꿈이 없으면 성장의 가능성도 없다.
③ 우리는 다른 사람들의 기대에 따라서 살면 안 된다.
④ 어려운 상황에서는 우리의 잠재력을 실현시키기 어렵다.

어휘

decade	십 년
treadmill	쳇바퀴, 러닝머신
promotion	승진
self-respect	자존감
payday	급여 지급일

remove	없애다, 제거하다
dissatisfaction	불만족
chase	추적하다
definition	정의
potential	가능성

08
정답 ④

고대 아테네에서 플라톤의 추종자들이 어느 날 모여서 다음과 같은 질문을 그들 자신에게 했다고 한다. "인간이란 무엇인가?" (C) 많은 생각을 한 후에 그들은 다음과 같은 답을 생각해냈다. "인간은 깃털 없는 두 발 동물이다." 모든 사람은 한 철학자가 살아 있는 깃털 없는 닭을 가지고 강당으로 들어올 때까지는 이 정의에 만족하는 것처럼 보였다. (A) 그는 "보시오! 내가 여러분에게 인간을 보여주겠소." 라고 외쳤다. 소란이 잠잠해진 후에, 철학자들은 다시 모여서 그들의 정의를 개선했다. 그들은 인간이 넓은 발톱을 가진 깃털 없는 두 발 동물이라고 말했다. (B) 이 흥미로운 이야기는 인간이 무엇인가에 대한 추상적이고 일반적인 정의를 내리려고 할 때 철학자들이 때때로 직면했던 어려움의 종류들을 보여준다.

해설

플라톤의 추종자들이 인간이란 무엇인가에 대해 질문을 했다는 주어진 글 다음에, '인간은 깃털 없는 두 발 동물이다'라고 정의를 내렸지만, 한 철학자가 깃털 없는 닭을 가지고 나타났다는 (C)가 오고, 그 철학자가 닭을 가리켜 '인간'이라고 소리친 후, 철학자들이 인간에 대한 정의를 개선했다는 (A)가 이어지고, 이 이야기는 철학자들이 인간에 대한 정의를 내릴 때 직면했던 어려움을 보여준다는 (B)로 이어지는 것이 글의 순서로 가장 적절하다.

어휘

ancient	고대의
Athens	아테네
follower	추종자
gather	모이다
die down	잠잠해지다
broad	넓은
curious	흥미로운, 호기심 많은
abstract	추상적인
general	일반적인
featherless	깃털 없는
satisfied	만족한
definition	정의
philosopher	철학자
lecture hall	강당
live	살아 있는; 살다

09
정답 ③

대부분의 경우에, 도시 사람들은 주차장에서 사무실까지 가기 위해서, 쇼핑하기 위해서, 그리고 용무를 보기 위해서 온종일 걷는다. 택시나 지하철을 기다리는 것보다 몇 블록을 걷는 것은 종종 더 쉽고 더 싸다. 이런 식으로 운동은 개인의 일상 속으로 구조화될 수 있다. 이것은 교외에 사는 사람들에게는 해당하는 경우가 아니다. 교외는 넓게 펼쳐져 있으므로, 사무실까지 걸어가거나 상점까지 뛰어가기에는 너무 멀다. 버스 정류장까지 걸어가는 것은 약간의 움직임을 제공해 주곤 했지만, 지금은 대부분의 대중교통이 제한적이어서 교외에 사는 사람들은 어디든 운전을 하고 다닌다. 그들이 치러야 하는 대가는 하루 동안 제한된 신체적 운동이다.

해설

주어진 문장은 '이것'은 교외에 사는 사람들에게 해당하는 경우가 아니라는 내용이다. 여기서 말하는 '이것'은 ②문장의 (도시 사람들에게는) 운동이 개인의 일상에 구조화된다는 것을 의미하므로, ③에 들어가는 것이 가장 적절하다

어휘

case	경우, 사건
for the most part	대부분의 경우에
all day	온종일
parking lot	주차장
in this way	이런 식으로
structure	구조화하다; 구조(물)
daily routine	일상
spread out	펼치다
used to	~하곤 하다
public	대중의; 대중
transportation	교통, 수송
price	대가, 가격
limited	제한된

10
정답 ①

몇 년 전 일요일 저녁, 우리는 오랫동안 매주 해오던 대로 New York City에서 Princeton까지 운전하고 있었다. 우리는 드문 광경을 목격했다. 도로변의 불붙은 자동차(였다). 그다음 일요일에 우리가 그 도로의 같은 지점에 도착했을 때, 또 다른 자동차 한 대가 그곳에서 불타고 있었다. 하지만 이번에는 우리는 첫 번째 경우에서 그랬던 것보다 두 번째 경우에서 덜 놀랐다는 것을 알게 되었다. 이제 이곳은 '자동차가 불타는 장소'가 되었다. 같은 종류의 사고가 다시 일어났기 때문에, 우리는 그것을 볼 준비가 되어 있었다.
→ 같은 종류 사고의 반복이 그것을 목격하는 놀라움을 감소시켰다.

해설

매번 가던 길에서 보기 드문 사고를 목격해서 놀랐는데, 그다음에도 똑같은 사고를 목격하자 처음보다 덜 놀랐다는 것이 글의 주된 내용이다. 따라서 빈칸 (A)에는 repetition(반복)과 (B)에는 reduced(감소시켰다)가 들어가는 것이 가장 적절하다.
② 반복 - 증가시켰다   ③ 예방 - 드러났다
④ 예방 - 감소시켰다   ⑤ 분석 - 증가시켰다

어휘

unusual	드문, 특이한
sight	광경, 시력
spot	지점, 장소, 얼룩; 발견하다
burn	불에 타다, 태우다
occasion	경우, 행사

catch fire	불붙다
prepared	준비가 된
surprise	놀람; 놀라게 하다
repetition	반복
reduce	감소시키다, 줄이다
increase	증가시키다; 증가
prevention	예방
reveal	드러내다
analysis	분석

[11~12]

정답 11 ② 12 ③

배고픈 백상어가 없는 Jaws, Kryptonite가 없는 Superman, 또는 무서운 늑대가 없는 Little Red Riding Hood의 이야기를 상상해보라. 10대들은 해변에서 멋진 여름을 보냈을 것이고, Superman은 세상에 걱정거리가 없었을 것이고, 그리고 Little Red Riding Hood는 할머니를 방문한 다음에는 집에 갔을 것이다. '지루한', '예측 가능한'과 같은 단어들이 떠오른다! 영화감독 Nils Malmros는 "일요일 오후 천국은 멋지게 들리지만, 그것은 확실히 영화에서는 지루하다."고 예전에 말했다. 다시 말해, 지나친 조화와 충분하지 않은 갈등은 물감이 마르는 것을 보는 것 정도로 흥미를 끄는(지루하고 재미없는) 이야기를 만든다.

갈등은 좋은 이야기의 추진력이다. 갈등이 없으면 이야기도 없다. 그러나 왜 이것이 그런 경우일까? 해답은 인간의 본성에 있다. 인간으로서, 우리는 본능적으로 우리의 삶 속에서 균형과 조화를 찾는다. 우리는 단순히 우리의 환경과 우리 자신과의 <u>조화를 이루는 (→ 조화를 이루지 못하는)</u> 것을 좋아하지 않는다. 그래서 조화가 방해받자마자 우리는 그것을 복구하기 위해 할 수 있는 무엇이든지 한다. 우리는 불쾌한 상황들과 스트레스의 감정 또는 불안감을 피한다. 만약 우리가 사랑하는 사람들 또는 우리의 동료들과의 해결되지 않은 문제를 가지고 있다면, 우리가 문제를 해결하고 조화의 상태로 돌아갈 때까지 그것은 우리를 괴롭힌다. 문제 즉 갈등에 직면했을 때, 우리는 본능적으로 해결책을 찾으려고 한다. 갈등은 우리로 하여금 행동하도록 강요한다. 그러므로 이야기는 이런 조화로움을 방해하는 변화에 의해 활기를 띤다.

해설

11

일상에서의 균형과 조화로움은 멋지게 들릴 수 있지만, 영화에서는 예측 가능하기 때문에 지루해지므로 이야기를 구성하는 요소로 갈등이 필요하다는 것이 글의 주된 내용으로, 제목으로 가장 적절한 것은 ② Conflict: The Key to a Good Story (갈등: 좋은 이야기의 비결)이다.

① 좋은 영화배우가 되는 방법
③ 사람들 사이에서 무엇이 갈등을 유발하는가?
④ 모두가 누군가의 슈퍼영웅이 될 수 있다
⑤ 당신 자신을 바꿈으로써 차이를 만드세요

12

인간의 본성은 삶 속에서 균형과 조화를 찾는다고 했으므로, 우리는 환경과 자신과의 조화롭지 못함을 좋아하지 않는다는 흐름이 자연스럽다. 따라서, (c)의 harmonious(조화로운)를 inharmonious(조화를 이루지 못하는)와 같은 낱말로 고쳐야 한다.

어휘

tale	이야기
predictable	예측 가능한
come to mind	떠오르다
movie director	영화감독
once	예전에, 한번; 일단 ~하면
harmony	조화
conflict	갈등
lie in	~에 있다
nature	본성, 자연
naturally	본능적으로, 자연적으로
balance	균형
disrupt	방해하다, 분열시키다
restore	복원하다, 회복시키다
unpleasant	불쾌한
anxiety	불안감
unresolved	해결되지 않은
colleague	동료
state	상태, 주, 국가; 진술하다
seek	찾다
solution	해결책
force	강요하다; 힘, 군대
set ~ in motion	활기를 띄게 하다
movie actor	영화배우
disturb	방해하다, 분열시키다

MINI TEST 제2회

본문 p.104

01 ②	02 ⑤	03 ④	04 ⑤	05 ②	06 ⑤
07 ④	08 ③	09 ④	10 ④	11 ③	12 ④

01

정답 ②

오늘날 발전하고 있는 세계에서 건강관리를 위한 도구로 사용되는 휴대전화를 일컫는 "모바일 건강" 혁명은 많은 개선을 위한 역할을 하고 있다. 현재 휴대전화는 환자들과 의사들을 연결해 주고, 약품의 유통을 감시하고 기본적인 건강 정보를 공유하는 데 사용되고 있다. 휴대전화는 환자들에게 약물치료와 환자의 예약에 대해 잊지 않도록 하는 신호를 보내기 위한 도구이다. 직원이 충분하지 않은 진료소, 먼 곳에 있는 환자들, 백신과 질병 예방에 관한 잘못된 정보와 같이 빈곤 지역에서 건강 분야의 중요한 문제들은 접속 가능성을 통해 적어도 부분적인 해결책들을 모두 찾을 것이다.

해설

휴대전화가 환자들과 의사들을 연결함은 물론 약품의 유통을 감시하고 건강 정보를 공유하는 데 사용되고 있다는 것이 주된 내용으로, 이 글의 주제로 가장 적절한 것은 ② the benefits of mobile phones in health care (건강 관리에서 휴대전화의 이점)

① 휴대전화 혁명의 위험요소
③ 이동식 건강 관리 서비스의 한계
④ 의료 장비 접속 가능성을 향상하는 방법
⑤ 가난한 지역에 백신을 유통하는 중요성

어휘

developing	발전하는
mobile	모바일; 이동하는
revolution	혁명
tool	도구
healthcare	건강관리
be responsible for	~의 역할을 하다, ~에 책임이 있다
a number of	많은
improvement	개선, 향상
connect	연결하다
monitor	감시하다
distribution	유통, 분배
medication	약물(치료)
appointment	약속, 임명
sector	분야
clinic	진료소
remote	먼, 외진
misinformation	잘못된 정보
prevention	예방
parital	부분적인
solution	해결책
connectivity	접속 가능성
benefit	이점, 이익
limitation	한계
medical	의료의, 약의
device	장비
distribute	유통하다, 분배하다

02

정답 ⑤

당신은 직장에 있는 동안 일요일로 채워진 한 달을 꿈꿀지도 모르지만, 당신의 상사는 화요일로 채워진 일주일을 원한다. 무엇이 화요일을 특별하게 만들까? 월요일은 '일을 진행하기 위한' 회의들로 지나치게 부담된다. 수요일은 '힘든 날'이다. 직장인은 그냥 극복하자고 생각한다. 목요일에는 사람들이 지치게 되고, 금요일에는 모두가 주말을 생각하고 있다. 화요일에는 직장인들이 일과에 매우 집중을 하기 때문에 최고의 업무수행에 이른다. 또한, 화요일은 보통 일주일 중에서 그들 자신의 과업에 집중하게 되는 첫 번째 날이다.

해설

사람들이 일주일 중 화요일에 자신의 일과에 가장 집중을 하고 최고의 업무 수행에 이르는 이유를 설명하고 있다. 따라서 이 글의 제목으로 가장 적절한 것은 ⑤ Why Is Tuesday the Most Productive Day? (왜 화요일이 가장 생산적인 날인가?)이다.
① 당신은 더 창조적이기를 원하나요?
② 당신의 직원들이 기다리는 것
③ 주말은 당신을 더 생산적으로 만든다
④ 자신의 주간 일정을 만드는 방법

어휘

overload	지나치게 부담시키다
get over	극복하다
employee	직원
hit	(어떤 정도에) 이르다, 때리다; 타격
peak	최고의; 절정, 봉우리
performance	(업무) 성과, 수행, 공연
be focused on	~에 집중하다
day-to-day	그날그날의
task	업무, 과제
creative	창조적인
productive	생산적인

03

정답 ④

스케이트보드 타기는 눈이 없을 때 스노보드 타기를 대체할 가장 좋은 방법 중 하나이다. 그것들은 보드를 사용해서 재주를 부리는 동작을 포함한다는 점에서 거의 똑같다. 그러나 차이점은 스케이트보드 타기는 당신이 바닥에 넘어졌을 때 눈보다 아스팔트가 훨씬 더 아프다는 것이다. 당신의 친구들이 손가락질하며 웃어도, 헬멧, 손목 보호대, 그리고 팔꿈치 패드를 반드시 착용하라. 스케이트장들은 당신의 보드 기술을 향상된 상태로 유지해줄 수 있는 안전한 환경을 제공한다. 게다가, 교차로가 없는 긴 내리막길은 당신이 기본 기술을 연습할 수 있는 완벽한 장소가 될 수 있을 것이다.

해설

④ 문맥상 '당신의 보드 기술을 향상된 상태로 유지해 줄 수 있는 환경'이라는 의미가 되어야 하므로 형용사 역할을 하는 to부정사인 to keep으로 바꿔야 한다.
① tricks가 동작의 주체이며, 능동의 의미이므로 현재분사 using의 쓰임은 적절하다.
② more를 수식하는 비교급 강조 부사로 사용된 much는 적절하다.
③ and를 기준으로 point와 대등한 구조인 laugh의 쓰임은 바르다.
⑤ 장소를 나타내는 선행사 area를 취하고 완전한 구조의 문장이 뒤따르므로 관계부사 where는 적절하다.

어휘

replace	대신하다, 대체하다
in that	~라는 점에서
include	포함하다
perform	수행하다, 공연하다
trick	재주, 속임수
be sure to	반드시 ~하다
wrist	손목
guard	보호대, 경호원; 보호하다
point	가리키다; 요점
environment	환경
skill	기술
downward	내리막의, 아래쪽으로의
intersection	교차로

04

우리가 빨간색과 녹색 물감을 섞어서 노란색을 만들어 내기를 바란다고 가정해 보자. 우리가 그 물감들을 함께 섞는다면, 기대한 결과를 얻는 데 실패를 하고, 그 대신에 불그스름한 색을 얻게 될 것이다. 이유는 물감들이 함께 섞여서 빛에 주는 그것들의 효과가 서로 간섭했기 때문이다. 그러나 많은 빨간색 점들이 칠해진다고 가정해 보자. 멀리서 보면 그것은 완전한 빨간색처럼 보일 것이다. 유사하게, 빨간 점들과 절대 서로 겹치지 않게 하면서, 많은 작은 녹색 점들도 같은 종이 위에 칠해질 수 있다. 가까이서 보면 작은 빨간색, 녹색 점들이 보일 것이다. 각각의 점들이 보일(→ 보이지 않을) 만큼 충분히 멀리 떨어져서 보면, 눈은 빨간 빛과 녹색 빛의 혼합을 받게 될 것이다. 그 빛은 노란색으로 보일 것이다.

해설

빨간색과 녹색의 작은 점들이 보이지 않을 만큼 멀리서 보게 되면, 눈이 혼합된 색을 인식하여 노란색으로 보이게 될 것이라는 흐름으로, ⑤의 visible(보이는)을 invisible(보이지 않는)과 같은 단어로 고쳐야 한다.

어휘

suppose	가정하다
create	만들다, 창조하다
reddish	불그스름한
so that	(결과) 그래서, (목적) ~하기 위하여
effect	효과
dot	점, 반점
solid	(색깔이) 완전한, 고체의; 고체
overlap	겹치다
from a distance	멀리서
from up close	가까이서
visible	보이는 (↔ invisible)
mixture	혼합물

05

정답 ②

최근에 아시아로 가는 비행기에서 나는 Debbie를 만났다. 그녀는 모든 승무원들로부터 따뜻한 인사를 받았다. 그녀에게 향한 모든 관심에 놀라서, 나는 그녀가 그 항공사에 근무하는지 물어보았다. 그녀는 그렇지는 않았지만, 그 관심을 받을 자격이 있었는데, 이 비행이 그녀가 이 동일한 항공사로 400만 마일 넘게 비행하는 획기적인 기록을 세웠기 때문이다. 비행 동안에 나는 그 항공사의 최고경영자가 그녀에게 그들의 서비스를 오랫동안 이용한 것에 감사하기 위해 직접 전화를 걸었다는 것을 알게 되었다. Debbie는 한 가지 매우 중요한 이유로 이러한 특별대우를 받을 수 있었는데, 그녀가 그 하나의 항공사에 **충실한** 고객이었기 때문이다.

해설

Debbie는 모든 승무원으로부터 환영인사를 받고, 항공사의 최고경영자가 전화를 걸어 감사인사를 전했는데, 그 이유는 이 여성이 400만 마일 넘게 한 항공사를 오랫동안 이용하였기 때문이라는 내용의 글이다. 따라서 빈칸에 들어갈 말로 가장 적절한 것은 ② loyal(충실한)이다.

① 용감한
③ 불평하는
④ 위험한
⑤ 일시적인

어휘

recent	최근의
flight	비행
warmly	따뜻하게
greet	인사하다
amazed	놀란
attention	관심, 주의
airline	비행기 회사
deserve	~을 받을 자격이 있다
flight attendant	비행기 승무원
mark	기록하다, 표시하다; 표시, 자국
CEO	최고 경영자 (= Chief Executive Officer)
personally	직접, 개인적으로
be able to	~할 수 있다
receive	받다
special	특별한
treatment	대우, 처리, 치료
reason	이유
customer	고객
courageous	용감한
loyal	충실한
complaining	불평하는
temporary	일시적인

06

정답 ⑤

당신이 인간관계에서 발전시킬 수 있는 가장 중요한 기술 중 하나는 다른 사람의 관점에서 사물을 보는 능력이다. 그것은 고객들을 만족시키고, 결혼 생활을 유지하고, 아이들을 키우는 비결 중 하나이다. 인간의 모든 상호작용은 자신이 다른 사람의 입장이 되어 보는 능력에 의해 향상된다. 어떻게? 자신과 자신만의 이익과 그리고 자신만의 세계를 넘어서서 바라보라. 당신이 다른 사람의 과거를 고려하면서 어떤 문제를 검토하고 다른 사람들의 흥미와 관심사를 발견하려 노력할 때, 당신은 다른 사람들이 보는 것을 보기 시작한다. 그리고 그것은 강력한 것이다.

해설

인간의 상호작용 관계에 있어서 다른 사람의 입장이 되어보면, 다른 사람들이 보는 것을 보기 시작한다는 것이 주된 내용으로, 빈칸에 들어갈 말로 가장 적절한 것은 ⑤ see things from others' points of view (다른 사람의 관점에서 사물을 보는)이다

① 오래된 물건을 새것으로 만드는
② 다른 사람들의 실수를 용서하는
③ 당신이 정말로 원하는 것을 아는
④ 당신의 감정을 정직하게 표현하는

어휘

develop	개발하다, 발달하다
relationship	관계
ability	능력
key	비결, 열쇠
satisfy	만족시키다
customer	고객
maintain	유지하다
marriage	결혼 (생활)
raise	기르다, 모금하다, 올리다
interaction	상호작용
improve	향상하다, 개선하다
in one's shoes	다른 입장이 되어
beyond	~을 넘어서
interest	이익, 관심; 관심을 끌다
examine	검토하다, 조사하다
consider	고려하다
history	역사, 과거
discover	발견하다
concern	관심(사), 걱정
forgive	용서하다
mistake	실수; 실수하다
express	표현하다
honestly	정직하게
point of view	관점

07 정답 ④

인생에서 최상의 것도 지나치면 그리 좋지 않다. 이 개념은 아리스토텔레스에 의해 논의되었다. 그는 덕이 있다는 것은 균형을 찾는 것을 의미한다고 주장했다. 예를 들어, 사람들은 용감해져야 하지만, 만약 어떤 사람이 너무 용감하다면 그 사람은 경솔해진다. 사람들은 (타인을) 신뢰해야 하지만, 만약 어떤 사람이 (타인을) 너무 신뢰한다면 그들은 어리석은 사람으로 여겨진다. 이러한 각각의 특성에 있어, 부족과 과잉 둘 다를 피하는 것이 최상이다. 최상의 방법은 행복을 극대화하는 "sweet spot(가장 좋은 지점)"에 사는 것이다. 아리스토텔레스의 제안은 덕이 중간 지점이라는 것인데, 그곳은 너무 관대하지도 너무 못되지도, 너무 두려워하지도 너무 용감하지도 않은 것이다.

해설

좋은 것도 과하면 좋지 않으며, 특히 아리스토텔레스가 주장했던 행복은 부족과 과잉의 중간지점에 있어야 한다는 중도에 대한 내용의 글로, 밑줄 친 부분이 의미하는 바로 가장 적절한 것은 ④ '두 극단적인 곳의 중간에' 이다.
① 치우쳐진 선택의 시간에   ② 부유함의 지역에
③ 사회적 압박으로부터 벗어나   ⑤ 순간의 즐거움 순간에

어휘

excess	지나침, 과도
argue	주장하다
careless	경솔한, 부주의한
trusting	신뢰하는
consider	여기다, 고려하다

lack	부족
maximize	극대화하다
wellbeing	행복
suggestion	제안
goodness	덕, 선량함
midpoint	중간 지점
generous	관대한
mean	못된, 심술궂은
biased	치우쳐진, 편향된
pressure	압박, 압력
extreme	극단, 극도
instant	순간의, 즉각적인
pleasure	즐거움

08 정답 ③

어머니와 나는 Fanelli 시장으로 가고 있다. 한 이웃이 어머니를 부른다. 그들이 이야기를 나눌 때, 나는 그 이웃집의 뒤뜰로 배회한다. (B) 갑자기 (독일종) 셰퍼드 한 마리가 나에게 달려든다. 아오! (개 짖는 소리). 나는 비명을 지른다. 어머니가 나에게 달려와 "무슨 일이니?"라고 묻는다. 나는 "개가 있어요!"라고 말한다. 어머니가 묻는다. "개? 저쪽?" (C) 나는 고개를 끄덕인다. 어머니는 나를 그 집 주변으로 데리고 간다. 그 개가 또 소리친다. 아오! 나는 뒤로 물러선다. 그러나 어머니는 나를 앞으로 잡아당기고서는 그 개에게 되받아 짖는다. (A) 그녀는 인간이 낼 수 있는 최고의 개 짖는 소리를 낸다. 그 개는 울부짖으며 도망간다. 어머니는 말씀하신다. "너는 그들에게 누가 대장인지 보여 주어야 해!"

해설

엄마와 내가 상점으로 가던 도중 엄마가 이웃과 만나 이야기를 하는 동안 내가 이웃집의 뒤뜰을 배회한다는 주어진 글 다음에, 갑자기 나타난 개에 비명을 지르자 온 엄마가 개가 어디에 있냐고 묻는 (B)가 이어지고, 개가 있는 쪽으로 나를 데려가, 엄마가 개를 향해 짖는 소리를 낸 (C)가 온 후, 엄마가 흉내 내는 개 짖는 소리에 개가 무서워 도망을 가는 (A)가 이어지는 것이 글의 순서로 가장 적절하다.

어휘

wander	배회하다
backyard	뒤뜰
human	인간
run away	도망가다
boss	대장, 사장
suddenly	갑자기
German	독일의; 독일인, 독일어
jump at	~에게 달려들다
scream	비명을 지르다; 비명
nod	(고개를) 끄덕이다
yell	소리치다
forward	앞으로
bark	짖다
back	되받아, 뒤로, 다시

09

Isaac Newton 경은 프리즘, 빛, 색을 가지고 실험을 했다. 한 실험은 프리즘을 통해서 백색광을 굴절시키는 것을 포함했다. 그 결과들은 빛이 실제로 빨강, 주황, 노랑, 초록, 파랑, 남색, 보라 같은 일곱 가지의 각각의 색으로 나뉠 수 있다는 것을 보여줬다. 이 발견까지 사람들은 프리즘이 그것을 통과하는 빛을 어떤 식으로든 '색칠했다'고 믿었다. 이 이론이 틀렸다는 것을 증명하기 위해, Newton은 그 과정을 거꾸로 실행하였다. 그는 색깔들을 다시 그 프리즘으로 투사시켰는데, 그것은 결과적으로 순수한 백색광이 되었다. 예술가와 과학자 모두 빛이 모든 색의 원천이라는 이러한 발견에 놀라워했다.

해설

주어진 문장은 이 이론이 잘못되었다는 것을 입증하기 위해 Newton이 실험 과정을 거꾸로 했다는 내용으로, 여기서 말하는 '이 이론'은 사람들이 프리즘을 통과하는 빛이 색칠됐다고 믿었다는 것으로 ④에 들어가는 것이 가장 적절하다.

어휘

prove	증명하다, ~임이 판명되다
theory	이론
reverse	거꾸로 하다, 뒤집다
process	과정; 처리하다
experiment	실험하다; 실험
prism	프리즘
involve	수반하다, 포함하다
result	결과; (결과로) 일어나다
actually	실제로
break down	나누다, 고장 나다
individual	각각의, 개인의; 개인, 개체
indigo	남색
discovery	발견
somehow	어떤 식으로든
color	색칠하다; 색상
project	투사하다, 투영하다; 과제
pure	순수한
source	원천, 출처

10

대부분 사람들은 의식적인 생각이 자신들이 하는 모든 것을 통제한다고 생각한다. 그들은 일반적으로 의식적인 생각이 행동을 지시한다고 믿는다. 이러한 믿음은 잘못된 것이다. 예를 들어, 걷기를 생각해보라. 그것은 대부분의 사람들이 온종일 계속해서 하는 것이다. 당신은 다리와 발의 움직임을 의식적으로 통제하는가? 의식적인 생각이 "자, 왼쪽 발을 들어 올려, 앞으로 흔들고 높이 들어서 뒤꿈치를 내려놓고, 앞으로 구르듯이 나아가라" 등의 말을 해야 하는가? 물론 그렇지 않다. 대부분의 시간 동안 걷기는 의식적인 생각이나 의도 없이 행해진다.

→ 우리가 일반적으로 믿는 바와 달리, 우리 행동의 일부는 자동으로 일어난다.

해설

대부분 사람들이 자신들이 하는 모든 행동이 의식적으로 이루어진다고 믿고 있지만, 걷기 등과 같은 우리 행동의 일부는 의식적인 생각 없이 이루어진다는 것이 글의 요지이므로, 빈칸 (A)에는 Unlike(~와 달리)가 (B)에는 automatically(자동으로)가 들어가는 것이 가장 적절하다.

① ~처럼 - 감정적으로
② ~처럼 - 자동으로
③ ~와 달리 - 감정적으로
⑤ ~와 달리 - 불규칙적으로

어휘

mind	생각, 마음; 꺼리다
control	통제하다, 제어하다
generally	일반적으로
direct	지시하다, 감독하다; 직접적인
belief	믿음
false	잘못된
consider	생각하다, 고려하다
over and over	계속해서
all day long	온종일
consciously	의식적으로
movement	움직임, 운동
pick up	들다
swing	흔들다; 그네
forward	앞으로
high	높게; 높은
set down	내려놓다
heel	뒤꿈치
roll	구르다
and so on	기타 등등
thought	생각
intention	의도
emotionally	감정적으로
automatically	자동으로
unlike	~와 달리
irregularly	불규칙적으로

[11~12]

소년 마법사의 모험에 관한 J.K. Rowling의 판타지 시리즈 중 일곱 번째이자 마지막 권인 '해리포터와 죽음의 성물'이 2007년 미국에 출시되었을 때, 그것은 판매가 시작되고 첫 24시간 안에 8백 30만 부가 팔렸다. 마지막 해리포터 책이 그렇게 좋았는가? 여덟 개의 출판사가 그 첫 번째 권을 출판하기를 거절했다는 사실에도 불구하고, 아마 그 책과 이전 여섯 권은 매우 뛰어났을 것이다. 그러나 성공이 적어도 자체의 질에 의해 부분적으로 결정되지만, 사람들이 좋아하게 되는 것은 다른 사람들이 좋아하는 것에 매우 많이 의존하는 것 또한 가능하다. 그런 세상에서 왜 특정한 책이 성공작이 되는지에 대한 설명은 이 출판업자의 "많은 사람들이 샀기 때문에 그것이 잘 팔렸다." 말처럼 간단할지도 모른다. 사회적 정보가 이제 과거보다 가상 그리고 실제 경계를 넘어서 훨씬 더 좁게(→ 폭넓게) 공유되고 있으므로, 책과 영화 같은 문화적 가공물은 이제 한 세기 전에는 그럴 수 없었던 방식으로 인기가 '눈덩이처럼 불어날' 수 있다. 공연이나 상품의 질에서 작은 차이는 수익에서 엄청난 차이로 바뀐다.

해설

11
'해리포터와 죽음의 성물'이 2007년 출시되자마자 엄청난 성공을 거뒀는데, 그 이유는 이 책 자체가 뛰어났을 수도 있지만, 사람들은 다른 사람들이 좋아하는 것을 좋아하게 된다는 것이 글의 주된 내용으로, 이 글의 제목으로 가장 적절한 것은? ③ Popularity Greatly Affects Product Success (인기는 상품의 성공에 크게 영향을 미친다)
① 당신이 읽는 것은 당신이 누구인지를 보여준다
② 책 대(對) 영화: 끝없는 토론
④ 창조성: 소설가의 필수 자질
⑤ 어떻게 인기 있는 영화가 정치적 견해에 영향을 미치는가?

12
'해리포터와 죽음의 성물'이란 책이 잘 팔리게 된 이유는 과거에는 불가능했던 방식으로 정보가 가상과 실제의 경계를 넘어서 널리 공유되고 있기 때문이라는 흐름이 적절하다. 따라서, (d)의 narrowly(좁게)를 widely(폭넓게)와 같은 낱말로 고쳐야 한다.

어휘

deathly	죽음의, 죽음을 암시하는
hallow	성물, 성직자
volume	권, 음량, 용적
adventure	모험
release	출시하다, 놓아주다, 석방하다
copy	(책 등의) 부, 복사본; 흉내 내다
perhaps	아마
brilliant	뛰어난
despite	~에도 불구하고
publisher	출판사, 출판업자
publish	출판하다
partly	부분적으로
determine	결정하다
quality	자질, 특성
depend on	~에 의존하다, ~에 달려있다
explanation	설명
certain	특정한, 확실한
share	공유하다, 나누다; 몫
virtual	가상의
actual	실제의
border	경계
artifact	가공물
popularity	인기
performance	공연, 수행
product	상품
vast	엄청난, 광대한
payoff	수익, 지급(일)
affect	영향을 미치다
endless	끝 없는
debate	토론
creativity	창조성
essential	필수적인
influence	영향을 미치다
political	정치적
view	견해, 전망; 보다

MINI TEST 제3회 본문 p.110

01 ⑤	02 ⑤	03 ④	04 ④	05 ③	06 ③
07 ⑤	08 ②	09 ③	10 ②	11 ②	12 ③

01 정답 ⑤

오늘날 어떤 히포크라테스의 견해가 여전히 실행되고 있을까? 비록 히포크라테스가 거의 2,500년 전에 살았을지라도 그의 견해 중 많은 것들이 오늘날에도 친숙하게 들린다. 그는 친척 중 누군가가 비슷한 질병을 앓았었는지를 알아보기 위해 가족 병력에 대해 물어보곤 했다. 그는 환자의 환경이 그 질병을 일으키는지를 알아보기 위해 환자의 가정에 관해서 질문했었다. 그는 식습관이 질병을 예방하는 데 중요한 역할을 한다는 것을 발견했다. 히포크라테스는 정서적 스트레스를 이해했다. 그는 심지어 의사가 환자를 대하는 태도에 관해서도 제안을 했다. 그는 의사가 질병 자체만큼 환자의 안락함과 행복에도 많은 관심을 기울여야 한다고 말했다.

해설

히포크라테스는 아주 옛날 사람이지만, 오늘날에도 그의 견해는 의학에서 사용된다는 내용의 글이므로 이 글의 주제로 가장 적절한 것은 ⑤ Hippocratic ideas in today's medicine (오늘날 의학에서의 히포크라테스의 견해)이다.
① 서양의학의 여러 가지 분야들
② 히포크라테스 시대의 일반적인 믿음들
③ 고대 시기의 진단과 치료
④ 전통의학의 예방적 조치

어휘

in practice	실행되는
familiar	친숙한
relative	친척
suffer	고통 받다
diet	식습관
play a role	역할을 하다
prevent	예방하다
emotional	정서적인
suggestion	제안
physician	의사
comfort	안락함
welfare	복지, 행복
various	여러 가지의
field	분야
medicine	의학, 약물
diagnose	진단하다
treatment	치료
ancient	고대의
preventive	예방의
measure	조치

02

만약 당신이 근육을 발달시키길 원한다면, 한계를 넘어서 당신의 신체를 다그친다는 것이 매우 매력적일 수 있다. 많은 사람은 운동이 고통스러워야 한다는 생각에 동의할지도 모른다. 그러나 그 문제의 진실은 이것이 굉장히 위험한 생각이라는 것이다. 피로와 고통은 당신의 몸이 위험에 처해 있고 너무 무리하고 있다는 것을 말해 주는 것이다. 좋은 운동은 압박감과 도전적인 일들을 제공해야 하지만, 그것이 절대 고통스러워서는 안 된다. 마찬가지로, 당신은 결코 매일 자신의 몸을 혹사해서는 안 된다.

해설

많은 사람이 운동은 고통스러워야 한다고 생각하지만, 좋은 운동은 절대 몸에 고통을 주면 안 된다는 내용이므로, 이 글의 제목으로 가장 적절한 것은 ⑤ Painful Exercise: The Wrong Answer (고통스러운 운동: 잘못된 답)이다.
① 근육통을 치료하는 방법
② 살을 빼는 지름길
③ 근육이 필요한가요? 체육관으로 가세요!
④ 무엇이 당신을 매력적으로 보이게 만드나요?

어휘

improve	향상하다
attractive	매력적인
beyond	~을 넘어
limit	한계
painful	고통스러운
overwork	과로하다
workout	운동
pressure	압박
challenge	도전
likewise	마찬가지로

03

Greg는 어떤 시험에서든 만점을 얻지 못하면 실패한 자인 것처럼 느꼈다. 95점이라는 점수는 그로 하여금 "어떻게 내가 100점을 받지 못했을까?"라는 질문을 남겼다. Greg는 완벽을 추구하는 자신의 욕구가 자신을 스트레스 상태로 몰아넣고 있다는 사실을 깨달았다. 그는 스트레스를 관리하기로 마음먹었다. 그는 "92점도 여전히 A학점이다."라는 간단한 메시지를 적어놓은 쪽지를 모든 곳에 붙여놓는 독창적인 아이디어를 생각해냈다. 점점, 이 단순한 메모는 Greg로 하여금 다른 관점을 갖게 하고 자신이 모든 것에 완벽할 필요가 없다는 사실을 깨닫게 해주었다. 그는 여전히 수업에서 A학점을 받을 수 있었으나, 훨씬 더 적은 압박을 받았다.

해설

④ 「allow + 목적어 + 목적보어(to 동사원형)」구조로, to have와 realized는 병렬 구조를 이루어야 하기 때문에 (to) realize로 고쳐야 한다.
① 「left + 목적어 + 목적보어」의 구조로, 뒤에 "How did I~?"라는 목적절이 이어지고 있으므로 능동의 asking이 적절하다.
② decide는 목적어 자리에 to부정사를 취하는 것이 옳다.

③ 전치사(of) 뒤에 동사가 오면 동명사(동사원형-ing)의 형태를 취하는 것이 적절하다.
⑤ 비교급(less)을 강조하는 부사로 much, even, still, far, a lot 등이 있으므로 적절하다.

어휘

feel like	~처럼 느끼다
failure	실패
achieve	달성하다
realize	깨닫다
desire	욕구
state	상태
manage	관리하다
come up with	~을 생각해내다
post	붙이다
gradually	점점
allow	허락하다
point of view	관점
earn	얻다, (돈을) 벌다
pressure	압박

04

대부분 사람들은 만약 그들이 6개월간의 탐험 길에 오르려 하면, 모든 가능한 난관에 대비하기 위해 많은 물품들을 가져가야 한다고 생각한다. 하지만 전문 배낭여행자의 경험은 우리에게 그 정반대를 가르쳐준다. 배낭여행이 길수록, 짐을 더 적게 지녀야 한다. 가벼운 짐을 지니고 4일 정도마다 다시 보충하는 것이 더 낫다. 보통의 배낭여행자가 10일 이상의 음식을 지니고 다니는 것은 <u>가능한 (→ 불가능한)</u> 일이므로, 장거리 배낭여행자는 도중에 반드시 다시 보충해야 한다.

해설

짐은 가볍게 해야 하는 이유가 보통의 여행자가 10일 이상의 음식을 지니고 다니는 것은 불가능한 일이므로 ④ possible(가능한)을 impossible(불가능한)과 같은 낱말로 고쳐야 한다.

어휘

a ton of	많은
challenge	난관
professional	전문적인
backpacker	배낭여행자
opposite	정반대; 정반대의
carry	나르다
light	가벼운, 밝은
resupply	다시 보충하다
average	보통의
long-distance	장거리의
along the way	도중에

05

정답 ③

　사람들은 일란성 쌍둥이는 모든 면에서 정확히 똑같다고 생각한다. 그들은 똑같이 생겼고, 똑같은 옷을 입고, 좋아하고 싫어하는 것도 같다. 그러나 일란성 쌍둥이의 부모들은 다르게 알고 있다. 사실, 일란성 쌍둥이는 고유한 개인이다. 예를 들면, 나의 아이들은 체중에 있어서 항상 25% 정도의 차이를 보여 왔다. 또한, 그들은 서로 비슷하게 행동하지도 않는다. 한 명은 춤추기를 좋아하고, 나머지 한 명은 농구 하는 것을 좋아한다. 확실히, 우리는 그들에게 개인적인 흥미를 추구하도록 장려하지만, 그들은 이러한 활동을 하는 것을 완전히 그들 스스로 결정한다.

해설

사람들은 일란성 쌍둥이가 모든 면에서 똑같다고 생각하지만, 그들은 신체적인 면이나 추구하는 흥미 등도 확실히 다르다는 내용의 글이다. 그러므로 빈칸에 들어갈 말로 가장 적절한 것은 ③ unique(고유한)이다.
① 활동적인　　　② 짝을 이루는
④ 재능이 있는　　⑤ 생각이 깊은

어휘

identical	일란성의
exactly	정확히
alike	(아주) 비슷한, 똑같은
individual	개인
certainly	확실히, 분명히
encourage	장려하다
pursue	추구하다
active	활동적인
paired	짝을 이루는
unique	고유한, 독특한
talented	재능이 있는
thoughtful	생각이 깊은

06

정답 ③

　당신이 잘 모르거나 더 높은 지위에 있는 사람들에게 이메일을 쓸 때, 기억해야 할 몇 가지가 있다. 그것 중 하나가 당신의 메시지를 간결하게 하는 것이다. 당신은 너무 길거나 불필요한 정보를 포함한 메시지로, 읽는 사람에게 문제를 일으켜서는 안 된다. 예를 들면, 만약 당신이 아파서 약속을 취소하거나 수업에 가지 못한다면 아픈 것에 대해 설명할 필요는 없다. 당신이 아파서 수업이나 약속에 갈 수 없다는 짧은 언급이면 충분하다.

해설

메일을 쓸 때는 상대방에게 너무 길거나 불필요한 정보를 주는 것보다 짧은 언급이면 충분하다는 내용이므로, 빈칸에 들어갈 말로 가장 적절한 것은 ③ to keep your message brief (당신의 메시지를 간결하게 하는 것)이다.
① 일반적인 표현을 사용하는 것
② 요청을 정중하게 표현하는 것
④ 편안한 인사로 시작하는 것
⑤ 메시지에 빠르게 대답하는 것

어휘

cause	야기하다
include	포함하다
unnecessary	불필요한
cancel	취소하다
appointment	약속
describe	설명하다
statement	진술, 성명
expression	표현
request	요청
politely	정중하게
brief	짧은, 간결한
casual	편안한
greeting	인사
respond	대답하다

07

정답 ⑤

　인간은 잡식성인데, 이것은 그들이 주변 환경의 식물과 동물을 먹고 소화할 수 있다는 것을 의미한다. 이것의 주된 장점은 그들이 거의 모든 지구의 환경에 적응할 수 있다는 것이다. 단점은 하나의 음식으로는 생존에 필요한 영양분을 제공하지 않는다는 것이다. 인간은 신체적 성장과 유지를 위해 다양한 음식들을 먹을 수 있을 만큼 충분히 융통성 있어야 하지만, 생리학적으로 해로운 음식을 무작위로 먹지 않을 만큼 충분히 조심스러워야 한다. 이 딜레마는 잡식 동물의 역설이라고 알려져 있다. 그것은 음식에 대한 두 가지의 모순된 심리적 충동을 야기한다. 첫 번째는 새로운 음식에 대한 끌림이고, 두 번째는 익숙한 음식에 대한 선호이다.

해설

잡식 동물인 인간은 신체적 성장과 유지를 위해서 충분히 먹을 수 있을 만큼 융통성이 있어야 하는 동시에, 생리학적으로 해로운 음식을 먹지 않을 만큼 조심스러워야 하는 딜레마가 있다는 내용으로, 밑줄 친 부분이 글에서 의미하는 바로 가장 적절한 것은 ⑤ '음식에 융통성이 있으면서도 조심할 필요성'이다.
① 영양가 있는 음식을 원하지만 싫어하는 역설적인 상황
② 채식주의자와 육식주의자의 갈등
③ 음식의 양을 위하여 음식의 질을 단념하는 것
④ 어떤 것이 먹을 수 있는 것인지를 판단하는 데 대한 어려움

어휘

digest	소화하다
surrounding	주변 환경
advantage	장점, 이점
adapt to	~에 적응하다
earthly	지구의, 세속적인
disadvantage	단점, 불리한 점
nutrition	영양분
survival	생존
flexible	융통성 있는
a variety of	다양한
physical	신체적인
growth	성장

maintenance	유지
randomly	무작위로
harmful	해로운
be known as	~로 알려져 있다
omnivore	잡식 동물
paradox	역설
contradictory	모순된
psychological	심리적
impulse	충동
diet	음식, 식단
attraction	끌림, 매력
preference	선호
familiar	익숙한
irony	역설적인 상황, 아이러니
nutritious	영양이 있는
conflict	갈등
vegetarian	채식주의자
sacrifice	단념하다, 희생하다
quality	질
quantity	양
judge	판단하다
edible	먹을 수 있는

08 정답 ②

학교에서 돌아왔는데 쿠션이 거실 바닥에 갈가리 찢어진 채로 있는 것을 발견했다고 가정해 보라. (B) 쿠션 속이 밖으로 빠져나와 있고 그것의 작은 속 조각들이 여기저기에 있다. 가방을 내려놓을 때, 개가 당신을 향해 달려온다. (A) 개가 당신의 품속으로 뛰어들 때 당신은 개가 쿠션 속 조각들로 뒤덮여 있는 것을 발견한다. 당신은 자신이 그날 아침 집을 나간 마지막 사람임을 알고 있다. (C) 당신은 이런 정보에 대해 생각해 보고, 사실에 기초하여, 개가 쿠션을 찢어 놓았다는 가능한 설명을 생각해 낸다. 이 과정은 결론 도출하기라고 불린다.

해설

학교에서 돌아왔는데 쿠션이 찢어진 채로 있는 상황이 주어진 후에, 가방을 내려놓자 개가 당신을 향해 달려오는 (B)가 이어지고, 쿠션 속으로 뒤덮여 있는 개의 상태를 발견하고, 그날 아침 마지막으로 집을 나간 사람이 자신인 걸 인지한 (A)가 온 후, 이런 사실들을 종합하여 개가 쿠션을 찢은 범인이라는 결론을 도출하는 (C)가 이어지는 것이 글의 순서로 가장 적절하다.

어휘

suppose	가정하다
tear apart	갈가리 찢다
be covered with	~로 덮여있다
come up with	~을 생각해내다
pull ~ out	~을 빼다
possible	가능한
explanation	설명
based on	~를 기초하여
process	과정
stuffing	(베개, 쿠션 등에 넣는) 속
draw a conclusion	결론을 도출하다

09 정답 ③

돌고래는 흉내 내기를 좋아한다. 종종, 수족관의 훈련되어 있지 않은 돌고래가 다른 돌고래가 연기하는 것을 지켜본 다음 훈련 없이 그 연기를 완벽하게 해낸다. 하지만 돌고래들은 서로를 흉내 내는 것에 자신들을 제한시키지 않는다. 예를 들어, 인도양 큰돌고래인 Anika는 같은 수조에 있는 물개인 Tommy를 흉내 내기 시작했다. 돌고래답지 않게, Anika는 Tommy의 잠자는 자세를 흉내 내어 옆으로 누웠다. Tommy가 그랬듯이, Anika는 또한 수면 위에서 배를 위로 향한 채 누웠다. 이로 인해 숨구멍이 물속에 있게 되었고, 그래서 Anika는 가끔 숨을 쉬기 위해 몸을 뒤집어야 했다.

해설

주어진 문장을 돌고래 Anika가 물개인 Tommy를 따라 하기 시작했다는 예의 내용으로, 돌고래가 돌고래만을 따라 하는 것이 아니라 다른 흉내도 낸다고 한 문장 다음에, 그리고 그로 인해 자신과 다르게 자는 수면 자세를 취하게 되었다는 문장 앞에 위치해야 하므로 ③에 들어가는 것이 가장 적절하다.

어휘

imitate	흉내 내다, 모방하다
untrained	훈련되어 있지 않은
perfectly	완벽하게
limit	제한하다
lie	눕다 (lie-lay-lain)
position	자세
belly-up	배를 위로하고
surface	표면
turn over	뒤집다
breathe	숨 쉬다
seal	물개 (= fur seal)

10 정답 ②

사람들은 그들이 함께 시간을 보내는 사람들의 태도를 보인다; 다른 사람들의 마음가짐, 신념 그리고 난제에 대한 접근 방식들. 팀의 누군가가 그의 좋은 행동 때문에 보상을 받게 될 때, 다른 사람들도 비슷한 특성을 보이기 쉽다. 지도자가 안 좋은 상황에 직면해서도 자신의 희망을 버리지 않을 때, 다른 사람들도 그 자질을 감탄하고 그녀처럼 되기를 원한다. 팀원이 강한 직업윤리를 보여주고 긍정적인 영향을 주기 시작할 때, 다른 사람들도 그를 모방한다. 태도는 전염성이 있다. 사람들은 그들 동료의 좋은 본보기에 영감을 받게 된다.
→ 긍정적인 태도는 그것이 다른 사람에게 노출될 때, 확산되기 쉽다.

해설

사람들은 주변에 있는 타인의 영향을 많이 받아, 좋은 태도를 보면 그들과 같아지기를 원하는 긍정적인 영향이 있다는 것이 글의 요지이므로, 빈칸 (A)에는 spread(확산되다)와 (B)에는 exposed to(~에게 노출되다)가 들어가는 것이 가장 적절하다.
① 확산되다 - ~와 의견이 다르다
③ 바꾸다 - ~에 노출되다
④ 바꾸다 - ~와 의견이 다르다
⑤ 발달하다 - ~와 의견이 다르다

어휘

adopt	채택하다, 취하다
attitude	태도
mindset	마음가짐
approach	접근하다
reward	보상하다
deed	행위, 행동
characteristics	특성
in the face of	~에 직면하여
admire	감탄하다
quality	자질
work ethic	직업 윤리
positive	긍정적인
impact	영향
inspire	영감을 주다
peer	동료
spread	퍼뜨리다
disagree	동의하지 않다
expose	노출하다
develop	발전하다

어휘

take in	~을 섭취[흡수]하다
breath	숨
oxygen	산소
give off	내뿜다, 배출하다
take part in	참여하다
population	생물 집단
ecosystem	생태계
use ~ up	~을 다 쓰다
instead of	~ 대신에
trade	교환하다

[11~12]

정답 11 ② 12 ③

당신은 주변의 공기로부터 무엇을 얻는가? 당신은 그것을 볼 수는 없지만, 호흡할 때마다 그것을 받아들인다. 그것은 산소로 불리는 기체이다. 모든 동물은 산소를 필요로 한다. 물속에 사는 동물들은 물에서 산소를 얻는다. 식물들도 공기로부터 기체를 필요로 한다. 그들은 낮 동안 영양분을 만들기 위해 이산화탄소를 필요로 하고 밤에는 영양분을 사용하기 위해 산소를 필요로 한다.

이 기체들은 어디서 올까? 그들은 식물과 동물로부터 온다! 식물은 동물들이 생산하는(→ 필요한) 기체인 산소를 만든다. 동물들은 식물이 필요로 하는 기체인, 이산화탄소를 내뿜는다. 동물과 식물은 이산화탄소와 산소의 순환에 참여한다. 이산화탄소와 산소의 순환은 이 두 기체의 교환이다. 기체들은 물과 땅 양쪽의 생태계에서 한 생물 집단에서 다른 생물 집단으로 이동한다. 만약 기체가 교환되는 대신에 소모된다면, 생명체는 죽을 것이다.

해설

11
동물과 식물도 공기에서 이산화탄소와 산소를 공급받아 순환 속에서 살아간다는 내용의 글이다. 따라서 이 글의 제목으로 가장 적절한 것은 ② '생명체들은 공기를 어떻게 사용하는가?'이다.
① 물과 땅의 생태계
③ 해양 동물들의 생명주기
④ 지구는 왜 점점 뜨거워지는가?
⑤ 산소: 생명체가 가장 필요로 하는 기체

12
식물은 산소라는 가스를 만드는데 이는 동물들이 생산하는 것이 아니라 필요로 한다는 것이 글의 흐름상 자연스럽다. 따라서, (c)의 produce를 need와 같은 낱말로 고쳐야 한다.

MEMO

수능 영어를 향한 가벼운 발걸음

2nd Edition

맨처음 수능 영어

유형독해 기본편

Workbook

| 대 표 예 제 |

A 우리말은 영어로, 영어는 우리말로 쓰시오.

1 recycle _____

2 reduce _____

3 subscription _____

4 잡지 _____

5 더 적은 _____

6 나무 섬유 _____

B 괄호 안의 주어진 단어를 바르게 배열하시오.

1 (magazines, of, 20 percent, only, about)
in people's homes are recycled.

→ _____

2 (recycling, more often, by, magazines),
we can reduce the amount of wood fiber.

→ _____

C 다음 빈칸에 들어갈 알맞은 단어를 적으시오.

1 잠시 시간을 내서 이 메시지를 읽어주세요.

Please _____ _____ _____ to read
this message.

2 이것은 더 적은 나무들이 베어질 것을 의미한다.

This means that fewer trees will be
_____ _____.

D 다음 괄호 안의 주어진 단어를 활용하여 문장을 완성하시오.

1 당신의 구독에 감사드립니다.
(thank, subscription) 5단어

→ _____
_____

2 우리는 이 잡지를 재활용해 주기를 당신께 부탁드립니다.
(ask, magazine) 9단어

→ _____
_____

| 유형연습 01 |

A 우리말은 영어로, 영어는 우리말로 쓰시오.

1 glad _____

2 success _____

3 choice _____

4 대학 _____

5 받다, 수령하다 _____

6 수락하다, 입학시키다 _____

B 괄호 안의 주어진 단어를 바르게 배열하시오.

1 I can see (was, your first choice, why, it),
and I am very happy for you.

→ _____

2 I (my, best wishes, you, send) for a happy time
at your university.

→ _____

C 다음 빈칸에 들어갈 알맞은 단어를 적으시오.

1 나는 네가 아주 자랑스럽구나. 정말 잘했어.

I'm so _____ _____ you. Well _____.

2 너는 그 대학에 들어가기 위해 열심히 공부했다.

You worked _____ _____ _____ that college.

D 다음 괄호 안의 주어진 단어를 활용하여 문장을 완성하시오.

1 너는 너의 성공을 누릴 자격이 있어. (deserve) 4단어

→ _____
_____

2 나는 너의 편지를 받아서 매우 기뻤다.
(to, so, glad) 8단어

→ _____
_____

| 유형연습 02 |

A 우리말은 영어로, 영어는 우리말로 쓰시오.

1 possible _____

2 promise _____

3 hand in _____

4 상황 _____

5 설명하다 _____

6 동의하다 _____

B 괄호 안의 주어진 단어를 바르게 배열하시오.

1 I (him, that, promised) I would write to you.

  → _____

2 (start, was, he, to, when, about) your homework,
  I stopped him.

  → _____

C 다음 빈칸에 들어갈 알맞은 단어를 적으시오.

1 나는 그에게 자러 가라고 말했다.

  I told him _____ _____ to bed

2 오후 11시까지 그는 겨우 세 개의 숙제를 끝마쳤다.

  _____ 11 p.m., he _____ only three
  homework assignments.

D 다음 괄호 안의 주어진 단어를 활용하여 문장을 완성하시오.

1 Michael은 어제 오후 6시쯤 학교에서 집으로 왔다.
  (get home, around) 9단어

  → _____

  _____

2 그가 그것을 주말에 하도록 허락할 수 있을까요?
  (it, possible, allow, over) 12단어

  → _____

  _____

| 유형연습 03 |

A 우리말은 영어로, 영어는 우리말로 쓰시오.

1 pay _____

2 make it _____

3 sign up _____

4 개최하다 _____

5 체조 _____

6 신이 난, 흥분한 _____

B 괄호 안의 주어진 단어를 바르게 배열하시오.

1 I (know, if, like, to, would) he could change to the
  program.

  → _____

2 I remembered (is going to, that, our family) get
  back from a trip on July 13.

  → _____

C 다음 빈칸에 들어갈 알맞은 단어를 적으시오.

1 그게 가능한지 저희에게 알려 주시기 바랍니다.

  Please _____ us _____ _____ that's possible.

2 나는 등록을 했고 환불이 안 되는 보증금을 지불했다.

  I _____ _____ and _____
  the non-refundable deposit.

D 다음 괄호 안의 주어진 단어를 활용하여 문장을 완성하시오.

1 Bradley가 참가할 수 없을 것 같아 유감입니다.
  (I'm afraid, be able to, make it) 9단어

  → _____

  _____

2 그는 당신이 Gymnastics Summer Camp를
  개최한다는 것을 알고 신이 났습니다.
  (learn that, holding) 12단어

  → _____

  _____

| 대표예제 |

A 우리말은 영어로, 영어는 우리말로 쓰시오.

1 hardly _____

2 turn ~ on _____

3 whisper _____

4 깨닫다 _____

5 놀랄 만큼 _____

6 들어가다 _____

B 괄호 안의 주어진 단어를 바르게 배열하시오.

1 I (the, held, by, son, my, arm) and whispered.

→ _____

2 My leg were (stand, hardly, so, I, shaking, could, badly, that) still.

→ _____

C 다음 빈칸에 들어갈 알맞은 단어를 적으시오.

1 나는 모든 것이 무질서하다는 것을 알게 되었다.

I found that everything was _____ _____ _____.

2 수백 개의 유리조각이 부엌 바닥을 엉망으로 만들었다.

Hundreds of pieces of glass _____ _____ _____ on my kitchen floor.

D 다음 괄호 안의 주어진 단어를 활용하여 문장을 완성하시오.

1 싱크대 위 창문은 깨져 있었다. (sink, above) 7단어

→ _____
_____

2 누군가가 침입했고 아직 안에 있을지도 몰라. (break, might, someone, inside) 8단어

→ _____
_____

| 유형연습 01 |

A 우리말은 영어로, 영어는 우리말로 쓰시오.

1 indifferent _____

2 hop on _____

3 cash _____

4 친숙한, 익숙한 _____

5 눈을 사로잡다 _____

6 불안해하는, 염려하는 _____

B 괄호 안의 주어진 단어를 바르게 배열하시오.

1 Luckily, (my, money, all, was) still in it.

→ _____

2 (I, ran, to, taxi, catch, a) and went back to the bus stop.

→ _____

C 다음 빈칸에 들어갈 알맞은 단어를 적으시오.

1 어느 날, 나는 버스 정류장에 앉아 있었다.

One day, I was sitting at the _____ _____.

2 나는 미친 듯이 내 지갑을 찾기 시작했다.

I started madly _____ _____ my purse.

D 다음 괄호 안의 주어진 단어를 활용하여 문장을 완성하시오.

1 벤치 밑에서 무언가 내 눈길을 사로잡았다. (catch, eye) 8단어

→ _____
_____

2 나는 내가 벤치 위에 지갑을 두고 왔다는 것을 깨닫지 못했다. (left, my purse) 12단어

→ _____
_____

| 유형연습 02 |

A 우리말은 영어로, 영어는 우리말로 쓰시오.

1 ocean   _____

2 runway   _____

3 control tower   _____

4 현장, 장면   _____

5 폭발   _____

6 이륙   _____

B 괄호 안의 주어진 단어를 바르게 배열하시오.

1 (more, the plane, than, half, of) had already sunk into the ocean.

→ _____

2 The plane (radar screen, from, the, disappeared) in the control tower.

→ _____

C 다음 빈칸에 들어갈 알맞은 단어를 적으시오.

1 비행기는 공중에 몇 초 동안만 떠 있었다.

The plane was only in the air for ____ _____

_____.

2 비행기 한 대가 이륙을 위해 활주로를 달리기 시작했다.

An airplane started to run down the _____

for _____.

D 다음 괄호 안의 주어진 단어를 활용하여 문장을 완성하시오.

1 그러고 나서, 두 번의 폭발이 더 있었다.

(there, explosions) 6단어

→ _____

_____

2 화염은 엔진들 중 한 곳으로부터 나왔다.

(out, flames, one of) 8단어

→ _____

_____

| 유형연습 03 |

A 우리말은 영어로, 영어는 우리말로 쓰시오.

1 shake   _____

2 concerned   _____

3 freezing   _____

4 아무도 ~ (않다)   _____

5 경험; 경험하다   _____

6 수위, 수면   _____

B 괄호 안의 주어진 단어를 바르게 배열하시오.

1 Jess (step, took, forward, another).

→ _____

2 (it, safe, didn't, look, enough), but she didn't want to turn back.

→ _____

C 다음 빈칸에 들어갈 알맞은 단어를 적으시오.

1 그녀는 심호흡을 하였다.

She took ____ _____ _____.

2 그녀의 다리가 떨리기 시작했고, 몸이 굳어지는 것을 느꼈다.

Her legs started to _____, and she felt her body _____.

D 다음 괄호 안의 주어진 단어를 활용하여 문장을 완성하시오.

1 물이 그녀를 반갑게 맞아주고 포옹해 주는 것 같았다.

(seem, to) 8단어

→ _____

_____

2 도시 소녀로서, 그녀는 시골에 대한 경험이 거의 없었다.

(as, little, the countryside) 11단어

→ _____

_____

| 대 표 예 제 |

A 우리말은 영어로, 영어는 우리말로 쓰시오.

1 run out _____

2 latest _____

3 frequent _____

4 이용할 수 있는 _____

5 설명 _____

6 전형적인 _____

B 괄호 안의 주어진 단어를 바르게 배열하시오.

1 The phone wasn't (that, even, old).

→ _____

2 Can you imagine (other, people, many, countless, have, how) that same scenario?

→ _____

C 다음 빈칸에 들어갈 알맞은 단어를 적으시오.

1 나는 그 배터리와 그 휴대전화가 더 이상 만들어지지 않는다고 듣게 된다.

_____ _____ that the battery and the phone are _____ _____ made.

2 그들은 새 휴대전화를 위해 14-18개월마다 그들의 현재 휴대전화를 버릴 것이다.

They will _____ _____ their current phone for a new phone _____ 14-18 _____.

D 다음 괄호 안의 주어진 단어를 활용하여 문장을 완성하시오.

1 교체용 배터리를 사야할 시간이다. (It's) 7단어

→ _____

2 '전자 폐기물'에 대해서, 휴대전화들이 선두에 있다는 것은 놀랍지 않다. (no, take, "e-waste") 9단어

→ _____

| 유형연습 01 |

A 우리말은 영어로, 영어는 우리말로 쓰시오.

1 argument _____

2 respond _____

3 intentionally _____

4 정말로 _____

5 감탄하다 _____

6 사과하다 _____

B 괄호 안의 주어진 단어를 바르게 배열하시오.

1 (to, is, say, It, easy) "keep cool", but how do you do it?

→ _____

2 the other person is trying to (be, you, to, angry, get).

→ _____

C 다음 빈칸에 들어갈 알맞은 단어를 적으시오.

1 침착한 답변으로 대응하는 것이 가장 효과적일 것 같다.

Responding with a cool answer _____ _____ _____ be most effective.

2 그들은 만약 그들이 여러분의 침착함을 잃게 한다면, 여러분은 어리석은 것을 말할 것이다.

If they get you to _____ _____ _____ you'll say something foolish.

D 다음 괄호 안의 주어진 단어를 활용하여 문장을 완성하시오.

1 그들이 여러분의 화를 야기하는 것들을 말할 수도 있다. (that, may) 8단어

→ _____

2 여러분은 단지 화를 내고, 그 논쟁에서 아마 이기지 못할 것이다. (simply get, probably) 10단어

→ _____

| 유형연습 02 |

A 우리말은 영어로, 영어는 우리말로 쓰시오.

1 strategy _____

2 factor _____

3 influence _____

4 선구자 _____

5 ~을 찾아 _____

6 가장자리 _____

B 괄호 안의 주어진 단어를 바르게 배열하시오.

1 The penguins' solution (to, the waiting game, play, is).

→ _____

2 There is the leopard seal (have, likes, which, to) penguins for a meal.

→ _____

C 다음 빈칸에 들어갈 알맞은 단어를 적으시오.

1 Adélie 펭귄들이 큰 무리를 지어 거니는 것이 종종 발견된다.

Adélie penguins _____ often _____ in large groups.

2 그들은 자기들 중 한 마리가 포기하고 뛰어들 때까지 물가에서 기다린다.

They wait by the water's edge _____ _____ _____ _____ gives up and jumps in.

D 다음 괄호 안의 주어진 단어를 활용하여 문장을 완성하시오.

1 그것이 죽는다면, 그들은 돌아설 것이다. (die) 6단어

→ _____

2 한 펭귄의 운명은 모든 나머지 펭귄들의 운명을 바꾼다. (destiny, the fate) 10단어

→ _____

| 유형연습 03 |

A 우리말은 영어로, 영어는 우리말로 쓰시오.

1 core _____

2 installation _____

3 accompanying _____

4 유지 _____

5 탐구하다 _____

6 ~에서 생겨나다 _____

B 괄호 안의 주어진 단어를 바르게 배열하시오.

1 (encourage, sales, often, Retailers) with accompanying support.

→ _____

2 (selling, an grill retailer, Think of) a box of parts, unassembled.

→ _____

C 다음 빈칸에 들어갈 알맞은 단어를 적으시오.

1 그 소매업자가 조립과 배달도 판매할 때 그것은 여정에 또 다른 한 걸음을 내딛는 것이다.

When that retailer also sells assembly and delivery, it _____ _____ _____ in the journey.

2 또 다른 예는 소프트웨어 판매 외에 더해지는 기업 대 기업 간 서비스 계약이다.

Another example is the business-to-business service contracts _____ _____ _____ _____ software sales.

D 다음 괄호 안의 주어진 단어를 활용하여 문장을 완성하시오.

1 많은 부수 사업들이 여정의 가장자리들로 시작했다. (secondary, start out) 8단어

→ _____

2 그것의 고객의 임무를 미완성으로 내버려 두는 야외 그릴 소매업자를 생각해 보라. (think of, retailer, incomplete) 11단어

→ _____

| 대 표 예 제 |

A 우리말은 영어로, 영어는 우리말로 쓰시오.

1 guilty _____

2 spread _____

3 task _____

4 소문 _____

5 불가능한 _____

6 진술, 성명 _____

B 괄호 안의 주어진 단어를 바르게 배열하시오.

1 The boy asked her (them, pick, up, to, all of).

→ _____

2 Many of us are (on, guilty, passing, of) incorrect information.

→ _____

C 다음 빈칸에 들어갈 알맞은 단어를 적으시오.

1 그녀는 소문이 잘못되었음을 알았다.
She found the rumor _____ _____ _____.

2 그녀는 그것을 말한 것을 어떻게 보상할 수 있는 지 물었다.
She asked how she could _____ _____ _____ telling it.

D 다음 괄호 안의 주어진 단어를 활용하여 문장을 완성하시오.

1 소문을 전하기 전에 그 깃털들을 생각하라.
(consider, feather) 8단어

→ _____
_____

2 소문은 충격적일수록 더 빨리 퍼져나간다.
(the, shocking, travel) 9단어

→ _____

| 유형연습 01 |

A 우리말은 영어로, 영어는 우리말로 쓰시오.

1 reaction _____

2 performance _____

3 effect _____

4 확신, 자신(감) _____

5 (정)반대의 _____

6 영향을 미치다 _____

B 괄호 안의 주어진 단어를 바르게 배열하시오.

1 I like the bright colors (you, your, picture, used, in).

→ _____

2 The praise isn't as meaningful to children (specific, as, something, finding).

→ _____

C 다음 빈칸에 들어갈 알맞은 단어를 적으시오.

1 당신의 귀에 그것은 격려하는 것으로 들린다.
It _____ _____ to your ears.

2 아이의 그림에 대한 이 반응은 무엇이 잘못되었을까?
What's _____ _____ this reaction to a child's drawing?

D 다음 괄호 안의 주어진 단어를 활용하여 문장을 완성하시오.

1 너 대단히 훌륭한 그림을 그렸구나!
(picture, a, great, make) 6단어

→ _____
_____

2 구체적인 칭찬은 그녀에게 확신을 주고, 그녀에게 당신이 정말 관심 있다는 것을 알려 준다. (give, let, care) 12단어

→ _____
_____

| 유형연습 02 |

A 우리말은 영어로, 영어는 우리말로 쓰시오.

1 tolerance _____

2 unique _____

3 variety _____

4 성공적으로 _____

5 외모, 모습 _____

6 성격, 인성 _____

B 괄호 안의 주어진 단어를 바르게 배열하시오.

1 Even (who, similar, people, seem) can also be very different.

→ _____

2 That is why (with, treating, people, other, tolerance) is very important.

→ _____

C 다음 빈칸에 들어갈 알맞은 단어를 적으시오.

1 모든 사람들이 동등하게 대우 받아야 한다.

All people should be _____ _____.

2 관용을 갖는 것은 모두에게 동일한 배려를 하는 것을 의미한다.

_____ _____ means giving all people the same care.

D 다음 괄호 안의 주어진 단어를 활용하여 문장을 완성하시오.

1 관용은 세상을 성공적으로 발달하도록 한다. (allow, develop) 7단어

→ _____
_____

2 관용은 세상을 흥미롭게 만드는 다양성을 보호한다. (which, the, exciting) 9단어

→ _____
_____

| 유형연습 03 |

A 우리말은 영어로, 영어는 우리말로 쓰시오.

1 please _____

2 employee _____

3 feel like -ing _____

4 영역, 경계 _____

5 비용; 비용이 들다 _____

6 불평하지 않는 _____

B 괄호 안의 주어진 단어를 바르게 배열하시오.

1 Use your true voice to say (say, want, you, to, what, really).

→ _____

2 When (limits, we, healthy, can't, set), it causes pain in our relationships.

→ _____

C 다음 빈칸에 들어갈 알맞은 단어를 적으시오.

1 '아니오'라고 말하는 것을 두려워하지 마라.

Don't _____ _____ _____ say no.

2 이것의 대가는 우리의 삶이 될 수도 있다.

The _____ of this could be our _____.

D 다음 괄호 안의 주어진 단어를 활용하여 문장을 완성하시오.

1 우리 중 많은 이들은 그런 상황에 동조함으로써 사람들을 기쁘게 하려고 한다. (go along, the things) 13단어

→ _____
_____

2 우리는 우리가 하고 싶지 않은 일에 '아니오'라고 말하는 것을 배운다. (what, feel like) 12단어

→ _____
_____

| 대 표 예 제 |

A 우리말은 영어로, 영어는 우리말로 쓰시오.

1 brain _____

2 expert _____

3 focus _____

4 해결하다 _____

5 명료하게 _____

6 연료; 연료를 공급하다 _____

B 괄호 안의 주어진 단어를 바르게 배열하시오.

1 Going to bed earlier (better, would, than, be) sleeping late.

→ _____

2 Getting (extra, sleep, a, minutes, few, of) is more important than eating oatmeal.

→ _____

C 다음 빈칸에 들어갈 알맞은 단어를 적으시오.

1 연료가 가득 찬 두뇌는 집중을 더 잘한다.

A _____ _____ brain focuses better.

2 더 명료하고 더 빠르게 생각하려면, 아침 식사를 먹어라.

To think _____ _____ and _____, eat a good breakfast.

D 다음 괄호 안의 주어진 단어를 활용하여 문장을 완성하시오.

1 아침식사는 하루 중 가장 중요한 식사이다.
(important, meal, the day) 9단어

→ _____
_____

2 당신은 연료 없이 운행하려는 자동차와 같다.
(like, which, try) 11단어

→ _____
_____

| 유형연습 01 |

A 우리말은 영어로, 영어는 우리말로 쓰시오.

1 room _____

2 breakdown _____

3 affect _____

4 아마도 _____

5 밀폐의 _____

6 화학적인 _____

B 괄호 안의 주어진 단어를 바르게 배열하시오.

1 Many drugs will become useless (well, are, not, if, they, stored).

→ _____

2 Some kinds of drugs (should, labeled, be, to) keep them in the refrigerator.

→ _____

C 다음 빈칸에 들어갈 알맞은 단어를 적으시오.

1 의약품을 올바르게 보관하는 것은 매우 중요하다.

_____ _____ correctly is very important.

2 어두운 색 병은 이러한 영향들을 최소한으로 유지할 수 있다.

Dark bottles can _____ these effects _____ _____ _____.

D 다음 괄호 안의 주어진 단어를 활용하여 문장을 완성하시오.

1 화장실 의약 수납장은 약을 보관하는 좋은 장소가 아니다.
(cabinet, keep) 12단어

→ _____
_____

2 공간의 습기와 열이 의약품의 화학적 손상을 가속화한다.
(the room, speed up, breakdown) 12단어

→ _____
_____

| 유형연습 02 |

A 우리말은 영어로, 영어는 우리말로 쓰시오.

1 survive _____

2 by oneself _____

3 own _____

4 표면 _____

5 숨을 쉬다 _____

6 일어나다, 발생하다 _____

B 괄호 안의 주어진 단어를 바르게 배열하시오.

1 Several kinds of animals (animals, to, other, hurt, help, survive).

→ _____

2 Dolphins need (the water, the surface, to, of, reach) to breathe.

→ _____

C 다음 빈칸에 들어갈 알맞은 단어를 적으시오.

1 그것은 혼자서 수면까지 헤엄칠 수 없다.

It cannot swim to the surface _____ _____.

2 필요하다면, 그들은 이것을 몇 시간 동안 계속할 것이다.

If necessary, they will _____ _____ this for several hours.

D 다음 괄호 안의 주어진 단어를 활용하여 문장을 완성하시오.

1 그 무리의 다른 구성원들은 그것을 일으켜 세우려고 노력한다. (try, raise, feet) 12단어

→ _____

_____

2 쓰러진 코끼리는 자신의 무게 때문에 숨을 쉬는 데 어려움을 겪기 쉽다. (be likely to, difficulty) 13단어

→ _____

_____

| 유형연습 03 |

A 우리말은 영어로, 영어는 우리말로 쓰시오.

1 ask for _____

2 conversation _____

3 explain _____

4 상세히 _____

5 자동으로 _____

6 만족스럽지 않은 _____

B 괄호 안의 주어진 단어를 바르게 배열하시오.

1 Your party and (sitting, party, other, the, are) across a table.

→ _____

2 When there is a long pause in the conversation, (to, fill, it, a need, feel, people).

→ _____

C 다음 빈칸에 들어갈 알맞은 단어를 적으시오.

1 침묵을 지키면서 그것을 요구하라.

Ask for it by _____ silent.

2 그 사람은 자동으로 상세히 설명하기 시작할 것이다.

That person will _____ start _____ _____ in detail.

D 다음 괄호 안의 주어진 단어를 활용하여 문장을 완성하시오.

1 최고의 대답은 무엇일까? (would) 6단어

→ _____

2 그 사람은 당신이 듣고자 하는 것을 말할 수 있다. (may, what, hear) 9단어

→ _____

_____

| 대 표 예 제 |

A 우리말은 영어로, 영어는 우리말로 쓰시오.

1 tissue _____

2 revive _____

3 perhaps _____

4 요인 _____

5 배출하다, 방출하다 _____

6 ~에 따르면 _____

B 괄호 안의 주어진 단어를 바르게 배열하시오.

1 You (to, increase, your, water intake, need) to revive your brain functions.

→ _____

2 Water is an important factor (the smooth, the brain, functioning, for, of).

→ _____

C 다음 빈칸에 들어갈 알맞은 단어를 적으시오.

1 결코 자신이 갈증이 나도록 내버려두지 마세요.

Never ever _____ yourself _____ thirsty.

2 만일 사람의 신체에 물이 부족하면, 뇌는 호르몬을 배출한다.

If a person's body _____ _____ _____ water, the brain releases a hormone.

D 다음 괄호 안의 주어진 단어를 활용하여 문장을 완성하시오.

1 뇌에 물이 부족하면 두통들 또한 더 빈번하다.
(When, common, lack) 10단어

→ _____

_____

2 뇌 안의 불충분한 물은 잘 잊어버리는 것에 대한 주원인이다.
(insufficient, forgetful) 12단어

→ _____

_____

| 유형연습 01 |

A 우리말은 영어로, 영어는 우리말로 쓰시오.

1 famous _____

2 fever _____

3 bathe _____

4 여분의, 예비의 _____

5 이마 _____

6 담요 _____

B 괄호 안의 주어진 단어를 바르게 배열하시오.

1 He went to a house (a fever, with, to, a child, see).

→ _____

2 Dr. Ross told (forehead, his daughter's, bathe, to, the father, with, water, cool).

→ _____

C 다음 빈칸에 들어갈 알맞은 단어를 적으시오.

1 그는 어린 소녀와 그녀의 가족을 위해 불을 지폈다.

He _____ _____ _____ for the little girl and her family.

2 그 의사는 '감사합니다'라는 인사말을 보수로 받곤 했다.

The doctor would receive a "thank you" _____ _____.

D 다음 괄호 안의 주어진 단어를 활용하여 문장을 완성하시오.

1 Dr. John Ross는 그의 환자들을 돕는 것으로 유명했다.
(be famous for) 9단어

→ _____

_____

2 그 소녀의 가족은 그들의 집을 따뜻하게 하려고 장작을 다 써버렸다. (use up, keep, warm) 12단어

→ _____

_____

| 유형연습 02 |

A 우리말은 영어로, 영어는 우리말로 쓰시오.

1 necessary _____

2 tightly _____

3 stop A from B _____

4 심하게 _____

5 당연하다 _____

6 브레이크, 제동 장치 _____

B 괄호 안의 주어진 단어를 바르게 배열하시오.

1 You would think (have, brakes, must, bicycles, all).

→ _____

2 A track racing bicycle has only (necessary, down, parts, to, keep, its, weight).

→ _____

C 다음 빈칸에 들어갈 알맞은 단어를 적으시오.

1 경륜 선수들이 장갑을 끼는 것은 당연하다.

_____ _____ track bicycle racers wear gloves.

2 경륜용 자전거들은 브레이크 없이 만들어진다.

The bicycles for track racing are built _____ _____.

D 다음 괄호 안의 주어진 단어를 활용하여 문장을 완성하시오.

1 이것은 바퀴가 회전하지 못하게 한다. (stop, spin) 6단어

→ _____

_____

2 만약 그들이 그렇게 하지 않았다면, 그들의 손은 심하게 다쳤을 것이다. (If, do, would, terribly) 9단어

→ _____

_____

| 유형연습 03 |

A 우리말은 영어로, 영어는 우리말로 쓰시오.

1 avoid _____

2 overcome _____

3 disadvantage _____

4 독이 있는 _____

5 공격하다; 공격 _____

6 위협적인 _____

B 괄호 안의 주어진 단어를 바르게 배열하시오.

1 (people, attacked, Only, a few, are) by tigers or bears.

→ _____

2 Smaller animals are actually (threatening, bigger, animals, than, more).

→ _____

C 다음 빈칸에 들어갈 알맞은 단어를 적으시오.

1 그 작은 동물들은 유용한 무기들을 개발해왔다.

The small animals _____ _____ useful weapons.

2 상식은 우리가 큰 위협적인 동물들을 피해야 한다고 말한다.

_____ _____ tells us that we should avoid large _____ animals.

D 다음 괄호 안의 주어진 단어를 활용하여 문장을 완성하시오.

1 도보 여행자들은 작고 위험한 생명체들에 조심해야 한다. (should, careful) 8단어

→ _____

_____

2 큰 동물들은 더 작은 동물들보다 도보 여행자들에게 덜 위험하다. (large, one) 10단어

→ _____

_____

| 대 표 예 제 |

A 우리말은 영어로, 영어는 우리말로 쓰시오.

1 gender _____

2 gap _____

3 rank _____

4 (예술 작품의) 장르 _____

5 가장 적은, 최소의 _____

6 모험 _____

B 괄호 안의 주어진 단어를 바르게 배열하시오.

1 The least popular genre with boys was romance (girls, while, it, was, for, sports stories).

　→ _____

2 The percentage of boys was (girls, more than, times, that of, three).

　→ _____

C 다음 빈칸에 들어갈 알맞은 단어를 적으시오.

1 그들 간의 가장 적은 성별 차이는 모험 책이었다.

The smallest _____ _____ between them was in adventure books.

2 그들의 50퍼센트 이상이 모험 책을 읽는 것에 선호를 보였다.

More than 50 percent of them showed a _____ _____ reading adventure books.

D 다음 괄호 안의 주어진 단어를 활용하여 문장을 완성하시오.

1 그 장르는 여자아이들에서 두 번째로 높은 인기 순위를 차지했다. (rank, popular, with) 10단어

　→ _____
　_____

2 위 그래프는 남자아이와 여자아이가 읽기 좋아했던 책의 장르를 보여준다. (above, book genre) 12단어

　→ _____
　_____

| 유형연습 01 |

A 우리말은 영어로, 영어는 우리말로 쓰시오.

1 export _____

2 amount _____

3 major _____

4 감소하다 _____

5 거의 _____

6 ～와 비교하여 _____

B 괄호 안의 주어진 단어를 바르게 배열하시오.

1 Thailand exported almost (amount of, rice, Vietnam, as, the same).

　→ _____

2 The amount of rice exported by Thailand increased (with, previous, compared, year, the).

　→ _____

C 다음 빈칸에 들어갈 알맞은 단어를 적으시오.

1 그 어떤 나라도 인도보다 더 많은 쌀을 수출하지 않았다.

_____ _____ country exported more rice than India.

2 그 쌀의 양은 파키스탄이 수출한 양보다 약 3배 많았다.

The amount of rice was about _____ _____ larger than that exported by Pakistan.

D 다음 괄호 안의 주어진 단어를 활용하여 문장을 완성하시오.

1 위 도표는 4대 주요 쌀 수출국의 쌀 수출량을 보여준다. (exporters, by, four) 10단어

　→ _____
　_____

2 파키스탄(Pakistan)이 4개국 중에서 가장 적은 양의 쌀을 수출했다. (amount, of) 11단어

　→ _____
　_____

| 유형연습 02 |

A 우리말은 영어로, 영어는 우리말로 쓰시오.

1 annual _____

2 despite _____

3 except for _____

4 평균; 평균의 _____

5 비율, 요금; 평가하다 _____

6 자원봉사하다; 자원봉사자 _____

B 괄호 안의 주어진 단어를 바르게 배열하시오.

1 (graph, above, shows, the) the Canadian volunteer rates.

→ _____

2 The average annual hours (with, age, the group, for, except, increased) aged.

→ _____

C 다음 빈칸에 들어갈 알맞은 단어를 적으시오.

1 자원봉사 비율의 범위는 29%에서 58%였다.

The volunteer rates _____ _____ 29% ____ 58%.

2 그들은 어느 다른 연령대보다 보통 더 많은 시간을 일했다.

They worked more hours on average _____ _____ _____ age group.

D 다음 괄호 안의 주어진 단어를 활용하여 문장을 완성하시오.

1 15~24세 연령대가 가장 높은 자원봉사 비율을 보여줬다. (the 15-24 age group) 9단어

→ _____

_____

2 35~44세 연령대가 45~54세 연령대보다 더 적은 연간 평균 시간을 가졌다. (had, fewer, annual) 14단어

→ _____

_____

| 유형복습 Unit 01~06 |

A 우리말은 영어로, 영어는 우리말로 쓰시오.

1 scared _____

2 urgent _____

3 ashamed _____

4 상징, 기호 _____

5 칭찬 _____

6 기능 _____

B 괄호 안의 주어진 단어를 바르게 배열하시오.

1 I was so glad to learn that (were, to, you, Royal Holloway, accepted).

→ _____

2 (the pilot, heard, say, the people), "I'm coming back around!"

→ _____

C 다음 빈칸에 들어갈 알맞은 단어를 적으시오.

1 그것은 공정함과 많이 비슷하다.

It's a lot like _____.

2 그리고 나서, Dr. Ross는 다른 환자들을 돌보러 떠났다.

Then, Dr. Ross left to _____ _____ _____ other patients.

D 다음 괄호 안의 주어진 단어를 활용하여 문장을 완성하시오.

1 당신이 이것에 동의한다면 우리는 매우 감사할 것입니다. (would, thankful) 11단어

→ _____

_____

2 그 경주 참가자는 앞바퀴를 그의 손으로 꽉 잡는다. (racer, holds, with) 10단어

→ _____

_____

| 대 표 예 제 |

A 우리말은 영어로, 영어는 우리말로 쓰시오.

1 unlike _____

2 weigh _____

3 female _____

4 길이 _____

5 시력, 시각 _____

6 (정도 등에) 이르다, 달하다 _____

B 괄호 안의 주어진 단어를 바르게 배열하시오.

1 It can survive in dry areas (months, drinking, several, water, without, for).

→ _____

2 Warthogs (upright, position, keep, tails, in, their, the) when they are running.

→ _____

C 다음 빈칸에 들어갈 알맞은 단어를 적으시오.

1 이 동물은 오직 아프리카에서만 발견될 수 있다.

This animal _____ _____ _____ only in Africa.

2 그들의 꼬리는 바람에 깃발인 것처럼 보인다.

Their tails _____ _____ flags in the wind.

D 다음 괄호 안의 주어진 단어를 활용하여 문장을 완성하시오.

1 수컷이 암컷보다 20파운드에서 50파운드 더 무겁다. (heavy, to) 9단어

→ _____

_____

2 혹멧돼지는 훌륭한 후각과 청각을 지니고 있다. (warthogs, excellent) 8단어

→ _____

_____

| 유형연습 01 |

A 우리말은 영어로, 영어는 우리말로 쓰시오.

1 prey _____

2 feature _____

3 generate _____

4 포함하다 _____

5 (알을) 낳다 _____

6 ~라고 여기다, 간주하다 _____

B 괄호 안의 주어진 단어를 바르게 배열하시오.

1 These sharks live (warm, the Eastern Pacific, the, in, waters, of).

→ _____

2 Female leopard sharks (them, inside, eggs, lay, and, hatch, their bodies).

→ _____

C 다음 빈칸에 들어갈 알맞은 단어를 적으시오.

1 그들의 좋아하는 먹이는 새우와 게를 포함한다.

Their favorite foods _____ shrimps and _____.

2 그들은 인간에게 위협으로 간주되지 않는 상어 중 하나다.

They are among the sharks which aren't _____ _____ a threat to humans.

D 다음 괄호 안의 주어진 단어를 활용하여 문장을 완성하시오.

1 그들의 크기는 길이로 약 5피트에서 6피트이다. (feet, length) 10단어

→ _____

_____

2 Leopard shark는 흡입력을 발생시킴으로써 그것의 먹이를 잡는다. (its, by, a suction force) 11단어

→ _____

_____

| 유형연습 02 |

A 우리말은 영어로, 영어는 우리말로 쓰시오.

1 publish   _____

2 kidnap   _____

3 participate in   _____

4 상인   _____

5 노예제도   _____

6 가격, 대가   _____

B 괄호 안의 주어진 단어를 바르게 배열하시오.

1 Later, Equiano (merchant, to, was, a, sold).

→ _____

2 Equiano spent (much of, the world, the next 20 years, traveling).

→ _____

C 다음 빈칸에 들어갈 알맞은 단어를 적으시오.

1 그는 열한 살 때 여동생과 함께 납치되었다.

He _____ _____ with his younger sister at the age of 11.

2 그를 위해 일하는 동안, 그는 무역을 부업으로 돈을 벌었다.

_____ _____ for him, he made money by trading on the side.

D 다음 괄호 안의 주어진 단어를 활용하여 문장을 완성하시오.

1 그는 40파운드의 대가로 자신의 자유를 샀다.
(freedom, for, the price) 10단어

→ _____

_____

2 London으로 온 후, 그는 노예제 폐지 운동에 참여했다.
(after, come, abolish) 12단어

→ _____

_____

| 유형연습 03 |

A 우리말은 영어로, 영어는 우리말로 쓰시오.

1 throughout   _____

2 including   _____

3 assistant director _____

4 자서전   _____

5 범주, 부문   _____

6 친척   _____

B 괄호 안의 주어진 단어를 바르게 배열하시오.

1 He moved to the U.S. and (make, films, to, continued).

→ _____

2 Miloš Forman grew up (small, town, in, near, Prague, a).

→ _____

C 다음 빈칸에 들어갈 알맞은 단어를 적으시오.

1 Forman은 Jan Novák과 함께 자신의 자서전을 썼다.
With Jan Novák, Forman wrote his

_____.

2 그는 그 영화를 감독했고 여덟 개의 오스카상을 수상했다.

He _____ the movie and _____ eight Oscars.

D 다음 괄호 안의 주어진 단어를 활용하여 문장을 완성하시오.

1 Forman은 친척들에 의해 자랐다. (raise) 5단어

→ _____

_____

2 그는 몇 편의 영화에서 작가나 조감독으로 활동했다.
(either, several) 12단어

→ _____

_____

| 대 표 예 제 |

A 우리말은 영어로, 영어는 우리말로 쓰시오.

1 donate _____

2 collect _____

3 place _____

4 집이 없는 _____

5 연락하다 _____

6 목표 _____

B 괄호 안의 주어진 단어를 바르게 배열하시오.

1 All shoes will be (repaired, and, to, given, children).

→ _____

2 (you, all, have, to, do) is put your unwanted shoes in the shoe collection boxes.

→ _____

C 다음 빈칸에 들어갈 알맞은 단어를 적으시오.

1 신발은 반드시 한 쌍이어야 한다.

Shoes must be _____ _____.

2 스케이트와 골프화는 받아들여지지 않는다.

Skates and Golf shoes _____ _____ _____.

D 다음 괄호 안의 주어진 단어를 활용하여 문장을 완성하시오.

1 당신의 불필요한 신발을 기부하세요. (unwanted) 4단어

→ _____
_____

2 우리는 집 없는 아이들을 위해 신발을 수집하고 있다. (homeless) 7단어

→ _____
_____

| 유형연습 01 |

A 우리말은 영어로, 영어는 우리말로 쓰시오.

1 require _____

2 guide _____

3 sit in on _____

4 이용 가능한 _____

5 교통, 수송 _____

6 사전 예약 _____

B 괄호 안의 주어진 단어를 바르게 배열하시오.

1 (and, more, come, learn) about our school!

→ _____

2 (in, interested, anyone, school, our) is welcome!

→ _____

C 다음 빈칸에 들어갈 알맞은 단어를 적으시오.

1 대중교통을 이용하세요.

Please use _____ _____.

2 이것은 안내자와 함께 캠퍼스를 순회할 수 있는 기회입니다.

This is your _____ _____ _____ the campus with a guide.

D 다음 괄호 안의 주어진 단어를 활용하여 문장을 완성하시오.

1 사전 예약이 필요합니다. (advance, are, require) 4단어

→ _____
_____

2 제한된 수의 주차 공간만이 이용 가능합니다. (limited, spaces) 8단어

→ _____
_____

| 유형연습 02 |

A 우리말은 영어로, 영어는 우리말로 쓰시오.

1 host _____

2 display _____

3 raise _____

4 구내식당 _____

5 자선 (단체) _____

6 학생회(관) _____

B 괄호 안의 주어진 단어를 바르게 배열하시오.

1 The exhibition (to, all, free, is).
   → _____

2 (its, will, the college, hosting, be) 7th Annual Art Exhibition for one week.
   → _____

C 다음 빈칸에 들어갈 알맞은 단어를 적으시오.

1 무료 간식은 구내식당에서 이용 가능할 것이다.
   Free snacks will be _____ at the _____ .

2 학생들에 의해 제출된 도자기 작품들이 전시될 것이다.
   Ceramic works handed in by students will
   _____ _____

D 다음 괄호 안의 주어진 단어를 활용하여 문장을 완성하시오.

1 모금된 모든 기금은 자선 단체에 기부될 것입니다.
   (raise, given, to) 8단어
   → _____
   _____

2 전시회장 내에서 사진 촬영이 허용됩니다.
   (photos, allow, inside, hall) 8단어
   → _____

| 유형복습 Unit 07~09 |

A 우리말은 영어로, 영어는 우리말로 쓰시오.

1 invention _____

2 million _____

3 senior _____

4 수선하다 _____

5 무역하다; 무역 _____

6 부화하다[시키다] _____

B 괄호 안의 주어진 단어를 바르게 배열하시오.

1 It became very popular and (rich, him, made).
   → _____

2 Olaudah Equiano (in, born, was, southern) Nigeria.
   → _____

C 다음 빈칸에 들어갈 알맞은 단어를 적으시오.

1 혹멧돼지의 무게는 110파운드에서 260파운드까지 나갈 수 있다.
   Warthogs can _____ _____ 110 and 260 pounds.

2 그 상어의 특징 중 하나는 세 개의 뾰족한 이빨이다.
   One of the _____ of the sharks _____ their three-pointed teeth.

D 다음 괄호 안의 주어진 단어를 활용하여 문장을 완성하시오.

1 우리의 목표는 500켤레의 신발을 모으는 것입니다.
   (goal, to, pairs) 9단어
   → _____
   _____

2 그 상자는 Kew Center 로비에 비치되어 있다.
   (placed, lobby) 10단어
   → _____
   _____

| 대 표 예 제 |

A 우리말은 영어로, 영어는 우리말로 쓰시오.

1 offer   _____

2 economy   _____

3 soon after   _____

4 조심스럽게   _____

5 결과, 성과   _____

6 결정   _____

B 괄호 안의 주어진 단어를 바르게 배열하시오.

1 After carefully considering the chance, I (turn, down, it, to, decided).

→ _____

2 (important, it's, remember, to) that good decisions can lead to bad outcomes.

→ _____

C 다음 빈칸에 들어갈 알맞은 단어를 적으시오.

1 나는 다른 일자리를 찾는데 수개월을 보냈다.

I spent months _____ _____ another job.

2 나는 그 일자리를 선택하지 않은 것에 대해 자책했다.

I kicked myself for _____ _____ that position.

D 다음 괄호 안의 주어진 단어를 활용하여 문장을 완성하시오.

1 불행하게도, 경제는 곧 더 빠르게 악화되었다.

(grow, quickly) 7단어

→ _____

_____

2 그것이 나에게 아주 잘 맞는 것인지 확신이 없었다.

(sure, it, a great fit) 10단어

→ _____

_____

| 유 형 연 습 01 |

A 우리말은 영어로, 영어는 우리말로 쓰시오.

1 product   _____

2 turn ~ off   _____

3 context   _____

4 안전한   _____

5 연구자   _____

6 소비자   _____

B 괄호 안의 주어진 단어를 바르게 배열하시오.

1 Why do (keep, watching, consumers, them)?

→ _____

2 We also role-play (the show, of, with, the context, in, ourselves).

→ _____

C 다음 빈칸에 들어갈 알맞은 단어를 적으시오.

1 우리는 그들이 느끼고 있는 것을 느낄 수 있다.

We can _____ _____ they _____ _____.

2 우리는 압박을 느낄 수 있는 상황의 사람을 보고 싶어 한다.

We like to watch people in situations _____ _____ we might be _____.

D 다음 괄호 안의 주어진 단어를 활용하여 문장을 완성하시오.

1 이것은 우리에게 스스로 발전하는 것을 가르쳐 줄 수 있다.

(be, self-improving) 7단어

→ _____

_____

2 연구자들은 그 프로그램들이 소비자들에게 몇 가지 이익을 제공한다고 말한다. (that, several, benefits, give)

10단어

→ _____

_____

| 유형연습 02 |

A 우리말은 영어로, 영어는 우리말로 쓰시오.

1 labor   _____

2 goods   _____

3 efficient   _____

4 바퀴; 바퀴를 달다   _____

5 수레   _____

6 지구, 흙   _____

B 괄호 안의 주어진 단어를 바르게 배열하시오.

1 The plow was possible (of, labor, because of, the availability, animal).

→ _____

2 (was, trade, used, to, the sail) with countries that could be reached by sea.

→ _____

C 다음 빈칸에 들어갈 알맞은 단어를 적으시오.

1 바퀴 달린 수레는 더 많은 상품을 시장에 운반할 수 있었다.

_____ carts could move _____ goods to market.

2 쟁기, 그리고 범선이라는 발명품이 메소포타미아에서 나왔다.

The _____ came out of Mesopotamia: the _____ and the _____.

D 다음 괄호 안의 주어진 단어를 활용하여 문장을 완성하시오.

1 쟁기를 끄는 동물들이 사람보다 훨씬 더 효율적이었다. (that, pulled, far, humans) 10단어

→ _____

_____

2 세 가지 발명품은 모두 그 도시들을 강력한 무역 중심지들로 만들었다. (powerful, trading centers) 9단어

→ _____

_____

| 유형연습 03 |

A 우리말은 영어로, 영어는 우리말로 쓰시오.

1 exact   _____

2 successful   _____

3 environmental   _____

4 무인의, 사람이 없는   _____

5 일어나다, 발생하다   _____

6 장비, 용품   _____

B 괄호 안의 주어진 단어를 바르게 배열하시오.

1 A human is (able, operate, more, much, to) the equipment correctly.

→ _____

2 A computer is rarely (sensitive and exact, more, a human, than).

→ _____

C 다음 빈칸에 들어갈 알맞은 단어를 적으시오.

1 로봇은 또한 인간과 같은 능력들을 갖추고 있지 않다.

Robots are also not _____ _____ abilities like humans.

2 로봇과 우주비행사는 우주에서 거의 똑같은 장비를 사용한다.

Robots and astronauts use much of the same _____ _____ _____.

D 다음 괄호 안의 주어진 단어를 활용하여 문장을 완성하시오.

1 유인 우주 임무가 무인 우주 임무보다 더 비싸다. (manned, ones) 9단어

→ _____

_____

2 그것들은 자주 중요하지 않거나 도움이 되지 않는 자료들을 수집한다. (often, collect, data, unimportant) 9단어

→ _____

_____

| 대 표 예 제 |

A 우리말은 영어로, 영어는 우리말로 쓰시오.

1 break down _____

2 normally _____

3 remove _____

4 정비사 _____

5 기대하다 _____

6 나타나다 _____

B 괄호 안의 주어진 단어를 바르게 배열하시오.

1 He (was, if, my, asked, machine) slow.

→ _____

2 (what, causing, that's, was) my computer to break down.

→ _____

C 다음 빈칸에 들어갈 알맞은 단어를 적으시오.

1 당황한 채로, 나는 컴퓨터 전문가를 불렀다.

_____ _____ _____, I called a computer consultant.

2 우리는 정기 점검을 위해 차를 정비사에게 가져간다.

We take our cars to the mechanic for _____ _____.

D 다음 괄호 안의 주어진 단어를 활용하여 문장을 완성하시오.

1 나는 내가 어떻게 그것을 얻었는지 정확히 확신이 없었다. (sure, get) 8단어

→ _____

_____

2 나는 몇 개의 악성 스파이웨어를 갖고 있는 것으로 밝혀졌다. (it, out, spyware) 8단어

→ _____

_____

| 유형연습 01 |

A 우리말은 영어로, 영어는 우리말로 쓰시오.

1 situation _____

2 purpose _____

3 in front of _____

4 유용한 _____

5 ~에 이익을 주다 _____

6 등한시하다, 무시하다 _____

B 괄호 안의 주어진 단어를 바르게 배열하시오.

1 (fullest, the restaurant, the, parking lot, with) usually has the best food.

→ _____

2 You'll make fewer mistakes by (attention, to, paying, what, doing, are, others).

→ _____

C 다음 빈칸에 들어갈 알맞은 단어를 적으시오.

1 그것은 당신을 잘못 인도하기 위해 이용된다.

It is used to _____ you.

2 때로는 사람들이 나쁜 목적으로 사회적 증거를 만든다.

Sometimes people create _____ _____ for a bad purpose.

D 다음 괄호 안의 주어진 단어를 활용하여 문장을 완성하시오.

1 당신은 이런 종류의 사회적 증거에 주의해야 한다. (should, careful) 10단어

→ _____

_____

2 그 운전자들은 아마도 당신이 모르는 뭔가를 알고 있을 수 있다. (those, probably, know) 8단어

→ _____

_____

| 유형연습 02 |

A 우리말은 영어로, 영어는 우리말로 쓰시오.

1 language _____

2 attend _____

3 send off _____

4 준비 _____

5 외국의; 외국인 _____

6 의사소통하다 _____

B 괄호 안의 주어진 단어를 바르게 배열하시오.

1 I'm (pleased, you, to, meet).

→ _____

2 Business (from, people, brings, cultures, all) together.

→ _____

C 다음 빈칸에 들어갈 알맞은 단어를 적으시오.

1 최고의 계획은 약간의 준비이다.

The best plan is a little _____.

2 의사소통하기 위한 노력은 그 사람에 대한 존중을 보여준다.

Making an _____ to communicate shows your _____ for that person.

D 다음 괄호 안의 주어진 단어를 활용하여 문장을 완성하시오.

1 언어 차이는 예절이 빛을 발하기 좋은 기회이다.
(gap, great, manners, shine) 11단어

→ _____

_____

2 당신은 당신이 이해하지 못하는 언어를 가진 국가로 파견될 수 있다. (may, send off, that) 15단어

→ _____

_____

| 유형연습 03 |

A 우리말은 영어로, 영어는 우리말로 쓰시오.

1 rarely _____

2 handle _____

3 productivity _____

4 개인적인 _____

5 집중하다 _____

6 방해하다, 중단시키다 _____

B 괄호 안의 주어진 단어를 바르게 배열하시오.

1 Office workers (by, interrupted, meetings, are, unplanned, regularly).

→ _____

2 Although your home may have its own problems, (them, there, handle, ways, are, to).

→ _____

C 다음 빈칸에 들어갈 알맞은 단어를 적으시오.

1 사무실에서 일을 하는 것은 항상 쉽지 않다.

It is _____ _____ easy to do work at the office.

2 당신의 일에 집중하는 개인적인 만족감을 즐기게 될 것이다.

You will get to _____ the personal _____ of focusing on your work.

D 다음 괄호 안의 주어진 단어를 활용하여 문장을 완성하시오.

1 재택 근무는 이러한 방해 요소들을 없애줄 수 있다.
(free, distractions) 9단어

→ _____

_____

2 당신의 생산성은 향상할 것이고, 생산물의 질도 높아질 것이다. (increase, so, work product) 13단어

→ _____

_____

| 대 표 예 제 |

A 우리말은 영어로, 영어는 우리말로 쓰시오.

1 often _____

2 habit _____

3 harmful _____

4 적 _____

5 예를 들어 _____

6 (감각이) 예리한, 예민한 _____

B 괄호 안의 주어진 단어를 바르게 배열하시오.

1 They sniff out plants that (in, people, bring, not, must) from other countries.

→ _____

2 Some dogs help (safe, to, from, keep, people, their homes) harmful insects.

→ _____

C 다음 빈칸에 들어갈 알맞은 단어를 적으시오.

1 그들의 도움으로 이러한 것들이 발각된다.

_____ _____ _____, these things are found.

2 개들은 곤경에 처한 사람을 돕거나 길 잃은 사람을 찾아낸다.

The dogs help _____ ____ _____ or find people who are lost.

D 다음 괄호 안의 주어진 단어를 활용하여 문장을 완성하시오.

1 어떤 개는 경찰에 의해 사용된다. (some, use) 7단어

→ _____

_____

2 일단 개가 곤충의 서식처를 찾아내면, 사람들은 그 곤충들을 제거할 수 있다. (once, insect nests, remove) 11단어

→ _____

_____

| 유형연습 01 |

A 우리말은 영어로, 영어는 우리말로 쓰시오.

1 per _____

2 recharge _____

3 output _____

4 정신, 영혼 _____

5 협력 _____

6 생기를 되찾게 하다 _____

B 괄호 안의 주어진 단어를 바르게 배열하시오.

1 You (1,000, type, usually, can, words) in an hour.

→ _____

2 (time, recharges, taking, off, your batteries) so you can step forward.

→ _____

C 다음 빈칸에 들어갈 알맞은 단어를 적으시오.

1 당신의 몸과 마음과 정신을 새롭게 하라.

_____ your body, mind and _____.

2 휴식이 없을 때 산출량은 시간이 지나면서 감소한다.

Output _____ over time when _____ _____ no breaks.

D 다음 괄호 안의 주어진 단어를 활용하여 문장을 완성하시오.

1 당신이 책을 쓰고 싶어 한다고 상상해 보라. (want) 7단어

→ _____

_____

2 그것은 당신의 평상시 산출량보다 500단어나 더 적은 것이다. (few, usual, output) 8단어

→ _____

_____

| 유형연습 02 |

A 우리말은 영어로, 영어는 우리말로 쓰시오.

1 beauty product _____

2 industry _____

3 modern _____

4 얼굴의 _____

5 보습제 _____

6 들어 있다, 포함하다 _____

B 괄호 안의 주어진 단어를 바르게 배열하시오.

1 Modern men spend (time and money, a lot of, on, their, appearances).

→ _____

2 Global sales of male grooming products (billions, dollars, of, year, bring in, a).

→ _____

C 다음 빈칸에 들어갈 알맞은 단어를 적으시오.

1 그 산업은 둔화될 것이라고 예상되지 않는다.

The industry is not expected to _____ _____.

2 그리스 남자들도 꽃으로 만든 기름을 피부에 발랐다.

Greek men also _____ flower-based oils _____ their skin.

D 다음 괄호 안의 주어진 단어를 활용하여 문장을 완성하시오.

1 그들은 색조 화장품인 특별한 병을 포함한 자신만의 화장품 상자를 가지고 있었다. (makeup, jars, colored) 9단어

→ _____

_____

2 현대 남성의 미용 제품에 대한 관심은 새로운 것이 아니다. (interest in) 9단어

→ _____

_____

| 유형연습 03 |

A 우리말은 영어로, 영어는 우리말로 쓰시오.

1 repair _____

2 discomfort _____

3 patience _____

4 만족 _____

5 식료품 _____

6 지연하다, 연기하다 _____

B 괄호 안의 주어진 단어를 바르게 배열하시오.

1 There (repair, are, services, twenty-four-hour).

→ _____

2 If we are hungry, (available, there, always, is, food).

→ _____

C 다음 빈칸에 들어갈 알맞은 단어를 적으시오.

1 사람들은 불편하게 사는 것에 익숙하지 않다.

People are not used _____ _____ with discomfort.

2 사람들은 기다림이 무엇을 의미하는지도 더 이상 알지 못한다.

People _____ _____ know even _____ waiting means.

D 다음 괄호 안의 주어진 단어를 활용하여 문장을 완성하시오.

1 만족을 지연하는 능력은 중요하다. (to, delay) 7단어

→ _____

_____

2 당신이 원하는 것을 당신이 원할 때 갖는 것이 좋다. (it, nice, what, when) 12단어

→ _____

_____

| 대 표 예 제 |

A 우리말은 영어로, 영어는 우리말로 쓰시오.

1 entire _____

2 promote _____

3 tourism _____

4 교환; 교환하다 _____

5 투자 _____

6 격려하다 _____

B 괄호 안의 주어진 단어를 바르게 배열하시오.

1 This cultural exchange helps (improve, to, our, the world, understanding, of).

→ _____

2 Some people (experiences, through, are, their, changed) at the global sporting event.

→ _____

C 다음 빈칸에 들어갈 알맞은 단어를 적으시오.

1 그것은 주최국의 거리에서 발견될 수 있다.

It can be found _____ the streets _____ the host countries.

2 각각의 사람은 전 지역을 하나의 큰 문화의 도가니로 바꾼다.

Each person _____ the entire area _____ one big melting pot.

D 다음 괄호 안의 주어진 단어를 활용하여 문장을 완성하시오.

1 올림픽은 문화를 공유하는 좋은 기회를 제공한다.
(the Olympics, chance) 9단어

→ _____

_____

2 여러 다른 언어를 말하는 사람들이 이 도시들을 방문한다.
(who, many) 9단어

→ _____

_____

| 유형연습 01 |

A 우리말은 영어로, 영어는 우리말로 쓰시오.

1 remove _____

2 provide _____

3 drop _____

4 방법 _____

5 교장; 주요한 _____

6 (액체가) 탁한, 흐린 _____

B 괄호 안의 주어진 단어를 바르게 배열하시오.

1 This method (all, used, is, world, over, the) to provide drinking water.

→ _____

2 Her school started using the method (its, to, dirty, tap water, clean).

→ _____

C 다음 빈칸에 들어갈 알맞은 단어를 적으시오.

1 그 병을 건물의 금속 지붕 위에 두어라.

Put the bottle on a building's _____ _____.

2 햇빛이 그 물속에 있는 바이러스와 박테리아를 죽일 것이다.

The sun will kill _____ and _____ in the water.

D 다음 괄호 안의 주어진 단어를 활용하여 문장을 완성하시오.

1 물에 의한 질병의 비율이 상당히 떨어졌다.
(rate, by, greatly) 8단어

→ _____

_____

2 강물에서 나온 너무 탁하지 않은 물로 그것을 채워라.
(fill, with, that, cloudy) 12단어

→ _____

_____

| 유형연습 02 |

A 우리말은 영어로, 영어는 우리말로 쓰시오.

1 notice　　　　＿＿＿＿＿＿＿＿＿＿＿

2 inferior　　　　＿＿＿＿＿＿＿＿＿＿＿

3 storm clouds　　＿＿＿＿＿＿＿＿＿＿＿

4 ～에 들어가다　　＿＿＿＿＿＿＿＿＿＿＿

5 다가오다, 접근하다　＿＿＿＿＿＿＿＿＿＿＿

6 밝게 하다, 환하게 하다　＿＿＿＿＿＿＿＿＿＿＿

B 괄호 안의 주어진 단어를 바르게 배열하시오.

1 Are you a person (brightens up, room, the, who)?
　→ ＿＿＿＿＿＿＿＿＿＿＿＿＿＿＿＿＿

2 They will always remember (made, feel, how, them, you).
　→ ＿＿＿＿＿＿＿＿＿＿＿＿＿＿＿＿＿

C 다음 빈칸에 들어갈 알맞은 단어를 적으시오.

1 그가 오기 전에 여기에서 나가게 해줘.
　Let me ＿＿＿＿ ＿＿＿＿ ＿＿＿＿ here before he comes.

2 그들이 가져오는 에너지의 종류를 알아차린 적이 있니?
　＿＿＿＿＿ you ever ＿＿＿＿＿＿ they bring a type of energy with them?

D 다음 괄호 안의 주어진 단어를 활용하여 문장을 완성하시오.

1 당신이 방에 들어갈 때 당신은 어떤 에너지를 전달하는가?
　(what, carry, enter) 10단어
　→ ＿＿＿＿＿＿＿＿＿＿＿＿＿＿＿＿＿
　＿＿＿＿＿＿＿＿＿＿＿＿＿＿＿＿＿＿＿

2 사람들은 당신이 말하거나 행동했던 것을 기억하지 않을 수 있다. (may, what) 9단어
　→ ＿＿＿＿＿＿＿＿＿＿＿＿＿＿＿＿＿
　＿＿＿＿＿＿＿＿＿＿＿＿＿＿＿＿＿＿＿

| 유형연습 03 |

A 우리말은 영어로, 영어는 우리말로 쓰시오.

1 come up with　　＿＿＿＿＿＿＿＿＿＿＿

2 effectiveness　　＿＿＿＿＿＿＿＿＿＿＿

3 conventional　　＿＿＿＿＿＿＿＿＿＿＿

4 치료하다, 다루다　＿＿＿＿＿＿＿＿＿＿＿

5 확인하다, 알아보다　＿＿＿＿＿＿＿＿＿＿＿

6 유래하다, 비롯되다　＿＿＿＿＿＿＿＿＿＿＿

B 괄호 안의 주어진 단어를 바르게 배열하시오.

1 The goal of medicine is (to, drugs, develop, work, that, well) on all patients.
　→ ＿＿＿＿＿＿＿＿＿＿＿＿＿＿＿＿＿

2 (important, changes, one, the, of, most) will be an idea now mostly ignored.
　→ ＿＿＿＿＿＿＿＿＿＿＿＿＿＿＿＿＿

C 다음 빈칸에 들어갈 알맞은 단어를 적으시오.

1 그것은 인간에 대한 가장 불완전한 개념이다.
　It's a most ＿＿＿＿＿＿＿＿＿ ＿＿＿＿＿＿ of human beings.

2 그것은 우리 모두가 유사하다는 믿음에서 유래한다.
　It ＿＿＿＿＿＿＿＿ in the ＿＿＿＿＿＿ that all of us are similar.

D 다음 괄호 안의 주어진 단어를 활용하여 문장을 완성하시오.

1 의사들은 병의 근본 원인을 확인해야 한다.
　(should, root causes) 8단어
　→ ＿＿＿＿＿＿＿＿＿＿＿＿＿＿＿＿＿
　＿＿＿＿＿＿＿＿＿＿＿＿＿＿＿＿＿＿＿

2 미래의 의사는 다른 방식들로 의학을 실천할 필요가 있다.
　(of, practice, in, ways) 12단어
　→ ＿＿＿＿＿＿＿＿＿＿＿＿＿＿＿＿＿
　＿＿＿＿＿＿＿＿＿＿＿＿＿＿＿＿＿＿＿

| 대표예제 |

A 우리말은 영어로, 영어는 우리말로 쓰시오.

1 sole _____

2 tradition _____

3 relate to _____

4 오염시키다 _____

5 수작업 _____

6 받아들일 수 없는 _____

B 괄호 안의 주어진 단어를 바르게 배열하시오.

1 Africans (beliefs, the same, some of, hold) about feet and footwear.

→ _____

2 Some traditions in African dress (of, relate, traditions, handwork, to).

→ _____

C 다음 빈칸에 들어갈 알맞은 단어를 적으시오.

1 집에 들어가기 전에 신발을 벗는 것이 관습이다.

It is _____ to _____ one's shoes before entering a home.

2 유령이 집에 들어오는 것을 막기 위해 신발을 두어야 한다.

You must leave shoes to _____ a ghost _____ entering the house.

D 다음 괄호 안의 주어진 단어를 활용하여 문장을 완성하시오.

1 다른 사람에게 발바닥을 보여주는 것은 받아들여지지 않는다. (the soles of one's feet) 11단어

→ _____

2 그들은 발과 신발 모두 오염시키는 속성을 가지고 있다고 생각한다. (both, qualities) 9단어

→ _____

| 유형연습 01 |

A 우리말은 영어로, 영어는 우리말로 쓰시오.

1 bend _____

2 surrounding _____

3 lung _____

4 적합한, 적절한 _____

5 유지하다 _____

6 힘 _____

B 괄호 안의 주어진 단어를 바르게 배열하시오.

1 You can strengthen (exercises, muscles, doing, by, these).

→ _____

2 When you bend to tie your shoe, (working, knees, your, hard, are).

→ _____

C 다음 빈칸에 들어갈 알맞은 단어를 적으시오.

1 당신의 무릎은 매일 많은 스트레스를 받는다.

Your knees take _____ _____ _____ stress every day.

2 무릎 힘을 키우기 위해, 주변 근육들을 향상시켜야 한다.

To increase your knee strength, you should improve the _____ _____.

D 다음 괄호 안의 주어진 단어를 활용하여 문장을 완성하시오.

1 적합한 신발을 신는 것은 당신이 건강한 무릎을 유지하도록 도울 것이다. (wearing, footwear, to maintain) 10단어

→ _____

2 당신의 폐가 당신을 위해 얼마나 열심히 일하고 있는지 기억하라. (hard, lungs, work) 9단어

→ _____

| 유형연습 02 |

A 우리말은 영어로, 영어는 우리말로 쓰시오.

1 risk _____

2 hence _____

3 ensure _____

4 점검하다 _____

5 용어, 말 _____

6 눈에 보이지 않는 _____

B 괄호 안의 주어진 단어를 바르게 배열하시오.

1 (not, while, truly, black), it is nearly transparent.

→ _____

2 (more, involving, vehicles, a pileup, 60, than) resulted from the black ice.

→ _____

C 다음 빈칸에 들어갈 알맞은 단어를 적으시오.

1 블랙 아이스는 표면의 얇은 얼음 막이다.

Black ice is a _____ coating of ice on a _____.

2 갑작스러운 미끄러짐과 뒤따르는 사고의 위험이 있다.

There is a risk of sudden sliding and _____ _____.

D 다음 괄호 안의 주어진 단어를 활용하여 문장을 완성하시오.

1 블랙 아이스는 자주 그 위를 딛는 운전자에게 보이지 않는다. (invisible, stepping on) 10단어

→ _____

_____

2 안전 운전을 확실하게 하려면, 당신의 차를 점검하는 것이 가장 좋다. (to, safe driving, it) 11단어

→ _____

_____

| 유형연습 03 |

A 우리말은 영어로, 영어는 우리말로 쓰시오.

1 intake _____

2 quality _____

3 complex _____

4 상호작용 _____

5 분석하다 _____

6 감각의 _____

B 괄호 안의 주어진 단어를 바르게 배열하시오.

1 This complex interaction (be, should, flavor perception, called).

→ _____

2 Food that looks and smells attractive (the, taken, is, into, mouth).

→ _____

C 다음 빈칸에 들어갈 알맞은 단어를 적으시오.

1 음식 섭취는 생존을 위해 필수적이다.

_____ _____ is necessary for the survival.

2 첫 번째 판단은 그것의 겉모양과 냄새로 이루어진다.

A first _____ is made on its _____ and smell.

D 다음 괄호 안의 주어진 단어를 활용하여 문장을 완성하시오.

1 음식을 먹을지 안 먹을지에 관한 최종 결정을 내린다. (on, whether, to, made) 10단어

→ _____

_____

2 인간이 음식의 질을 분석하기 위해 오감을 사용하는 것은 놀랍지 않다. (it, surprising, senses) 13단어

→ _____

_____

| 대 표 예 제 |

A 우리말은 영어로, 영어는 우리말로 쓰시오.

1 shape _____

2 route _____

3 sew _____

4 직물, 천 _____

5 정사각형 _____

6 초보자 _____

B 괄호 안의 주어진 단어를 바르게 배열하시오.

1 Turn them so that (each other, away, are, they, facing, from)

→ _____

2 You have a cushion (is, which, made, of, out, clothes, your)

→ _____

C 다음 빈칸에 들어갈 알맞은 단어를 적으시오.

1 쿠션은 그 소파를 더 편안하게 만들어 준다.

Cushions _____ the sofa more _____.

2 선택한 천 위에, 쿠션 모양을 그려라.

_____ _____ _____ of your choice, draw the shape of the cushion.

D 다음 괄호 안의 주어진 단어를 활용하여 문장을 완성하시오.

1 정사각형 모양이 초보자가 시도하기 더 쉬운 길일지 모른다. (route, go for, square) 11단어

→ _____
_____

2 당신의 오래된 티셔츠로부터 쿠션을 만드는 것은 재미있는 작업이다. (creating, project) 11단어

→ _____
_____

| 유형연습 01 |

A 우리말은 영어로, 영어는 우리말로 쓰시오.

1 on fire _____

2 especially _____

3 Fahrenheit _____

4 일몰 _____

5 수천의 _____

6 (온도계 등의) 도 _____

B 괄호 안의 주어진 단어를 바르게 배열하시오.

1 Maybe (sunset, the, you, have, watched).

→ _____

2 (what, more, even, may, you, surprise) is there are many stars.

→ _____

C 다음 빈칸에 들어갈 알맞은 단어를 적으시오.

1 그렇게 보이는 이유는 태양이 불타고 있기 때문이다.

The _____ it looks that way is that the sun is _____ _____.

2 태양 중심에 있는 불이 얼마나 뜨거운지 추측할 수 있는가?

Can you guess _____ _____ the fire at the center of the sun _____?

D 다음 괄호 안의 주어진 단어를 활용하여 문장을 완성하시오.

1 많은 별들은 태양보다 수천 배 더 뜨겁다. (thousands of times, than) 10단어

→ _____
_____

2 그것은 가장 뜨거운 여름날보다 25만 배가 더 뜨겁다. (that's, 250,000, hot) 9단어

→ _____
_____

| 유형연습 02 |

A 우리말은 영어로, 영어는 우리말로 쓰시오.

1 unlikely _____

2 tale _____

3 hardship _____

4 절벽 _____

5 둥지 _____

6 역사가 _____

B 괄호 안의 주어진 단어를 바르게 배열하시오.

1 The spice was (to, countries, exported, other).

→ _____

2 Large birds (their, nests, brought, to, cinnamon sticks) on cliffs.

→ _____

C 다음 빈칸에 들어갈 알맞은 단어를 적으시오.

1 고난에 대한 그러한 이야기는 상품의 가치를 높였다.

Such a tale of _____ increased a product's _____.

2 그 무게가 둥지를 부쉈고, 계피가 산 아래로 떨어졌다.

The weight _____ the nest, and the cinnamon _____ _____ the mountain.

D 다음 괄호 안의 주어진 단어를 활용하여 문장을 완성하시오.

1 이 이야기는 아마도 있을 것 같지 않다[믿기 어렵다]. (this, perhaps) 5단어

→ _____

_____

2 그들은 큰 동물들의 몸을 잘라 그것들을 땅바닥에 두었다. (up, large, put, ground) 14단어

→ _____

_____

| 유형연습 03 |

A 우리말은 영어로, 영어는 우리말로 쓰시오.

1 directly _____

2 thin _____

3 edge _____

4 직사각형의 _____

5 틀, 액자 _____

6 수직의 _____

B 괄호 안의 주어진 단어를 바르게 배열하시오.

1 We see the door (of, a classroom, rectangular, as).

→ _____

2 The rectangular door of a classroom projects (on, rectangular, our, a, image, retina).

→ _____

C 다음 빈칸에 들어갈 알맞은 단어를 적으시오.

1 사다리꼴은 점점 더 완만하게 얇아진다.

Slowly the trapezoid becomes _____ _____ _____.

2 그 문의 모서리는 문틀의 모서리보다 더 넓게 보인다.

The edge of the door looks _____ _____ that of the door frame.

D 다음 괄호 안의 주어진 단어를 활용하여 문장을 완성하시오.

1 망막에 보여지는 모든 것은 수직선이다. (all that, seen, the retina, is) 11단어

→ _____

_____

2 우리는 이 변화들을 보고 구별할 수 있지만, 그것들을 받아들일 수 없다. (see and tell, but) 13단어

→ _____

_____

| 대 표 예 제 |

A 우리말은 영어로, 영어는 우리말로 쓰시오.

1 numeral _____

2 radical _____

3 multiplication _____

4 번역하다 _____

5 나누기, 나눗셈 _____

6 설명하다 _____

B 괄호 안의 주어진 단어를 바르게 배열하시오.

1 Eventually, they (used, the world, were, throughout).

→ _____

2 He wrote a book, including the symbols (in, used, India, counting, for).

→ _____

C 다음 빈칸에 들어갈 알맞은 단어를 적으시오.

1 그는 수학자이자 천문학자이며, 지리학자였다.

He was a mathematician, _____ and _____.

2 그 책은 그가 죽은 뒤 아랍어에서 라틴어로 번역되었다.

The book _____ _____ _____ Arabic into Latin after his death.

D 다음 괄호 안의 주어진 단어를 활용하여 문장을 완성하시오.

1 이것들은 로마 숫자보다 사용하기 훨씬 더 쉬웠다. (much, Roman numerals) 9단어

→ _____
_____

2 그 번역된 글은 셈을 하는 획기적인 방법을 유럽인들에게 소개하는 데 도움을 주었다. (text, way to count) 13단어

→ _____
_____

| 유형연습 01 |

A 우리말은 영어로, 영어는 우리말로 쓰시오.

1 refill _____

2 tray _____

3 copy machine _____

4 비우다; 빈 _____

5 책임 _____

6 허드렛일 _____

B 괄호 안의 주어진 단어를 바르게 배열하시오.

1 You can help (to, the next, person, the machine, use).

→ _____

2 (paper, in, if, the tray, you, use, the last) of a copy machine, what should you do?

→ _____

C 다음 빈칸에 들어갈 알맞은 단어를 적으시오.

1 종이함에 종이가 있는 것은 일을 더 쉽게 만들어준다.

Having paper in the tray _____ your work _____.

2 당신의 직무 설명서는 허드렛일들을 열거하지 않을 수 있다.

Your job description may not _____ _____.

D 다음 괄호 안의 주어진 단어를 활용하여 문장을 완성하시오.

1 당신은 항상 물건들을 당신이 발견한 대로 두어야 한다. (should, things, as, leave) 9단어

→ _____
_____

2 어떤 일을 받아들인다는 것은 당신이 그 책임을 받아들인다는 것을 의미한다. (accepting, that, the) 9단어

→ _____
_____

| 유형연습 02 |

A 우리말은 영어로, 영어는 우리말로 쓰시오.

1 cheer ~ on _____

2 talent _____

3 support _____

4 낙담한 _____

5 확신하는 _____

6 성취하다, 달성하다 _____

B 괄호 안의 주어진 단어를 바르게 배열하시오.

1 Instead, (cheerleader, your, become, own)!

→ _____

2 They are truly interested in (achieve, are, you, trying, what, to).

→ _____

C 다음 빈칸에 들어갈 알맞은 단어를 적으시오.

1 우리 각자는 우리를 격려해 주는 사람들이 필요하다.

_____ of us needs people who _____ us.

2 삶에서 당신을 응원하는 사람들이 있다는 것은 멋진 일이다.

It is great to have people in your life who _____ _____ _____.

D 다음 괄호 안의 주어진 단어를 활용하여 문장을 완성하시오.

1 이것이 일어날 때, 낙담하지 마라. (get, happens) 6단어

→ _____

_____

2 어느 누구도 당신의 장점과 재능을 당신보다 더 잘 알지 못한다. (nobody, strengths, talents) 9단어

→ _____

_____

| 유형연습 03 |

A 우리말은 영어로, 영어는 우리말로 쓰시오.

1 vision _____

2 expectation _____

3 endless _____

4 뛰어난, 특이한 _____

5 낯선, 익숙하지 않는 _____

6 윤곽, 실루엣 _____

B 괄호 안의 주어진 단어를 바르게 배열하시오.

1 Many owners (almost, been, bitten, have) by their dogs.

→ _____

2 I think that's the same (we, about, expectation, our, dogs, that, have).

→ _____

C 다음 빈칸에 들어갈 알맞은 단어를 적으시오.

1 우리는 그들이 무엇이든 냄새를 맡을 수 있다고 믿는다.

We believe _____ they can smell _____.

2 그들의 코는 뛰어날 수 있지만, 늘 작동되는 것은 아니다.

Their noses may be _____, but they're not always switched _____.

D 다음 괄호 안의 주어진 단어를 활용하여 문장을 완성하시오.

1 이 개들은 코 대신 눈을 사용하고 있었다. (their, instead of) 10단어

→ _____

_____

2 인간과 개 양쪽 모두의 뇌는 한 번에 한 가지 감각을 강화한다. (intensify, one, at a time) 13단어

→ _____

_____

| 대 표 예 제 |

A 우리말은 영어로, 영어는 우리말로 쓰시오.

1 argue _____

2 instant _____

3 evolution _____

4 보안, 안전 _____

5 이론 _____

6 지능 _____

B 괄호 안의 주어진 단어를 바르게 배열하시오.

1 He believes that humans (better, became, able, invent, to) new tools.

→ _____

2 Heated foods (wise, let, the, evolve, into, us) creatures we are today.

→ _____

C 다음 빈칸에 들어갈 알맞은 단어를 적으시오.

1 그것이 훨씬 더 효율적으로 소화를 시켰다.

It made _____ much _____ efficient.

2 음식을 익힌 인간은 요리 기술을 전수할 가능성이 더 컸다.

Humans heating food _____ more _____ _____ pass on cooking techniques.

D 다음 괄호 안의 주어진 단어를 활용하여 문장을 완성하시오.

1 무엇이 우리를 특별하게 만드는가? (special) 4단어

→ _____

2 유일한 차이는 우리가 식사를 준비하는 방식이다. (only, meals, the) 9단어

→ _____

| 유 형 연 습 01 |

A 우리말은 영어로, 영어는 우리말로 쓰시오.

1 poet _____

2 prove _____

3 connection _____

4 소설가 _____

5 참가자 _____

6 심리학자 _____

B 괄호 안의 주어진 단어를 바르게 배열하시오.

1 The writers (mentioned, social roles, heavily, who) lived 5 years longer.

→ _____

2 It proved the connection between (he, how often, used, the words, and, lived, how long, he).

→ _____

C 다음 빈칸에 들어갈 알맞은 단어를 적으시오.

1 그들은 관계를 나타내는 단어의 수를 세었다.

They counted _____ _____ _____ relational words.

2 그 단어의 사용 빈도는 사람들의 삶의 길이에 영향을 주었다.

The _____ of using the words influenced the _____ of people's lives.

D 다음 괄호 안의 주어진 단어를 활용하여 문장을 완성하시오.

1 그들은 참가자들에 의해 쓰여진 자서전을 연구했다. (which, autobiographies) 8단어

→ _____

2 그 참가자들은 *we*와 같은 대명사뿐만 아니라 *father*와 같은 단어들을 사용했다. (as well as, pronouns) 12단어

→ _____

| 유형연습 02 |

A 우리말은 영어로, 영어는 우리말로 쓰시오.

1 link _____

2 flood _____

3 separate _____

4 결정하다 _____

5 국가 간의 _____

6 이상적인 _____

B 괄호 안의 주어진 단어를 바르게 배열하시오.

1 A river (ideal, be, in, seems, establishing, to) boundaries.

→ _____

2 The Rio Grande, (and Mexico, which, the United States, separates), has changed its course.

→ _____

C 다음 빈칸에 들어갈 알맞은 단어를 적으시오.

1 강의 경계들은 강이 경로를 바꿈에 따라 변할 수 있다.

River _____ can change _____ rivers change course.

2 자연적 경계들은 강, 호수, 그리고 산맥을 따라 발견된다.

_____ _____ are found along rivers, lakes, and mountain ranges.

D 다음 괄호 안의 주어진 단어를 활용하여 문장을 완성하시오.

1 강의 경계들이 가장 이상적인 것처럼 보였을 것이다.
(would, seem, be) 7단어

→ _____
_____

2 홍수 후에, 강의 경로가 국가 간의 경계를 바꿀 수도 있다.
(a flood, may, the, between) 12단어

→ _____
_____

| 유형연습 03 |

A 우리말은 영어로, 영어는 우리말로 쓰시오.

1 elder _____

2 harvesting _____

3 alienation _____

4 ~에 의지[의존]하다 _____

5 교육하다 _____

6 원시 시대의, 원시적인 _____

B 괄호 안의 주어진 단어를 바르게 배열하시오.

1 They are that (much, more, from, removed) the adults of their society.

→ _____

2 Modern children must (primitive, travel, than, further, much, children).

→ _____

C 다음 빈칸에 들어갈 알맞은 단어를 적으시오.

1 아이들을 가르치기 위한 학교를 만들 필요가 없었다.

There was no need to create schools _____

_____ _____.

2 그들은 원시 시대 사람보다 직접 경험에 덜 의존한다.

They depend _____ on their direct experiences _____ primitive men.

D 다음 괄호 안의 주어진 단어를 활용하여 문장을 완성하시오.

1 아이와 노인 간의 소외는 거의 없거나 아예 없었다.
(little or no, young and old) 10단어

→ _____
_____

2 원시 사회의 아이들은 어른들을 흉내 냄으로써 문화를 배웠다. (in, by, copy) 10단어

→ _____
_____

| 대 표 예 제 |

A 우리말은 영어로, 영어는 우리말로 쓰시오.

1 situation   _____

2 positive   _____

3 share   _____

4 건네주다, 넘기다   _____

5 대답하다; 답장   _____

6 조용한   _____

B 괄호 안의 주어진 단어를 바르게 배열하시오.

1 I asked Grandfather (at, what, was, looking, he).

   → _____

2 Show me (where, are, on, all the, a robin, black, marks).

   → _____

C 다음 빈칸에 들어갈 알맞은 단어를 적으시오.

1 각각의 새는 당신과 나만큼 다르다.

   Each bird is _____ _____ _____ you and I.

2 나는 그것이 어떤 종류의 새인지는 알 수 없었다.

   I did not know _____ _____ _____ bird it was.

D 다음 괄호 안의 주어진 단어를 활용하여 문장을 완성하시오.

1 그 어떤 새도 다른 것과 같지 않다.
(no, single, another) 8단어

   → _____

   _____

2 우리는 울새를 볼 때마다 항상 새로운 것을 배울 수 있다.
(every time, a robin, watch) 12단어

   → _____

   _____

| 유형연습 01~02 |

A 우리말은 영어로, 영어는 우리말로 쓰시오.

1 entire   _____

2 effectively   _____

3 expectation   _____

4 분위기   _____

5 소중한   _____

6 예산   _____

B 괄호 안의 주어진 단어를 바르게 배열하시오.

1 To create goodwill, the food (appear, be, must, to, unexpected).

   → _____

2 (employees, time, gives, eating, together) to make connections with one another.

   → _____

C 다음 빈칸에 들어갈 알맞은 단어를 적으시오.

1 배가 부른 것은 사람을 행복하게 만든다.

   _____ _____ makes people feel happy.

2 당신은 직원에게 음식을 가지고 오도록 권유할 수 있다.

   You can _____ employees _____ bring in food themselves.

D 다음 괄호 안의 주어진 단어를 활용하여 문장을 완성하시오.

1 가끔 쿠키를 조금 가지고 오는 것으로 충분하다.
(bringing, from time to time, is) 10단어

   → _____

   _____

2 음식을 효과적으로 사용하는 비결은 그것이 계획된 행사가 되지 않게 하는 것이다. (the key, for it, event) 15단어

   → _____

   _____

| 유형연습 03~04 |

A 우리말은 영어로, 영어는 우리말로 쓰시오.

1 have ~ in common _____

2 individual _____

3 bond _____

4 지적인 _____

5 성장 _____

6 종교 _____

B 괄호 안의 주어진 단어를 바르게 배열하시오.

1 (no, respect, to, one, seems) our way of thinking.

→ _____

2 Separate realities is (things, really, are, way, the).

→ _____

C 다음 빈칸에 들어갈 알맞은 단어를 적으시오.

1 우리는 개인적인 성장의 세계로 가는 문을 열게 될 것이다.

We will open the door to a world of _____

_____.

2 그들은 존경이라는 애정 어린 감정 외에는 공통점이 거의 없다.

They _____ little ____ _____ except a loving feeling of respect.

D 다음 괄호 안의 주어진 단어를 활용하여 문장을 완성하시오.

1 모든 사람은 독특하고 다양한 재능을 가지고 있다.
(everyone, different gifts) 7단어

→ _____

_____

2 많은 사람은 누군가와 비슷한 신념을 공유하는 것이 중요하다고 믿는다. (many, that, it, to, beliefs, someone) 13단어

→ _____

| 유형복습 Unit 10~15 |

A 우리말은 영어로, 영어는 우리말로 쓰시오.

1 round-the-clock _____

2 modesty _____

3 therapy _____

4 기본적인 _____

5 쟁기 _____

6 동료 _____

B 괄호 안의 주어진 단어를 바르게 배열하시오.

1 The sun will (safe, it, drink, to, make).

→ _____

2 Soon after I got out of school, (a, offered, was, I, job).

→ _____

C 다음 빈칸에 들어갈 알맞은 단어를 적으시오.

1 인내는 분명히 중요한 덕목이다.

Patience is _____ an important _____.

2 그들은 그것을 자신의 눈, 입술, 볼과 손톱에 발랐다.

They _____ it _____ their eyes, lips, cheeks and nails.

D 다음 괄호 안의 주어진 단어를 활용하여 문장을 완성하시오.

1 선을 따라 두 개의 사각형을 잘라내라.
(out, squares, along) 8단어

→ _____

_____

2 모든 사람은 개가 훌륭한 애완동물이 되는 것을 알고 있다.
(everyone, wonderful) 7단어

→ _____

| 대 표 예 제 |

A 우리말은 영어로, 영어는 우리말로 쓰시오.

1 shout _____

2 head back _____

3 bend over _____

4 출발선 _____

5 다그치다, 재촉하다 _____

6 (사람 등이) 모이다 _____

B 괄호 안의 주어진 단어를 바르게 배열하시오.

1 I said to my sister (was, who, beside, standing, me).

→ _____

2 He was (behind, feet, about, hundred, one) the rest of the kids.

→ _____

C 다음 빈칸에 들어갈 알맞은 단어를 적으시오.

1 Justin을 제외하고, 그들 모두는 달리기 시작했다.

They all started running, _____ _____ Justin.

2 다른 모든 아이들은 서두르느라 이 달걀들을 바로 지나쳐 달렸다.

All the other children, _____ _____ _____, ran right past these eggs.

D 다음 괄호 안의 주어진 단어를 활용하여 문장을 완성하시오.

1 그는 내 말에 주의를 기울이지 않았다.
(no, attention) 6단어

→ _____

_____

2 때때로 우리가 아이들을 심하게 다그치지 않으면 아이들은 더 잘한다. (Sometimes, when, hard, our kids) 11단어

→ _____

_____

| 유형연습 01~03 |

A 우리말은 영어로, 영어는 우리말로 쓰시오.

1 tribe _____

2 emperor _____

3 refuse _____

4 공격하다; 공격 _____

5 군대; 강요하다 _____

6 파괴하다, 멸망시키다 _____

B 괄호 안의 주어진 단어를 바르게 배열하시오.

1 Do you know (was, why, the Great Wall of China, built)?

→ _____

2 He said that (had, give, to, it, refused, him, they, to).

→ _____

C 다음 빈칸에 들어갈 알맞은 단어를 적으시오.

1 그 책은 황제에게 건네졌다.

The book was _____ to the emperor.

2 그들은 진의 군대가 그들에게 도달하지 못하는 곳으로 달아났다.

They ran away to places _____ Qin's army could not reach them.

D 다음 괄호 안의 주어진 단어를 활용하여 문장을 완성하시오.

1 그는 북방의 군대를 막기 위한 강력한 벽이 건설되도록 명령하였다. (order, keep out) 14단어

→ _____

_____

2 그는 '진(Qin)을 파멸시킬 북방의 민족들'이라는 문구를 발견하고는 놀랐다. (surprised, the line, find, destroying) 11단어

→ _____

_____

| 유형연습 04~06 |

A 우리말은 영어로, 영어는 우리말로 쓰시오.

1 low-income _____

2 attitude _____

3 reality _____

4 인수하다, 인계하다 _____

5 언급하다, 말하다 _____

6 졸업 _____

B 괄호 안의 주어진 단어를 바르게 배열하시오.

1 Even after spending (preparing, many hours, lesson plans), his methods weren't working.

→ _____

2 (the students', more, became, attitudes, positive, as), their confidence with math grew too.

→ _____

C 다음 빈칸에 들어갈 알맞은 단어를 적으시오.

1 곧, 현실이 Jeremy를 강타했다.

Soon, the reality _____ Jeremy _____.

2 나는 두서 명의 어린아이로부터 온 액자에 넣은 편지를 갖고 있다.

I have a _____ _____ from a couple of children.

D 다음 괄호 안의 주어진 단어를 활용하여 문장을 완성하시오.

1 그의 교감 선생님은 그에게 그의 수학 수업을 인계받을 것을 요청했다. (ask, take over) 11단어

→ _____

2 Jeremy는 너무 스트레스를 받아서 그는 자신의 교실에 들어가는 것이 두려웠다.
(so, became, that, afraid, into) 13단어

→ _____

| 유형복습 Unit 16~19 |

A 우리말은 영어로, 영어는 우리말로 쓰시오.

1 goodwill _____

2 random _____

3 intensify _____

4 유기농의 _____

5 동정, 연민 _____

6 관계 _____

B 괄호 안의 주어진 단어를 바르게 배열하시오.

1 Why not (someone, refill, for, it, else)?

→ _____

2 Someone who could drive the car (make, could, raining, it, stop).

→ _____

C 다음 빈칸에 들어갈 알맞은 단어를 적으시오.

1 당신은 어른들은 무한한 힘을 가졌다고 상상했다.

You imagined that adults had _____ power.

2 강은 경계를 확립하는 데 있어서 이상적인 것처럼 보인다.

A river seems to be ideal in _____ boundaries.

D 다음 괄호 안의 주어진 단어를 활용하여 문장을 완성하시오.

1 익힌 음식이 인간이 진화하는데 도움이 되었다는 이론이다.
(there, cooked, to, evolve) 11단어

→ _____

2 간식을 제공하는 것은 사무실을 더 따뜻한 느낌이 들게 만든다. (a snack, welcoming) 10단어

→ _____

MINI TEST

Workbook

| MINI TEST 01 |

A 우리말은 영어로, 영어는 우리말로 쓰시오.

1 blank   _____

2 tight   _____

3 uncomfortable _____

4 일정이 잡히지 않은   _____

5 보호하다, 지키다   _____

6 필요(성)   _____

B 괄호 안의 주어진 단어를 바르게 배열하시오.

1 Unscheduled time ensures (in, it, can, that, fit, you) and achieve your goals.

→ _____

2 Unscheduled time protects you (expected, a project, than, takes, you, longer, when).

→ _____

C 다음 빈칸에 들어갈 알맞은 단어를 적으시오.

1 많은 사람들은 가득 찬 일정을 갖는 것을 좋아한다.

Many people like to have a _____ _____.

2 일정이 잡히지 않은 시간의 구간이 있는 것에 대해 편안하게 여겨라.

Get _____ about having blocks of _____ time.

D 다음 괄호 안의 주어진 단어를 활용하여 문장을 완성하시오.

1 중요한 활동들은 보통 당신이 예상했던 것보다 더 많은 시간이 걸린다. (often, take, activities) 9단어

→ _____
_____

2 당신의 일정표에 빈칸이 있을 때, 당신은 그것에 대해 불편한가? (blank space, calendar) 13단어

→ _____
_____

| MINI TEST 02 |

A 우리말은 영어로, 영어는 우리말로 쓰시오.

1 mislead   _____

2 realization   _____

3 lead to   _____

4 발견   _____

5 천재   _____

6 알아내다, 이해하다 _____

B 괄호 안의 주어진 단어를 바르게 배열하시오.

1 There was even the person (the, who, wheel, invented).

→ _____

2 Many people made important discoveries (that, led, the invention, to, of, the automobile).

→ _____

C 다음 빈칸에 들어갈 알맞은 단어를 적으시오.

1 아버지는 깨달음의 순간을 경험했다.

He experienced _____ _____ _____ realization.

2 그 아버지는 아들에게 Karl Benz가 자동차를 발명했다고 말했다.

The father told his son _____ Karl Benz _____ the automobile.

D 다음 괄호 안의 주어진 단어를 활용하여 문장을 완성하시오.

1 그 누구도 혼자서 자동차의 그 부품들을 모두 발명하지는 않았다. (one, person, all of, component) 11단어

→ _____

2 모든 것이 함께 작동하는 법을 알아내다니 그는 진정한 천재였다. (figure out, how, work) 12단어

→ _____

| MINI TEST 03 |

A 우리말은 영어로, 영어는 우리말로 쓰시오.

1 hopefully _____

2 handle _____

3 early on _____

4 관리하다 _____

5 용돈 _____

6 일어나다, 발생하다 _____

B 괄호 안의 주어진 단어를 바르게 배열하시오.

1 You (allowance, your, spend, not, wisely, will).
→ _____

2 You may (spending, some, make, foolish, choices).
→ _____

C 다음 빈칸에 들어갈 알맞은 단어를 적으시오.

1 모든 것을 학교에서 배우는 것은 아니다.
Not everything _____ _____ at school.

2 삶에서 나중보다 이른 시기에 실수를 저지르는 것이 더 낫다.
It is better that you make your _____ early on rather than _____ in life.

D 다음 괄호 안의 주어진 단어를 활용하여 문장을 완성하시오.

1 배움의 많은 부분은 시행착오를 거쳐 일어난다.
(much of, occur, trial and error) 8단어
→ _____
_____

2 돈은 당신이 여생 동안 처리해야 할 어떤 것이다.
(that, will have to, handle) 15단어
→ _____

| MINI TEST 04 |

A 우리말은 영어로, 영어는 우리말로 쓰시오.

1 client _____

2 emotion _____

3 prevent A from B _____

4 ~에서 벗어나다, 이사가다 _____

5 관련[관계] 없는 _____

6 거리, 먼 곳 _____

B 괄호 안의 주어진 단어를 바르게 배열하시오.

1 (situation, the, if, leave, you), the opposite is true.
→ _____

2 Moving away from the situation (controlling, you, prevents, it, from).
→ _____

C 다음 빈칸에 들어갈 알맞은 단어를 적으시오.

1 대부분 사람에게 감정은 상황에 따른 것이다.
For most people, emotions are _____.

2 그 감정 자체는 그것이 유래하는 상황과 연결된다.
The emotion itself is tied to the situation _____ _____ it originates.

D 다음 괄호 안의 주어진 단어를 활용하여 문장을 완성하시오.

1 현 시점의 뭔가가 당신을 화나게 한다.
(in, the here and now, mad) 9단어
→ _____

2 상담원들은 의뢰인들에게 약간의 감정적인 거리를 두라고 충고한다. (advise, get, clients) 8단어
→ _____

| MINI TEST 05 |

A 우리말은 영어로, 영어는 우리말로 쓰시오.

1 observe _____

2 especially _____

3 tell _____

4 익은 _____

5 쥐어짜다 _____

6 살짝 _____

B 괄호 안의 주어진 단어를 바르게 배열하시오.

1 A child sees his mother (an orange, squeeze, to check, slightly) if it is fresh.

→ _____

2 From this observation, he learns (tell, whether, to, ripe, a fruit, how, is).

→ _____

C 다음 빈칸에 들어갈 알맞은 단어를 적으시오.

1 부모님은 항상 그것을 알지 못할 수도 있다.

Parents may _____ _____ know it.

2 아이는 엄마가 어떻게 할인 쿠폰들을 자르는지를 관찰한다.

A child _____ _____ the mother cuts the coupons.

D 다음 괄호 안의 주어진 단어를 활용하여 문장을 완성하시오.

1 아이들은 그들 부모의 구매 행동을 관찰하고 배운다.
(observe, buying behavior) 9단어

→ _____

2 아이들에게 처음 학습된 소비자 행동 패턴은 부모들의 것을 복제한 것이다. (learned by, copies, those of) 15단어

→ _____

| MINI TEST 06 |

A 우리말은 영어로, 영어는 우리말로 쓰시오.

1 thoroughly _____

2 do business _____

3 can't wait to _____

4 재치 있는 _____

5 대신하다, 대체하다 _____

6 정부 _____

B 괄호 안의 주어진 단어를 바르게 배열하시오.

1 (can, replace, nothing, hard, work) in life.

→ _____

2 He was once asked (the energy, travel, a man of, his age, how, to, had) the world.

→ _____

C 다음 빈칸에 들어갈 알맞은 단어를 적으시오.

1 새로운 하루를 시작하는 것이 매우 기다려진다.

I _____ _____ _____ start a new day.

2 George Bernard Shaw는 약 백 년 전 이와 비슷한 말을 했다.

George Bernard Shaw said _____ _____ about a hundred years earlier.

D 다음 괄호 안의 주어진 단어를 활용하여 문장을 완성하시오.

1 내가 열심히 일하면 할수록, 나는 더 산다.
(the, more) 8단어

→ _____

2 나는 죽을 때 완전히 소진되기를 원한다.
(want, use up) 10단어

→ _____

| MINI TEST 07 |

A 우리말은 영어로, 영어는 우리말로 쓰시오.

1 decade　　　　＿＿＿＿＿＿＿＿＿＿＿＿＿＿

2 self-respect　　＿＿＿＿＿＿＿＿＿＿＿＿＿＿

3 definition　　　＿＿＿＿＿＿＿＿＿＿＿＿＿＿

4 쳇바퀴, 러닝머신　＿＿＿＿＿＿＿＿＿＿＿＿＿＿

5 승진　　　　　　＿＿＿＿＿＿＿＿＿＿＿＿＿＿

6 추적하다　　　　＿＿＿＿＿＿＿＿＿＿＿＿＿＿

B 괄호 안의 주어진 단어를 바르게 배열하시오.

1 (people, of, millions) still think success means money and power.

→ ＿＿＿＿＿＿＿＿＿＿＿＿＿＿＿＿＿＿＿＿＿＿

2 They (on, insist, running, on) that treadmill.

→ ＿＿＿＿＿＿＿＿＿＿＿＿＿＿＿＿＿＿＿＿＿＿

C 다음 빈칸에 들어갈 알맞은 단어를 적으시오.

1 그러한 사람들은 다음번 승진을 간절히 기대하고 있다.

Those people ＿＿＿＿ ＿＿＿＿＿ ＿＿＿＿＿ ＿＿＿＿ the next promotion.

2 이 새로운 세기의 두 번째 십 년은 이미 매우 다르다.

The second decade of this new century ＿＿＿＿ already ＿＿＿＿ ＿＿＿＿.

D 다음 괄호 안의 주어진 단어를 활용하여 문장을 완성하시오.

1 그러한 것들이 그들의 자존감을 증가시킬 것이다. (self-respect) 6단어

→ ＿＿＿＿＿＿＿＿＿＿＿＿＿＿＿＿＿＿＿＿＿＿

＿＿＿＿＿＿＿＿＿＿＿＿＿＿＿＿＿＿＿＿＿＿＿

2 그들은 부서진 꿈을 쫓고 있다. (break) 6단어

→ ＿＿＿＿＿＿＿＿＿＿＿＿＿＿＿＿＿＿＿＿＿＿

| MINI TEST 08 |

A 우리말은 영어로, 영어는 우리말로 쓰시오.

1 ancient　　　　＿＿＿＿＿＿＿＿＿＿＿＿＿＿

2 come up with　＿＿＿＿＿＿＿＿＿＿＿＿＿＿

3 die down　　　＿＿＿＿＿＿＿＿＿＿＿＿＿＿

4 깃털 없는　　　＿＿＿＿＿＿＿＿＿＿＿＿＿＿

5 정의　　　　　＿＿＿＿＿＿＿＿＿＿＿＿＿＿

6 추상적인　　　＿＿＿＿＿＿＿＿＿＿＿＿＿＿

B 괄호 안의 주어진 단어를 바르게 배열하시오.

1 He shouted "Look! (I, you, with, present, a human being)."

→ ＿＿＿＿＿＿＿＿＿＿＿＿＿＿＿＿＿＿＿＿＿

2 The followers of Plato (themselves, gathered, to, ask): "What is a human being?"

→ ＿＿＿＿＿＿＿＿＿＿＿＿＿＿＿＿＿＿＿＿＿

C 다음 빈칸에 들어갈 알맞은 단어를 적으시오.

1 모든 사람은 이 정의에 만족하는 것처럼 보였다.

Everybody seemed ＿＿＿＿＿ ＿＿＿＿ this definition.

2 이 이야기는 철학자들이 직면했던 어려움의 종류를 보여준다.

This story shows the kinds of difficulties ＿＿＿＿＿＿＿ have been faced ＿＿＿＿.

D 다음 괄호 안의 주어진 단어를 활용하여 문장을 완성하시오.

1 그들은 '인간은 깃털 없는 두 발 동물이다.'라는 답을 생각해냈다. (human being, biped) 13단어

→ ＿＿＿＿＿＿＿＿＿＿＿＿＿＿＿＿＿＿＿＿＿

＿＿＿＿＿＿＿＿＿＿＿＿＿＿＿＿＿＿＿＿＿＿

2 한 철학자가 살아 있는 깃털 없는 닭을 가지고 그 강당으로 들어왔다. (into, live) 12단어

→ ＿＿＿＿＿＿＿＿＿＿＿＿＿＿＿＿＿＿＿＿＿

| MINI TEST 09 |

A 우리말은 영어로, 영어는 우리말로 쓰시오.

1 public   _____

2 suburb   _____

3 daily routine   _____

4 심부름, 용무   _____

5 주차장   _____

6 구조화하다   _____

B 괄호 안의 주어진 단어를 바르게 배열하시오.

1 Walking to the bus stop (used, some, provide, movement, to).

→ _____

2 People in cities walk all day to (go, the office, to, lot, from the parking) and to run errands.

→ _____

C 다음 빈칸에 들어갈 알맞은 단어를 적으시오.

1 운동은 개인의 일상 속에서 구조화될 수 있다.

Exercise can _____ _____ into a person's daily routine.

2 택시를 기다리는 것보다 몇 블록을 걷는 것이 보통 더 싸다.

It's often cheaper to walk a few blocks _____ _____ _____ for a taxi.

D 다음 괄호 안의 주어진 단어를 활용하여 문장을 완성하시오.

1 사무실까지 걸어가거나 상점까지 뛰어가기에는 너무 멀다. (it, too, to, the) 14단어

→ _____

_____

2 그들이 치러야 하는 대가는 하루 동안 제한된 신체적 운동이다. (the price, that, movement) 12단어

→ _____

| MINI TEST 10 |

A 우리말은 영어로, 영어는 우리말로 쓰시오.

1 burn   _____

2 analysis   _____

3 repetition   _____

4 사고   _____

5 지점, 장소   _____

6 (특수한) 경우, 때 _____

B 괄호 안의 주어진 단어를 바르게 배열하시오.

1 We (driving, from New York City, were, to Princeton).

→ _____

2 The repetition of the same kind of accident (of, reduced, it, the surprise, seeing).

→ _____

C 다음 빈칸에 들어갈 알맞은 단어를 적으시오.

1 우리는 자동차에 불이 붙은 드문 광경을 목격했다.

We saw an unusual sight: a car _____ _____.

2 우리는 첫 번째 경우에 그랬던 것보다 두 번째 경우에 덜 놀랐다.

We were _____ _____ on the second occasion than we had been on the first.

D 다음 괄호 안의 주어진 단어를 활용하여 문장을 완성하시오.

1 이곳은 자동차들이 불타는 장소가 되어 있었다. (the place, where, catch) 8단어

→ _____

_____

2 같은 종류의 사고가 다시 일어났기 때문에, 우리는 그것을 볼 준비가 되어 있었다. (Because, occur, prepared) 14단어

→ _____

_____

| MINI TEST 11~12 |

A 우리말은 영어로, 영어는 우리말로 쓰시오.

1 restore _____

2 come to mind _____

3 surroundings _____

4 갈등 _____

5 방해하다, 분열시키다 _____

6 예측 가능한 _____

B 괄호 안의 주어진 단어를 바르게 배열하시오.

1 We simply (being, like, inharmonious, don't) with our surroundings and ourselves.
→ _____

2 (as, harmony, disrupted, as, soon, is), we do anything that we can to restore it.
→ _____

C 다음 빈칸에 들어갈 알맞은 단어를 적으시오.

1 그 해답은 인간 본성에 있다.
The answer lies in _____ _____.

2 문제에 직면했을 때, 우리는 본능적으로 해결책을 찾는다.
When faced with a problem, we _____ seek a _____.

D 다음 괄호 안의 주어진 단어를 활용하여 문장을 완성하시오.

1 '지루한', '예측 가능한'과 같은 단어들이 떠오른다.
(like, predictable) 8단어
→ _____
_____

2 Superman은 세상에 걱정거리가 없었을 것이다.
(would, have, a) 10단어
→ _____
_____

| MINI TEST Review |

A 우리말은 영어로, 영어는 우리말로 쓰시오.

1 efficiency _____

2 automobile _____

3 as long as _____

4 철학자 _____

5 움직임, 운동 _____

6 드러내다 _____

B 괄호 안의 주어진 단어를 바르게 배열하시오.

1 The decision to do so is your own, and you will (from, learn, mistakes, your, hopefully).
→ _____

2 As long as you remain in that emotional situation, you're (to, angry, stay, likely).
→ _____

C 다음 빈칸에 들어갈 알맞은 단어를 적으시오.

1 한 아들이 "누가 자동차를 발명했나요?"라고 물었다.
A son asked, "_____ _____ the automobile?"

2 그는 92세의 나이로 사망한 훌륭한 사업가였다.
He was a great businessman who died _____ the _____ _____ ninety-two.

D 다음 괄호 안의 주어진 단어를 활용하여 문장을 완성하시오.

1 저는 깨어날 때마다 아이디어로 가득합니다.
(never, without) 9단어
→ _____

2 아이는 엄마가 쇼핑 여행을 하는 동안 그것들을 어떻게 보여주는지 관찰한다. (the, presents, during) 12단어
→ _____

| MINI TEST 01 |

A 우리말은 영어로, 영어는 우리말로 쓰시오.

1 monitor   _____

2 revolution   _____

3 prevention   _____

4 먼, 외진   _____

5 유통, 분배   _____

6 약속, 임명   _____

B 괄호 안의 주어진 단어를 바르게 배열하시오.

1 Mobile phones (healthcare, for, are, as, used, tools).

  → _____

2 Mobile phones (used, to, patients, are, connect, to, doctors).

  → _____

C 다음 빈칸에 들어갈 알맞은 단어를 적으시오.

1 그것은 수많은 개선점들에 책임이 있다.

  It _____ _____ _____ a number of improvements.

2 그 문제들은 접속 가능성을 통해 부분적인 해결책을 찾을 것이다.

  The problems will find _____ solutions _____ connectivity.

D 다음 괄호 안의 주어진 단어를 활용하여 문장을 완성하시오.

1 외딴 곳에 환자들과 직원이 충분하지 않은 진료소들이 있다. (clinics, remote, places) **11단어**

  → _____

  _____

2 휴대전화는 환자들이 예약에 대해 생각나게 하는 신호를 보내기 위한 도구이다. (reminders, tools) **11단어**

  → _____

  _____

| MINI TEST 02 |

A 우리말은 영어로, 영어는 우리말로 쓰시오.

1 get over   _____

2 overload   _____

3 peak   _____

4 창조적인   _____

5 생산적인   _____

6 주말   _____

B 괄호 안의 주어진 단어를 바르게 배열하시오.

1 On Friday, everybody (weekend, about, thinking, the, is).

  → _____

2 Tuesday is the first day of the week that (focused, tasks, they're, on, their, own).

  → _____

C 다음 빈칸에 들어갈 알맞은 단어를 적으시오.

1 무엇이 화요일을 특별하게 만들까?

  _____ _____ Tuesday special?

2 화요일에 직장인들은 최고의 업무 성과에 이른다.

  On Tuesdays, employees hit peak _____.

D 다음 괄호 안의 주어진 단어를 활용하여 문장을 완성하시오.

1 당신은 직장에 있는 동안 일요일로 채워진 한 달을 꿈꿀지도 모른다. (While, a month of Sundays) **13단어**

  → _____

  _____

2 월요일은 일을 진행하기 위한 회의들로 부담이 된다. (overloaded, get, moving) **9단어**

  → _____

  _____

| MINI TEST 03 |

A 우리말은 영어로, 영어는 우리말로 쓰시오.

1 wrist _____

2 improve _____

3 intersection _____

4 가리키다, 손가락질하다 _____

5 ~라는 점에서 _____

6 내리막의, 아래쪽으로의 _____

B 괄호 안의 주어진 단어를 바르게 배열하시오.

1 The difference is that in skateboarding, asphalt (more, much, hurts, snow, than).

→ _____

2 A long downward road could be the perfect area (you, practice, skills, where, basic).

→ _____

C 다음 빈칸에 들어갈 알맞은 단어를 적으시오.

1 헬멧과 손목 보호대를 반드시 착용하라.

_____ _____ _____ wear a helmet and wrist guards.

2 그것들은 재주를 부리는 동작을 포함한다는 점에서 거의 똑같다.

They are almost the same _____ _____ the actions include performing tricks.

D 다음 괄호 안의 주어진 단어를 활용하여 문장을 완성하시오.

1 그것은 스노보드 타기를 대체할 가장 좋은 방법 중 하나이다. (ways, replace) 10단어

→ _____

_____

2 스케이트장은 당신의 보드기술들을 향상된 상태로 유지하기 위해 안전한 환경을 제공한다. (skate parks) 11단어

→ _____

| MINI TEST 04 |

A 우리말은 영어로, 영어는 우리말로 쓰시오.

1 suppose _____

2 overlap _____

3 mixture _____

4 불그스름한 _____

5 점, 반점 _____

6 간섭하다, 방해하다 _____

B 괄호 안의 주어진 단어를 바르게 배열하시오.

1 (we, suppose, wish, to, yellow, create) by mixing red and green paints.

→ _____

2 From a distance, the eye would (of, light, get, a mixture, red and green).

→ _____

C 다음 빈칸에 들어갈 알맞은 단어를 적으시오.

1 그것은 완전한 빨간색처럼 보일 것이다.

It would look like _____ red.

2 가까이서 보면 작은 빨간색, 녹색 점들이 보일 것이다.

_____ _____ _____, the small red and green dots would be seen.

D 다음 괄호 안의 주어진 단어를 활용하여 문장을 완성하시오.

1 물감이 섞여서 빛에 주는 그것들의 효과가 서로 간섭했기 때문이다. (so that, on, interfered, each other) 14단어

→ _____

_____

2 우리가 그 물감을 함께 섞는다면, 우리는 기대한 결과를 얻는 데 실패할 것이다. (mix, would, get, result) 14단어

→ _____

| MINI TEST 05 |

A 우리말은 영어로, 영어는 우리말로 쓰시오.

1 recent   _____

2 attention   _____

3 temporary   _____

4 충실한   _____

5 직접, 개인적으로   _____

6 (비행기) 승무원   _____

B 괄호 안의 주어진 단어를 바르게 배열하시오.

1 She was (one airline, that, loyal, a, customer, to).

   → _____

2 This flight marked the milestone of (flying, 4 million, her, over, miles).

   → _____

C 다음 빈칸에 들어갈 알맞은 단어를 적으시오.

1 나는 그녀가 그 항공사에 근무하는지 물어보았다.

   I _____ _____ she worked at the airline.

2 Debbie는 한 가지 매우 중요한 이유로 이러한 특별대우를 받을 수 있었다.

   Debbie was able to receive this special _____ for one very important reason.

D 다음 괄호 안의 주어진 단어를 활용하여 문장을 완성하시오.

1 그녀는 모든 승무원으로부터 따뜻한 인사를 받았다.
   (warmly, all of the) 10단어

   → _____

   _____

2 그 최고경영자는 그녀에게 서비스를 이용한 것에 감사하려고 직접 전화를 걸었다. (personally, using) 12단어

   → _____

   _____

| MINI TEST 06 |

A 우리말은 영어로, 영어는 우리말로 쓰시오.

1 maintain   _____

2 point of view   _____

3 examine   _____

4 손님, 고객   _____

5 결혼 (생활)   _____

6 이익, 흥미   _____

B 괄호 안의 주어진 단어를 바르게 배열하시오.

1 You work to examine a problem (considering, another's, history, while).

   → _____

2 All human interactions are improved by the ability to (shoes, person's, put, in, another, yourself).

   → _____

C 다음 빈칸에 들어갈 알맞은 단어를 적으시오.

1 자기 자신과 자신만의 세계를 넘어 바라보라.

   Look _____ yourself and your _____ world.

2 그것은 고객들을 만족시키는 비결 중 하나이다.

   It's one of the keys _____ _____ customers.

D 다음 괄호 안의 주어진 단어를 활용하여 문장을 완성하시오.

1 당신은 다른 사람들이 보는 것을 보기 시작한다.
   (to, others, see) 7단어

   → _____

   _____

2 인간관계에서 가장 중요한 기술 중 하나는 다른 사람의 관점으로 사물을 보는 능력이다.
   (in, relationships, the ability, things) 20단어

   → _____

| MINI TEST 07 |

A 우리말은 영어로, 영어는 우리말로 쓰시오.

1 biased _____

2 extreme _____

3 well-being _____

4 경솔한, 부주의한 _____

5 순간의, 즉각적인 _____

6 극대화하다 _____

B 괄호 안의 주어진 단어를 바르게 배열하시오.

1 Someone is (too, nor, neither, generous, too) mean.

→ _____

2 The best way is to live in the "sweet spot" (maximizes, that, well-being).

→ _____

C 다음 빈칸에 들어갈 알맞은 단어를 적으시오.

1 그는 덕이 있다는 것은 균형을 찾는 것을 의미한다고 주장했다.

He argued that _____ good means _____ a balance.

2 이러한 각각의 특성에 있어, 부족과 과잉 둘 다를 피하는 것이 최상이다.

For each of these _____, it is best to avoid _____ lack _____ excess.

D 다음 괄호 안의 주어진 단어를 활용하여 문장을 완성하시오.

1 그의 제안은 덕이 중간 지점이라는 것이다. (goodness) 8단어

→ _____

_____

2 최상의 것도 지나치면 그리 좋지 않다 (best, great) 8단어

→ _____

| MINI TEST 08 |

A 우리말은 영어로, 영어는 우리말로 쓰시오.

1 run away _____

2 German _____

3 nod _____

4 배회하다 _____

5 뒤뜰, 뒷마당 _____

6 짖다 _____

B 괄호 안의 주어진 단어를 바르게 배열하시오.

1 As they talk, I (wander, neighbor's, into, backyard, my).

→ _____

2 My mother pulls me forward, and she (back, dog, at, the, barks).

→ _____

C 다음 빈칸에 들어갈 알맞은 단어를 적으시오.

1 갑자기 독일종 셰퍼드 한 마리가 나에게 달려든다.

Suddenly, a German shepherd _____ _____ _____.

2 어머니께서 나에게 달려와서 "무슨 일이니?"라고 물으신다.

My mother runs to me and asks, "_____ _____ _____?"

D 다음 괄호 안의 주어진 단어를 활용하여 문장을 완성하시오.

1 너는 그들에게 누가 대장인지 보여 주어야 해! (have to, who's, boss) 8단어

→ _____

_____

2 그녀는 인간이 만들 수 있는 최고의 개가 짖는 소리를 낸다. (make, barking sound, that) 11단어

→ _____

| MINI TEST 09 |

A 우리말은 영어로, 영어는 우리말로 쓰시오.

1 involve _____

2 project _____

3 pure _____

4 남색 _____

5 거꾸로 하다 _____

6 색; 색칠하다 _____

B 괄호 안의 주어진 단어를 바르게 배열하시오.

1 Sir Isaac Newton (prisms, light, with, experimented, and color).

→ _____

2 Artists were amazed by this discovery that (color, of, all, is, light, the source).

→ _____

C 다음 빈칸에 들어갈 알맞은 단어를 적으시오.

1 그것은 결과적으로 순수한 백색광이 되었다.

That _____ _____ pure white light.

2 빛은 실제로 일곱 가지 각각의 색으로 나누어질 수 있다.

Light could actually _____ _____ _____ into seven individual colors.

D 다음 괄호 안의 주어진 단어를 활용하여 문장을 완성하시오.

1 사람들은 프리즘이 그 빛을 어떤 식으로든 '색칠했다'고 믿었다. (that, a prism, somehow, color) 9단어

→ _____
_____

2 이 이론이 틀렸다는 것을 증명하기 위해, 그는 그 과정을 거꾸로 실행했다. (to, reverse, process) 10단어

→ _____
_____

| MINI TEST 10 |

A 우리말은 영어로, 영어는 우리말로 쓰시오.

1 generally _____

2 and so on _____

3 swing _____

4 의식적으로 _____

5 의도 _____

6 앞으로 _____

B 괄호 안의 주어진 단어를 바르게 배열하시오.

1 (consciously, you, do, control) the movements of your legs and feet?

→ _____

2 Walking (conscious, thoughts, is, without, done) or intentions.

→ _____

C 다음 빈칸에 들어갈 알맞은 단어를 적으시오.

1 예를 들어, 걷기를 생각해보라.

Consider walking, _____ _____.

2 의식적인 생각이 그들이 하는 모든 것을 통제한다.

Their conscious minds _____ _____ they do.

D 다음 괄호 안의 주어진 단어를 활용하여 문장을 완성하시오.

1 그것은 대부분 사람들이 반복해서 하는 것이다. (it, something, over and over) 10단어

→ _____
_____

2 그들은 일반적으로 의식적인 생각이 자신들의 행동을 지시한다고 믿는다. (mind, the, direct) 9단어

→ _____
_____

| MINI TEST 11~12 |

A 우리말은 영어로, 영어는 우리말로 쓰시오.

1 vast _____
2 virtual _____
3 artifact _____
4 수익 _____
5 뛰어난 _____
6 출시하다 _____

B 괄호 안의 주어진 단어를 바르게 배열하시오.

1 Little differences in product quality (payoff, change, in, into, vast, differences).

→ _____

2 (was, the Harry Potter book, when, released), it sold 8.3 million copies in its first 24 hours on sale.

→ _____

C 다음 빈칸에 들어갈 알맞은 단어를 적으시오.

1 마지막 해리포터 책이 그렇게 좋았는가?

_____ the last Harry Potter book _____ _____?

2 많은 사람들이 샀기 때문에 그것은 잘 팔렸다.

It _____ well because _____ _____ people bought it.

D 다음 괄호 안의 주어진 단어를 활용하여 문장을 완성하시오.

1 여덟 개의 출판사들은 그 첫 권을 출판하기를 거절했다. (decline, volume) 8단어

→ _____

2 사람들이 좋아하게 되는 것은 다른 사람들이 좋아하는 것에 매우 많이 의존한다. (come, very much, others) 12단어

→ _____

| MINI TEST Review |

A 우리말은 영어로, 영어는 우리말로 쓰시오.

1 generous _____
2 mark _____
3 be sure to _____
4 그날그날의, 나날의 _____
5 표현하다 _____
6 잘못된 정보, 오보 _____

B 괄호 안의 주어진 단어를 바르게 배열하시오.

1 Many dots could be painted on the same paper, (overlapping, the, never, dots, red).

→ _____

2 (we, unlike, what, generally, believe), some of our actions are done automatically.

→ _____

C 다음 빈칸에 들어갈 알맞은 단어를 적으시오.

1 우리는 그 대신에 불그스름한 색을 얻게 될 것이다.

We would get a _____ color _____.

2 최근에 아시아로 가는 비행기에서 나는 Debbie를 만났다.

_____ a recent _____ to Asia, I met Debbie.

D 다음 괄호 안의 주어진 단어를 활용하여 문장을 완성하시오.

1 그녀는 그 관심을 받을 자격이 있었다. (attention) 4단어

→ _____

2 사회적 정보가 가상 경계를 넘어서 훨씬 더 폭넓게 공유되고 있다. (much, virtual) 10단어

→ _____

| MINI TEST 01 |

A 우리말은 영어로, 영어는 우리말로 쓰시오.

1 various _____

2 treatment _____

3 environment _____

4 분야 _____

5 의학, 약물 _____

6 고통 받다 _____

B 괄호 안의 주어진 단어를 바르게 배열하시오.

1 He asked about it to see (had, any, suffered, if, relatives, from) similar disease.

→ _____

2 They should pay as much attention to the comfort of the patient (itself, as, the disease, to).

→ _____

C 다음 빈칸에 들어갈 알맞은 단어를 적으시오.

1 그의 많은 견해들이 오늘날에도 친숙하게 들린다.

Many of his ideas _____ _____ today.

2 어떤 히포크라테스의 견해가 여전히 실행되고 있을까?

What Hippocratic ideas are still _____ _____?

D 다음 괄호 안의 주어진 단어를 활용하여 문장을 완성하시오.

1 그는 의사가 환자를 대하는 태도에 대한 제안을 했다. (on bedside manners) 6단어

→ _____
_____

2 그는 식습관이 질병을 예방하는 데 중요한 역할을 한다는 것을 발견했다. (diet, play, an, in, prevent) 11단어

→ _____
_____

| MINI TEST 02 |

A 우리말은 영어로, 영어는 우리말로 쓰시오.

1 workout _____

2 attractive _____

3 fatigue _____

4 한계 _____

5 고통스러운 _____

6 과로하다 _____

B 괄호 안의 주어진 단어를 바르게 배열하시오.

1 The truth (the matter, of, that, is) this is a very dangerous idea.

→ _____

2 Fatigue and pain are (ways, saying, body's, of, your) that it is in danger.

→ _____

C 다음 빈칸에 들어갈 알맞은 단어를 적으시오.

1 한계를 넘어서 몸을 다그치는 것이 매력적일 수 있다.

It can be attractive to push your body _____ _____ _____.

2 좋은 운동은 압박감과 도전적인 일들을 제공해야 한다.

A good workout should offer _____ and _____.

D 다음 괄호 안의 주어진 단어를 활용하여 문장을 완성하시오.

1 당신은 결코 매일 자신의 몸을 혹사시켜서는 안 된다. (push, should, never) 8단어

→ _____
_____

2 많은 사람들은 운동이 고통스러워야 한다는 것에 동의할지도 모른다. (many, should) 9단어

→ _____
_____

| MINI TEST 03 |

A 우리말은 영어로, 영어는 우리말로 쓰시오.

1 post _____

2 gradually _____

3 desire _____

4 허락하다, 허용하다 _____

5 얻다, (돈을) 벌다 _____

6 압박, 압력 _____

B 괄호 안의 주어진 단어를 바르게 배열하시오.

1 He still could earn an A in class (with, but, much, pressure, less).

→ _____

2 Greg realized that his desire for perfection was (of, putting, stress, into, him, a state).

→ _____

C 다음 빈칸에 들어갈 알맞은 단어를 적으시오.

1 Greg는 만점을 얻지 못하면 실패자인 것처럼 느꼈다.

Greg felt like a _____ if he didn't get a perfect score.

2 그는 쪽지들을 모든 곳에 붙이는 독창적인 아이디어를 생각해냈다.

He _____ _____ _____ the creative idea of posting notes everywhere.

D 다음 괄호 안의 주어진 단어를 활용하여 문장을 완성하시오.

1 그는 모든 것에 완벽할 필요가 없었다.
(have to, everything) 8단어

→ _____

_____

2 이 단순한 메모들은 Greg가 다른 관점을 갖게 했다.
(notes, allow) 12단어

→ _____

| MINI TEST 04 |

A 우리말은 영어로, 영어는 우리말로 쓰시오.

1 carry _____

2 expedition _____

3 long-distance _____

4 부재, 결석 _____

5 다시 보충[공급]하다 _____

6 난관, 도전적인 일 _____

B 괄호 안의 주어진 단어를 바르게 배열하시오.

1 They should take a ton of items to prepare (challenges, for, the, all, possible).

→ _____

2 It's impossible (the, for, carry, average, to, backpacker) more than 10 days of food.

→ _____

C 다음 빈칸에 들어갈 알맞은 단어를 적으시오.

1 가벼운 짐을 지는 것이 더 낫다.

It's _____ to carry a light pack.

2 그 경험은 우리에게 그 정반대의 것을 가르쳐 준다.

The experience teaches us _____ _____ _____.

D 다음 괄호 안의 주어진 단어를 활용하여 문장을 완성하시오.

1 장거리 배낭여행자는 도중에 반드시 다시 보충해야 한다.
(long-distance, must, along) 8단어

→ _____

_____

2 배낭여행이 길수록, 당신은 짐을 더 적게 지녀야 한다.
(the, trip, the, should) 10단어

→ _____

| MINI TEST 05 |

A 우리말은 영어로, 영어는 우리말로 쓰시오.

1 alike _____

2 certainly _____

3 paired _____

4 재능이 있는 _____

5 일란성의 _____

6 정확히 _____

B 괄호 안의 주어진 단어를 바르게 배열하시오.

1 We (to, encourage, pursue, them) their individual interests.

→ _____

2 People think identical twins are (alike, exactly, in, way, every).

→ _____

C 다음 빈칸에 들어갈 알맞은 단어를 적으시오.

1 그들은 이러한 활동을 하는 것을 그들 스스로 결정한다.
They decide to do these activities _____ _____ _____.

2 나의 아이들은 체중에 있어서 약간의 차이를 보여 왔다.
My own children have shown about some difference _____ _____ _____.

D 다음 괄호 안의 주어진 단어를 활용하여 문장을 완성하시오.

1 그들은 또한 서로 비슷하게 행동하지도 않는다. (act) 5단어

→ _____

_____

2 일란성 쌍둥이는 고유한 개인들이다.
(unique, individuals) 5단어

→ _____

| MINI TEST 06 |

A 우리말은 영어로, 영어는 우리말로 쓰시오.

1 brief _____

2 request _____

3 greeting _____

4 야기하다 _____

5 불필요한 _____

6 대답하다 _____

B 괄호 안의 주어진 단어를 바르게 배열하시오.

1 There is no (need, illness, to, the, describe).

→ _____

2 One of them is (brief, to, your, messages, keep).

→ _____

C 다음 빈칸에 들어갈 알맞은 단어를 적으시오.

1 만약 당신이 아프다면 약속을 취소할 필요가 있다.
You need to _____ _____ _____ if you are ill.

2 당신은 더 높은 지위에 있는 사람에게 이메일을 쓸 수 있다.
You may write e-mail messages to people _____ _____ _____.

D 다음 괄호 안의 주어진 단어를 활용하여 문장을 완성하시오.

1 당신이 기억해야 할 필요가 있는 몇 가지가 있다.
(few, things, need, that) 10단어

→ _____

_____

2 당신이 아파서 수업에 갈 수 없다는 간단한 언급이면 좋다.
(statement, ill and unable, get, fine) 15단어

→ _____

_____

| MINI TEST 07 |

A 우리말은 영어로, 영어는 우리말로 쓰시오.

1 growth _____

2 nutrition _____

3 advantage _____

4 다양한 _____

5 무작위로 _____

6 융통성 있는 _____

B 괄호 안의 주어진 단어를 바르게 배열하시오.

1 Humans can (all earthly environments, nearly, to, adapt).

→ _____

2 No single food provides (for, survival, necessary, the nutrition).

→ _____

C 다음 빈칸에 들어갈 알맞은 단어를 적으시오.

1 이 딜레마는 잡식 동물의 역설이라고 알려져 있다.

This dilemma _____ _____ _____ the omnivore's paradox.

2 첫 번째는 새로운 음식에 대한 끌림이고, 두 번째는 익숙한 음식에 대한 선호이다.

The first is a(n) _____ _____ new foods; the second is a(n) _____ _____ familiar foods.

D 다음 괄호 안의 주어진 단어를 활용하여 문장을 완성하시오.

1 그것은 음식에 대한 두 가지의 모순된 심리적 충동들을 야기한다. (psychological, diet) 8단어

→ _____

2 인간들은 자신들의 주변 환경의 식물들과 동물들을 먹고 소화할 수 있다. (in, surroundings) 11단어

→ _____

| MINI TEST 08 |

A 우리말은 영어로, 영어는 우리말로 쓰시오.

1 pull ~ out _____

2 based on _____

3 stuffing _____

4 찢다, 찢어지다 _____

5 설명 _____

6 과정 _____

B 괄호 안의 주어진 단어를 바르게 배열하시오.

1 You know that you were (person, the, leave, last, to) that morning.

→ _____

2 You (possible, come, explanation, with, a, up), based on the facts.

→ _____

C 다음 빈칸에 들어갈 알맞은 단어를 적으시오.

1 거실 바닥에 찢어진 쿠션을 발견했다고 가정해 보라.

Suppose you find a cushion _____ _____ on the living room floor.

2 당신은 개가 쿠션 속 조각들로 뒤덮여 있는 것을 발견한다.

You find that the dog _____ _____ _____ pieces of the cushion's stuffing.

D 다음 괄호 안의 주어진 단어를 활용하여 문장을 완성하시오.

1 이 과정은 결론 도출하기라고 불린다. (drawing, conclusion) 7단어

→ _____

2 그 (쿠션) 속이 밖으로 나와 있고 그것의 작은 조각들이 어디에나 있다. (pulled, everywhere) 13단어

→ _____

| MINI TEST 09 |

A 우리말은 영어로, 영어는 우리말로 쓰시오.

1 imitate _____

2 perfectly _____

3 seal _____

4 눕다 _____

5 자세 _____

6 뒤집다 _____

B 괄호 안의 주어진 단어를 바르게 배열하시오.

1 This put her blowhole underwater, so she (breathe, had to, turn, over, to).

→ _____

2 As Tommy did, she also lay belly-up (of, on, the water, the surface).

→ _____

C 다음 빈칸에 들어갈 알맞은 단어를 적으시오.

1 훈련되지 않은 돌고래는 훈련 없이 그 연기를 한다.

An untrained dolphin does the actions
_____ _____.

2 돌고래는 서로를 흉내 내는 것에 자신들을 제한하지 않는다.

Dolphins don't _____ _____ to imitating each other.

D 다음 괄호 안의 주어진 단어를 활용하여 문장을 완성하시오.

1 돌고래들은 흉내 내기를 좋아한다. (love) 4단어

→ _____

_____

2 Anika는 Tommy의 잠자는 자세를 흉내 내기 위해 그녀 옆에 누웠다. (on her side, imitate) 10단어

→ _____

_____

| MINI TEST 10 |

A 우리말은 영어로, 영어는 우리말로 쓰시오.

1 mindset _____

2 admire _____

3 contagious _____

4 채택하다, 취하다 _____

5 보상하다 _____

6 행위, 행동 _____

B 괄호 안의 주어진 단어를 바르게 배열하시오.

1 People adopt the attitudes (spend, those, of, with, time, they).

→ _____

2 When a leader keeps her hope (of, situation, in, a, bad, the, face), others want to be like her.

→ _____

C 다음 빈칸에 들어갈 알맞은 단어를 적으시오.

1 다른 사람들도 비슷한 특성을 보이기 쉽다.

Others are likely to show similar _____.

2 다른 사람들도 그 자질에 감탄하고 그녀처럼 되기를 원한다.

Others _____ that _____ and want to be like her.

D 다음 괄호 안의 주어진 단어를 활용하여 문장을 완성하시오.

1 사람들은 동료들의 좋은 본보기에 영감을 받게 된다. (by, become, their peers) 10단어

→ _____

_____

2 팀원이 긍정적인 영향을 주기 시작할 때 다른 사람들도 그를 모방한다. (have, impact) 13단어

→ _____

_____

| MINI TEST 11~12 |

A 우리말은 영어로, 영어는 우리말로 쓰시오.

1 ecosystem _____

2 take in _____

3 plant _____

4 산소 _____

5 숨 _____

6 ~ 대신에 _____

B 괄호 안의 주어진 단어를 바르게 배열하시오.

1 If gases were used up (exchanged, instead, being, of), living things would die.

    → _____

2 The gases move (population, to, from, another, one) in both water and land ecosystems.

    → _____

C 다음 빈칸에 들어갈 알맞은 단어를 적으시오.

1 동물은 식물이 필요로 하는 기체인 이산화탄소를 내뿜는다.

    Animals _____ _____ CO_2, a gas that plants need.

2 동물과 식물은 이산화탄소와 산소의 순환에 참여한다.

    Animals and plants _____ _____ _____ the CO_2 and oxygen cycles.

D 다음 괄호 안의 주어진 단어를 활용하여 문장을 완성하시오.

1 당신은 주변의 공기로부터 무엇을 얻는가? (get) 9단어

    → _____
    _____

2 물속에 사는 동물들은 그 물에서 그들의 산소를 얻는다. (that, get) 11단어

    → _____
    _____

| MINI TEST Review |

A 우리말은 영어로, 영어는 우리말로 쓰시오.

1 role _____

2 emotional _____

3 contradictory _____

4 대비하다, 준비하다 _____

5 생각이 깊은 _____

6 근육 _____

B 괄호 안의 주어진 단어를 바르게 배열하시오.

1 He asked questions to see if his or her (might, the, environment, caused, have, illness).

    → _____

2 As you set down your backpack, (dog, your, toward, runs, you).

    → _____

C 다음 빈칸에 들어갈 알맞은 단어를 적으시오.

1 4일 정도마다 다시 보충하는 것이 더 낫다.

    It's better to _____ every four days _____ _____.

2 그러나 일란성 쌍둥이의 부모들은 다르게 알고 있다.

    Parents of identical twins, _____, know _____.

D 다음 괄호 안의 주어진 단어를 활용하여 문장을 완성하시오.

1 어떻게 내가 100점을 받지 못했을까? (fail, achieve, a 100) 8단어

    → _____
    _____

2 그는 자신의 스트레스를 관리하기로 결심했다. (decided, manage) 6단어

    → _____
    _____

MEMO

MEMO

MEMO

MEMO

MEMO